外观设计专利
确权司法裁判解析

郭 雯／主 编　王晓峰／副主编

知识产权出版社

全国百佳图书出版单位

—北京—

图书在版编目（CIP）数据

外观设计专利确权司法裁判解析/郭雯主编. —北京：知识产权出版社，2021.9
ISBN 978－7－5130－7705－7

Ⅰ. ①外… Ⅱ. ①郭… Ⅲ. ①外观设计—专利权法—审判—研究—中国 Ⅳ. ①D923.424

中国版本图书馆 CIP 数据核字（2021）第 181600 号

内容提要

本书精选外观设计专利的行政诉讼案例具体阐述《专利法》第二十三条的法律适用。由于外观设计专利行政诉讼案例包含复审和无效审理部（原专利复审委员会）及各级法院等各方观点，对法条的相关解释和阐述更有争议性和代表性。因此，本书部分选取涉及《专利法》第二十三条的真实外观设计专利行政诉讼案例，并依据产品类别对案例进行分类梳理。各章结合案例通过对比专利复审委员会、各级法院的决定及判决文书，系统全面地阐述了对《专利法》第二十三条的理解及相关判断原则和方法。

本书首次采用产品分类的形式对案例进行梳理，探讨同类产品相关的设计特点适用《专利法》第二十三条的共通性。

本书适合学生法官及外观设计相关从业人员参考。

责任编辑：龚　卫　　　　　　　　　责任印制：刘译文
执行编辑：李　叶　　　　　　　　　封面设计：杨杨工作室·张冀

外观设计专利确权司法裁判解析
WAIGUAN SHEJI ZHUANLI QUEQUAN SIFA CAIPAN JIEXI
郭　雯　主编　王晓峰　副主编

出版发行：知识产权出版社 有限责任公司	网　址：http://www.ipph.cn
电　话：010－82004826	http://www.laichushu.com
社　址：北京市海淀区气象路 50 号院	邮　编：100081
责编电话：010－82000860 转 8745	责编邮箱：laichushu@cnipr.com
发行电话：010－82000860 转 8101	发行传真：010－82000893/82005070/82000270
印　刷：三河市国英印务有限公司	经　销：各大网上书店、新华书店及相关专业书店
开　本：720mm×1000mm 1/16	印　张：26.75
版　次：2021 年 9 月第 1 版	印　次：2021 年 9 月第 1 次印刷
字　数：381 千字	定　价：120.00 元
ISBN 978－7－5130－7705－7	

编 委 会

主　编　郭　雯

副主编　王晓峰

编　委　王　川　翟大鹏　赵　亮　张志明

　　　　杨　超　沈德钰　李爱民　宗叶玲

　　　　李景华　聂　晶

序 言

当前，我国正在从知识产权引进大国向知识产权创造大国转变，专利制度成为贯彻新发展理念、构建新发展格局、推动高质量发展的最大制度助力。这其中，工业品外观设计以及外观设计专利制度也成为热门领域。

工业品设计是将艺术形式、实用性、工艺设计、人类工程学融为一体的综合设计，其更关注用户和产品之间的情感交流和用户体验，是最能提升产品附加值的工业程序。外观设计专利作为工业品设计创新保护的最优选择，为工业设计产业发展提供了制度保障。外观设计专利制度作为市场本位制度，离不开其赖以存在的市场运营环境。申请主体垂青于外观设计专利的重要原因是基于其审查和维权的高效性，外观设计创新具有市场驱动以及制度支撑。相应的，对外观设计专利提起的无效、侵权以及行政诉讼案件也逐年增多，其中涉及《中华人民共和国专利法》（简称《专利法》）第二十三条的案件尤其多，且在实际案例中，对上述法条的适用和理解在某种程度上存在一定争议。

本书首次采用产品分类的形式对涉及《专利法》第二十三条的外观专利行政诉讼案例进行梳理，各章结合案例通过对比分析复审和无效审理部（原专利复审委员会）、各级法院的决定及判决文书，具体阐述《专利法》第二十三条在外观设计专利行政诉讼中的理解和适用，以及相关判断原则和方法。依据产品类别对案例进行分类梳理，探讨同类产品相关的设计特点和法条适用的共通性，使读者今后能对同类产品的相关判断有所借鉴，也符合《最高人民法院关于统一法律适用加强类案检索指导意见（试行）》的精神。同时需要指出，在分类过程中，作者们不能完全概括相关领域的所有情形，只是总结一定程度的共通以及适用，也请各位读者予以理解。期望本书能够帮助专利行政部门、专利代理机构、法律相关从业人员、大专院校师生、申请人等更好地了解和理解《专利法》第二十三条的相关内容。

鉴于本书中选取的案例受适用当时的法律、法规以及规章所限，对于因法律、法规、规章的修改引起的对相关问题的理解的变化，作者们在本书的相关部分作了相应说明。

最后，加强知识产权保护是完善产权保护制度最重要的内容，也是提高中国经济竞争力最大的激励。加强知识产权保护，不仅需要国家知识产权局、各级法院的严格依法执法，更需要创新主体和社会大众的积极依法维权。期望本书能给各位读者一定的帮助和借鉴。由于水平有限，难免存在疏漏或者不当之处，敬请各位读者批评指导。

本书由国家知识产权局专利局专利审查协作北京中心郭雯主任负责总体策划，由王晓峰、王川、李景华、聂晶负责全书的统稿工作。各章节的具体撰写人员为：第一章、第二章和第四章由李景华撰写；第三章、第十八章和第十九章由翟大鹏撰写；第五章、第十章、第十五章和第十六章由赵亮撰写；第六章由沈德钰撰写；第七章、第九章、第十四章和第二十一章由张志明撰写；第八章、第十七章和第二十章由宗叶玲撰写；第十一章和第十二章由王川撰写；第十三章由杨超撰写；第二十二章由李爱民撰写。

目录 Contents

第一章　纺织品、人造或天然材料片材类产品 / 001

第一节　产品领域概述 / 002

第二节　外观设计专利情况 / 004

第三节　裁判思维解析 / 006

第二章　服装鞋帽及附件类产品 / 021

第一节　产品领域概述 / 022

第二节　外观设计专利情况 / 024

第三节　裁判思维解析 / 026

第三章　箱包类产品 / 033

第一节　产品领域概述 / 034

第二节　外观设计专利情况 / 035

第三节　裁判思维解析 / 036

第四章　包装类产品 / 043

第一节　产品领域概述 / 044

第二节　外观设计专利情况 / 049

第三节　裁判思维解析 / 051

第五章　家用餐具、茶具类产品 / 081

第一节　产品领域概述 / 082

第二节　外观设计专利情况 / 084

第三节　裁判思维解析 / 087

第六章　家具类产品 / 095

第一节　产品领域概述 / 096

第二节　外观设计专利情况 / 096

第三节　裁判思维解析 / 099

第七章　家居卫生设备类产品 / 107

第一节　产品领域概述 / 108

第二节　外观设计专利情况 / 110

第三节　裁判思维解析 / 113

第八章　小家电类产品 / 121

第一节　产品领域概述 / 122

第二节　外观设计专利情况 / 126

第三节　裁判思维解析 / 128

第九章　智能家居清洁类产品 / 139

第一节　产品领域概述 / 140

第二节　外观设计专利情况 / 142

第三节　裁判思维解析 / 145

第十章　大型家电类产品 / 155

第一节　产品领域概述 / 156

第二节　外观设计专利情况 / 157

第三节　裁判思维解析 / 164

第十一章　图形用户界面类 / 175

第一节　产品领域概述 / 176

第二节　外观设计专利情况 / 177

第三节　裁判思维解析 / 180

第十二章　交通工具类产品 / 197

第一节　产品领域概述 / 198

第二节　外观设计专利情况 / 200

第三节　裁判思维解析 / 203

第十三章　婴幼儿推车类产品 / 251

第一节　产品领域概况 / 252

第二节　外观设计专利情况 / 253

第三节　裁判思维解析 / 255

第十四章　个人护理清洁类产品 / 267

第一节　产品领域概述 / 268

第二节　外观设计专利情况 / 270

第三节　裁判思维解析 / 273

第十五章　玩具类产品 / 283

第一节　产品领域概述 / 284

第二节　外观设计专利情况 / 286

第三节　裁判思维解析 / 291

第十六章　乐器类产品 / 301

第一节　产品领域概述 / 302

第二节　外观设计专利情况 / 306

第三节　裁判思维解析 / 310

第十七章　照明设备 / 319

第一节　产品领域概述 / 320

第二节　外观设计专利情况 / 325

第三节　裁判思维解析 / 328

第十八章　发电、配电或变电设备 / 339

第一节　产品领域概述 / 340

第二节　外观设计专利情况 / 340

第三节　裁判思维解析 / 343

第十九章　工业机械设备 / 355

第一节　产品领域概述 / 356

第二节　外观设计专利情况 / 356

第三节　裁判思维解析 / 358

第二十章　锁紧或关闭装置 / 369

第一节　产品领域概述 / 370

第二节　外观设计专利情况 / 373

第三节　裁判思维解析 / 375

第二十一章　模具加工成型类产品 / 387

第一节　产品领域概述 / 388

第二节　外观设计专利情况 / 389

第三节　裁判思维解析 / 391

第二十二章　建筑材料类产品 / 403

第一节　产品领域概述 / 404

第二节　外观设计专利情况 / 407

第三节　裁判思维解析 / 410

第一章

纺织品、人造或
天然材料片材类产品

　　纺织品、人造或天然材料片材类产品从产品类型来说，属于薄型产品。该类产品主要涉及布料产品、人造革类片材产品、纸类片材产品、塑料片材产品等。随着纺织工业的发展转型，设计水平的提高，该类产品外观设计专利申请数量近年来趋于稳定，专利申请质量有大幅提高，依然属于外观设计创新热点领域。

　　纺织品、人造或天然材料片材类产品图案设计多样。根据应用目的，图案可分为装饰性图案、商业性图案等；图案大多为连续图案设计，采用两方连续、四方连续的图案构成方法。根据其产品领域特点以及图案特点，在后续涉及《专利法》第二十三条行政诉讼时，相近种类产品的判定以及连续图案的对比判断是该类产品领域常见的争议点。此外，部分带有商业性图案的产品，还容易产生与其他在先权利冲突的问题，如在先商标权。本章将结合实际行政诉讼案例针对该类产品上述常见的争议点进行具体阐述。

第一节　产品领域概述

纺织是取自纺纱与织布的总称，随着科学技术的不断发展和完善，特别是非织造纺织材料和三维复合编织等技术产生后，现在的纺织已经不仅是传统的手工纺纱和织布，也包括无纺布技术、现代三维编织技术、现代静电纳米成网技术等生产的纺织品。●

纺织品行业为我国出口创汇支柱产业，纺织品应用领域广泛，按其用途可分为服装用、家纺用和产业用纺织品三大部分。其中服装用是指应用于服装方面的纺织品，包括鞋、帽、袜、衣、裤等。家用纺织品也称为装饰性用纺织品，主要用于家庭和公共场所，如窗帘、门帘、桌布、墙布、床单等。产业用纺织品也称作技术纺织品，是指经过专门设计、具有特定功能，应用于工业、医疗卫生、环境保护、土工及建筑、交通运输、航空航天、新能源、农林渔业等领域的纺织品。

人造或天然材料片材类产品主要为以人工合成材料或天然材料经加工而成的非纺织类的片材产品，主要涉及人造革类制品、纸类制品、玻璃片材、塑料薄膜片材等，同样应用的领域也十分广泛，例如，人造纸类片材应用于室内装饰以及包装领域。人造或天然材料片材类产品与纺织品的应用领域相近，在某种程度上可以相互替代，如人造革应用于服装鞋帽以及箱包等。

纺织品、人造或天然材料片材类产品在日常生活中应用极为广泛，此类产品根据原料、加工工艺、方法以及性能等的不同，应用的领域也不同。纺织品、人造片材类产品属于薄形产品，一般形状多为带状或者大幅面状。纺

● 百度汉语：https://dict.baidu.com/s? word =%E7%BA%BA%E7%BB%87。

织品、人造或天然材料片材类产品根据其应用的领域不同，其产品发展研发略有不同，如对涉及工业、农业、建筑等更关注其功能性方面的片材来说，其研究者关注较多的是功能性的开发，产品更多关注新材料、新的加工工艺以及新方法等。但对于应用于日常穿戴及装饰性的片材来说，在关注性能的同时，大多数消费者比较关注该类产品的外观效果。纺织品、人造片材类产品的外观效果除了受到材质和加工工艺的影响外，还受图案以及色彩设计的影响。

纺织品、人造或天然材料片材类产品图案多种多样，如植物图案、动物图案、人物图案、几何图案、文字图案等。根据图案应用目的的不同，可以划分为装饰性图案类、商业性图案类、装饰性与商业性图案兼具类三种类型。

1. 装饰性图案类

装饰性图案类产品主要是起装饰作用，主要采用纯装饰性图案进行设计，如纯装饰性布料、面料，用于纯装饰性的墙纸、壁纸等（见图 1 - 1）。

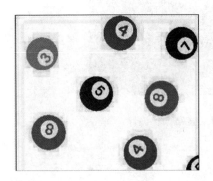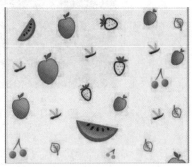

图 1 - 1　带有台球图案、水果图案的装饰性布料设计

2. 商业性图案类

商业性图案类产品采用带有商业标志、标识等商业宣传的图案。带有商业性图案的片材产品，包括包装膜、包装纸类片材等（见图 1 - 2）。

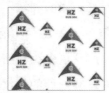

图1-2 带有商业性标识的包装膜、包装纸设计

3. 装饰性与商业性图案兼具类

装饰性与商业性图案兼具类产品既包含商业性标识又包含装饰性图案，两者融为一体，既能起到装饰性作用又能起到商业宣传的作用。例如，众所周知的 LV 皮革面料设计，既包含装饰性图案，又包含 LV 标识（见图 1-3）。

图1-3 知名 LV 皮革面料设计

第二节 外观设计专利情况

在外观设计专利申请中，根据《国际外观设计分类表》，纺织品、人造或天然材料片材类产品主要集中在分类表 05 大类中的 05-05 小类和 05-06 小类。其中 05-05 小类为纺织纤维制品，包括机织的、编织的或其他人造的纺

织纤维制品，防水布，毛毡和罗登呢，该小类主要为布料、面料产品；05 –
06 小类为人造或天然材料片材。05 – 05、05 – 06 小类占 05 大类专利总量的
97.57%。本小节以 05 – 05、05 – 06 小类专利数据为基础进行分析。

1. 专利数量及趋势

2008—2019 年，纺织品、人造或天然材料片材类产品外观设计授权公告
专利总量为 37.4 万件。从图 1 – 4 可以看出，纺织品、人造或天然材料片材
类产品专利数量从 2008—2012 年为上扬态势，2012 年最多达到 9.5 万件，
2012—2014 年专利数量骤降，2015 年小幅上扬，到 2018 年、2019 年数量变
化较为平缓，呈现趋稳的态势（见图 1 – 4）。

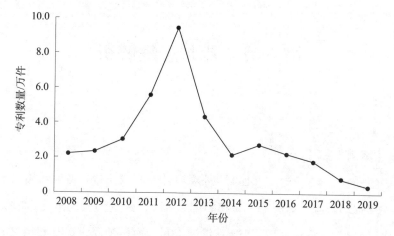

图 1 – 4　纺织品、人造或天然材料片材类产品外观设计专利数量及趋势

2. 地域分布

纺织品、人造或天然材料片材类产品外观设计专利数量排名前两位的为
江苏、浙江，其后为广东、上海。从图 1 – 5 可以看出，该类产品外观设计专
利地域分布主要集中在江浙一带。江浙一带为该类产品创新的热点区域。

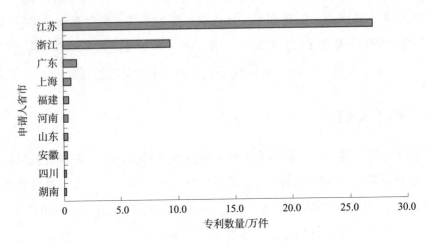

图1-5 纺织品、人造或天然材料片材类产品外观设计专利地域分布

第三节 裁判思维解析

【案例1-1】

"塑皮（二）""塑皮（四）"外观设计专利权无效行政纠纷案

案例1-1包含案例1-1a和案例1-1b，分别涉及同一专利权人的"塑皮（二）""塑皮（四）"外观设计专利。两件外观设计专利都被专利复审委员会宣告无效，后都上诉至北京市高级人民法院。针对上述两件案情相近案件，法院的判决结果却有所不同。下面具体了解一下案情。

【案例1-1a】

"塑皮（二）"外观设计专利无效行政纠纷案❶

---

❶ 此案经过二审，具体参见判决书：北京市第一中级人民法院（2011）一中知行初字第1218号行政判决书、北京市高级人民法院（2012）高行终字第1121号行政判决书。

1. 案情简述

　　针对专利号为 ZL200430001158.8、名称为"塑皮（二）"的外观设计专利，勃贝雷有限公司向专利复审委员会提出无效宣告请求，其理由是上述专利不符合《专利法》第二十三条的规定。专利复审委员会作出第 15611 号无效宣告请求审查决定，宣告上述专利全部无效。专利权人章某明不服上述决定，向北京市第一中级人民法院提起行政诉讼。北京市第一中级人民法院判决撤销第 15611 号无效宣告请求审查决定。专利复审委员会不服原审判决向北京市高级人民法院提请上诉，北京市高级人民法院判决驳回专利复审委员会上诉，维持原判。具体情况参见表 1 – 1。

表 1 – 1　"塑皮（二）"涉案专利与对比设计基本信息及对比情况

	涉案专利	对比设计
图片	 主视图	 主视图
基本信息	涉案专利系专利号为 ZL200430001158.8、名称为"塑皮（二）"的外观设计专利，申请日为 2004 年 2 月 5 日，授权公告日为 2004 年 10 月 27 日，专利权人为章某明。其公告文本为主视图，其简要说明为后视图无图案，省略后视图。本专利产品为四方连续平面产品	勃贝雷公司提交的证据中附件 2 为第 03316733.8 号名称为"织字料（4）"的外观设计专利，其公开日为 2003 年 11 月 19 日，简要说明中写明产品为平面产品，图案四方连续
相同点	主体图案均由一组距离相同的粗平行线横竖垂直交叉而形成，每组横竖平行线之间各有一条细线横竖垂直交叉，该细线距离相邻两组平行线等距。在细线横竖垂直交叉处有一骑士图案，且二者图案均可向四方连续伸展	

续表

	涉案专利	对比设计
不同点	横竖平行线的数目和骑士图案的形状不同。涉案专利中为两条横平行线与四条竖平行线相交叉,骑士图案为立马式,且正立、倒立的图案相互间隔;而对比设计为三条横平行线与三条竖平行线相交叉,骑士图案为奔跑式,均为正立的图案	
焦点	①涉案专利塑皮与对比设计织字料是否属于用途相近的外观设计产品? ②涉案专利与对比设计构图中横竖平行线数目不同及二者构图中的骑士图案的区别,是否具有显著影响?	

2. 各方观点

1)专利复审委员会

"对比设计公开了一种布料的外观设计,本专利使用外观设计的产品名称为'塑皮(二)',两者均可以作为一种用于加工衣服、皮包等面料的原材料,其用途相近,属相近种类的产品,故可以对二者的外观设计进行相同相近似对比。本专利与对比设计的相同点在于:主体方格图案设计相似,整体形状相似,两者图案均四方连续;两者的主要不同在于形成方格图案的粗平行线的数量以及间隔的骑士图案的形状、方向。根据整体观察、综合判断的原则,以一般消费者作为判断主体来观察两者的外观设计,二者的主体方格图案相似,均是由一组距离相同的粗平行线横竖垂直交叉而形成的方形图案,且平行线之间所夹的两条区域的颜色略浅于平行线外部的颜色。每个方格的四周由横竖垂直的细线连接成,相间隔的方格中央均有骑士图案,虽然两者形成方格图案的粗平行线的数量不同,骑士图案的具体形状以及方向不同,但上述区别点不足以构成两产品外观的明显改变。因此,本专利与对比设计所示主体方格图案相似,在整体形状、构图方法、图案设计以及表现方式均相似的情况下,二者的不同点对于产品外观设计的整体视觉效果不具有显著的影响,本专利与对比设计属于相近似的外观设计。综上,在本专利申请日以前已有与其相近似的外观设计在出版物上公开发表过,本专利不符合《专利法》第二十三条的规定。据此,专利复审委员会作出第 15611 号决定,宣告本专利全部无效。"

2)北京市第一中级人民法院(一审)

"就本专利和对比设计进行整体观察,二者主体图案均为距离相同的粗平行线横竖垂直交叉而形成,且在细线横竖垂直交叉处相间隔有骑士图案,构图方法近似。但由于二者构图中横竖平行线的数目不同,在线条之间和所夹区域之间的疏密程度和形状等视觉效果上存在较大的差异,特别是二者均为四方连续平面产品,使二者整体视觉效果差异更为显著,且二者构图中的骑士图案亦有所区别。因此,本专利与对比设计之间的差别对于产品外观设计的整体视觉效果具有显著的影响,本专利与对比设计不属于相近似的外观设计。专利复审委员会认定二者属于相近似的外观设计,属于认定事实错误。北京市第一中级人民法院依照《中华人民共和国行政诉讼法》第五十四条第一款第(二)项第 1 目之规定,判决:一、撤销中华人民共和国国家知识产权局专利复审委员会作出的第 15611 号无效宣告请求审查决定;二、中华人民共和国国家知识产权局专利复审委员会针对勃贝雷有限公司就第 200430001158.8 号名称为'塑皮(二)'的外观设计专利所提无效宣告请求重新作出审查决定。"

3)北京市高级人民法院(二审)

"本专利申请日在 2009 年 10 月 1 日之前,故本案应适用 2000 年《专利法》。根据《专利法》第二十三条的规定,授予专利权的外观设计应当同申请日以前在国内外出版物上公开发表过或者国内公开使用过的外观设计不相同和不相近似。判断外观设计是否近似,应当采用整体观察、综合判断的方法,审查被比较的外观设计之间的差异在一般消费者看来是否对其整体视觉效果具有显著影响。

"本案中,对比设计为本专利申请日之前公开的专利文件,可以作为本专利申请日以前的现有设计评价本专利是否符合《专利法》第二十三条的规定。对比设计公开的是一种布料的外观设计,本专利是一种塑皮的外观设计,而布料和塑皮均可以作为制作箱包等的面料，用途相近，故属于相近类别的产品。将本专利与对比设计的公告文本进行比较，二者的主体图案均是由一组距离相同的粗平行线横竖垂直交叉而形成，每组横竖平行线之间各有一条细线横竖垂直交叉，该细线距离相邻两组平行线等距，在细线横竖垂直交叉处有一骑士图案，且二者图案均可向四方连续伸展。二者的区别在于横竖平行线的数目和骑士图案的形状不同，本专利中为两条横平行线与四条竖平行线相交叉，骑士图案为立马式，且正立、倒立的图案相互间隔；而对比设计为三条横平行线与三条竖平行线相交叉，骑士图案为奔跑式，均为正立的图案。本专利和对比设计在整体色调上存在的细微差异对于整体视觉效果未产生显著影响。至于对比设计中的线条是否由许多斜纹细线排列组成属于通过视觉直接观察不易察觉的要素，不能作为判断其与本专利是否相近似的依据。就本专利和对比设计进行整体观察，虽然二者的主体图案均为距离相同的粗平行线横竖垂直交叉而形成且在细线横竖垂直交叉处相间隔有骑士图案，构图方法近似，但由于二者构图中的横竖平行线的数目不同，在线条之间和所夹区域之间的疏密程度和形状等视觉效果上存在较大差异，即二者横竖平行线数目的不同导致了其整体视觉效果具有一定差异，特别二者均为四方连续平面产品，使二者整体视觉效果差异更为显著，且二者构图中的骑士图案亦有所区别。在此基础上，原审法院认定本专利与对比设计的差别对于产品外观设计的整体视觉效果具有显著的影响，本专利与对比设计不属于相近似的外观设计并无不当。专利复审委员会有关本专利与对比设计属于近似外观设计的上诉理由不能成立，北京市高级人民法院不予支持。驳回专利复审委员会上诉，维持原判。"

───── 【案例 1-1b】 ─────

"塑皮（四）"外观设计专利无效行政纠纷案❶

---

❶ 此案经过二审，具体参见判决书：北京市第一中级人民法院（2011）一中知行初字第 1216 号行政判决书、北京市高级人民法院（2012）高行终字第 1721 号行政判决书。

1. 案情简述

  针对专利号为 ZL200430060985.4、名称为"塑皮（四）"的外观设计专利，勃贝雷有限公司向专利复审委员会提出无效宣告请求，其理由是上述专利不符合《专利法》第二十三条的规定。专利复审委员会依据《专利法》第二十三条的规定，作出第 15608 号无效宣告请求审查决定（简称第"15608 号决定"），宣告章某明拥有的第 200430060985.4 号名称为"塑皮（四）"外观设计专利全部无效。章某明对第 15608 号决定不服，向北京市第一中级人民法院提起行政诉讼。

  北京市第一中级人民法院依照《中华人民共和国行政诉讼法》第五十四条第一款第（一）项之规定，判决：维持第 15608 号决定。章某明不服原审判决，向北京市高级人民法院提出上诉，请求撤销原审判决，撤销第 15608 号决定。北京市高级人民法院判决驳回章某明上诉，维持原判。具体情况参见表 1–2。

表 1–2 "塑皮（四）"涉案专利与对比设计基本信息及对比情况

	涉案专利	对比设计
图片	主视图	主视图
基本信息	涉案专利系名称为"塑皮（四）"的外观设计专利，其专利号为 ZL200430060985.4，申请日为 2004 年 6 月 24 日，授权公告日为 2005 年 1 月 12 日，专利权人为章某明，其公告文本为主视图，简要说明为后视图无图案，省略后视图	勃贝雷公司以该专利不符合《专利法》第二十三条的规定为由，请求专利复审委员会宣告本专利权全部无效，在其提交的证据中附件 2 为第 01318374.5 号名称为"布料（一）"的外观设计专利，其公开日为 2002 年 1 月 16 日

续表

	涉案专利	对比设计
相同点	涉案专利与附件2的整体形状相似，主体方格图案设计相同，均是由一组距离相同的三条粗平行线横竖垂直交叉而形成的方形图案，且三条平行线之间所夹的两条区域的颜色略浅于平行线外部的颜色，每个方格的四周由横竖垂直的细线连接成	
不同点	主要是图案单元数量不同	
关注点	①涉案专利的塑皮与附件2的布料相比，二者是否属于用途相近的外观设计产品？ ②二者的组成、方格数量不相同，二者每组三条平行线之间所夹的两条区域的明暗与背景底色的对比度明显不同，二者每组三条深色粗平行线垂直交叉构图不同，二者整体色调不同，其中的色彩因素是否予以考虑？	

2. 各方观点

1）专利复审委员会

"附件2公开了一种布料的外观设计，本专利使用外观设计的产品名称为'塑皮（四）'，两者均可以作为一种用于加工衣服、皮包等面料的原材料，其用途相近，属相近种类的产品，故可以对二者的外观设计进行相同相近似对比。由于本专利未请求保护色彩，在先设计的色彩要素在比较本专利与在先设计的相近似性时应不予考虑。将本专利与附件2相比较可知，本专利与附件2的整体形状相似，主体方格图案设计相同；其不同点主要是图案单元数量不同。依据整体观察、综合判断的原则，以一般消费者作为判断主体来观察两者的外观设计，两者的主体方格图案相同，均是由一组距离相同的三条粗平行线横竖垂直交叉而形成的方形图案，且三条平行线之间所夹的两条区域的颜色略浅于平行线外部的颜色，每个方格的四周由横竖垂直的细线连接；其图案单元数量虽有所不同，但上述区别点不足以构成两产品外观形状的明显改变。因此，本专利与附件2所示主体方格图案相同，在整体形状、构图方法、图案设计以及表现方式均相似的情况下，两者的不同点对于产品外观设计的整体视觉效果不具有显著的影响，本专利与附件2属于相近似的外观设计。综上，在本专利申请日以前已有与其相近似的外观设计在出版物上公开发表过，本专利不符合《专利法》第二十三条的规定。据此，专利复审委员会作出第 15608 号决定：宣告本专利全部无效。"

2）北京市第一中级人民法院（一审）

"将本专利与附件 2 的公告文本进行比较，二者的主体图案均是由一组距离相同的三条粗平行线横竖垂直交叉而形成，每组横竖平行线之间各有一条细线横竖垂直交叉，该细线距离相邻两组平行线等距。二者的区别在于图案单元数量有所不同，单元数量的变化不足以对整体视觉效果产生显著影响。虽然章某明主张本专利和附件 2 在每组三条平行线之间所夹的两条区域的明暗与背景底色的对比度、每组三条深色粗平行线垂直交叉构图和整体色调方面不同，但本专利每组三条平行线之间所夹的区域与平行线外方格区域的色彩亦有所差异，附件 2 中每组三条平行线相交处亦能形成九个深色方块，且由于本专利不请求保护颜色，本专利和附件 2 之间在整体色调上存在的细微差异对于整体视觉效果亦未产生显著影响。至于附件 2 中的线条是否由许多斜纹细线排列组成属于通过视觉直接观察不易察觉的要素，不能作为判断其与本专利是否相近似的依据。因此，本专利与附件 2 之间的差别对于产品外观设计的整体视觉效果不具有显著的影响，本专利与附件 2 相近似。由于本专利同申请日以前在国内外出版物上公开发表过的外观设计相近似，不符合《专利法》第二十三条的规定，专利复审委员会据此宣告本专利全部无效，并无不当。

"综上，北京市第一中级人民法院依照《中华人民共和国行政诉讼法》第五十四条第一款第（一）项之规定，判决维持第 15608 号决定。"

3）北京市高级人民法院（二审）

"《专利法》第二十三条规定，授予专利权的外观设计应当同申请日以前在国内外出版物上公开发表过或者国内公开使用过的外观设计不相同和不相近似。本案中，附件 2 为本专利申请日之前公开的专利文件，可以作为本专利申请日以前已有的设计评价本专利是否符合《专利法》第二十三条的规定。附件 2 公开的是一种布料的外观设计，本专利是一种塑皮的外观设计，而布料和塑皮均可以作为用于制作箱包等的面料，用途相近，二者属于相近类别的产品。将本专利与附件2的公告文本进行比较,二者的区别在于图案单元数量有所不同,但对于图案外观设计而言,在构成整体外观设计的图案单元相似的情况下,单元数量的变化不足以对整体视觉效果产生显著影响。因此,本专利与附件2之间的差别对于产品外观设计的整体视觉效果不具有显著的影响,本专利与附件2相近似。由于本专利同申请日以前在国内外出版物上公开发表过的外观设计相近似,不符合《专利法》第二十三条的规定,原审法院及专利复审委员会宣告本专利全部无效的认定正确,章某明关于本专利与附件2为不相近似的外观设计的上诉主张不能成立,北京市高级人民法院不予支持。驳回章某明上诉,维持原判。"

3. 案例评析

从案例1-1a、案例1-1b可以看出,对于涉及"塑皮(二)"的案例,涉案专利为塑皮,对比设计为织字料,涉案专利与对比设计的不同点主要为:单元图案不同,横竖平行线的数目和骑士图案的形状不同。专利复审委员会、一审以及二审法院都一致认为:布料和塑皮用途相近,属于相近种类。但针对不同点,专利复审委员会认为:图案的区别对于产品外观设计的整体视觉效果不具有显著的影响。一审、二审法院认为图案的区别对于产品外观设计的整体视觉效果具有显著的影响。

对于涉及"塑皮(四)"的案例,涉案专利为塑皮,对比设计为布料,涉案专利与对比设计的主体方格图案设计相同,不同点为单元图案数量以及色调明暗度的不同。复审委、一审以及二审法院观点基本一致:①布料和塑皮用途相近,属于相近种类;②在不请求保护色彩的情况下,色调上存在的细微差异对于整体视觉效果未产生显著影响。③在单元图案相近的情况下,单元图案数量的不同对于产品外观设计的整体视觉效果不具有显著的影响。

通过对上述两案的对比分析,以下三点值得我们关注。

1）相近种类产品用途具有"共通性"，用途"共通性"是相近种类产品判定的重要依据

在判断涉案专利是否符合《专利法》第二十三条时，对比设计与本专利属于相同或者相近种类产品的情况下，对比设计才能与涉案专利进行对比。这就涉及相同或者相近种类判定的问题。在确定产品的类别时，可以参考产品的名称、国际外观设计分类表以及产品货架分类，但是应当以产品的用途为准。在现代汉语词典中，"用途"解释为应用的方面或范围。上述"塑皮（四）"案件中，在相近种类产品判定时，复审委所述的"两者均可以作为一种用于加工衣服、皮包等面料的原材料"，以及法院所述的"布料和塑皮均可以作为用于制作箱包等的面料"，其实是对用途"共通性"的具体表述。用途"共通性"从某种程度上来说是其应用或者起到的作用是共通的。以"塑皮（四）"案件中的塑皮、布料产品来说，两者都属于大幅薄型片材产品，是加工成品的原料，其大幅片材的特性都能够起到包覆、防护、装饰、盛装等作用，因此具有了应用方面的共通性。虽然塑皮、布料的具体用途有所不同，但从较大范围来说，它们起到的作用、应用的方面是共通的，因此两者属于用途相近的产品。

2）在不保护色彩的情况下，明暗对比是否形成图案

关于外观设计专利申请中色彩保护的争议由来已久，在此不过多阐述。从案例1－1b涉及"塑皮（四）"的案例看，针对区别点"二者每组三条平行线之间所夹的两条区域的明暗与背景底色的对比度明显不同"，其中提及明暗的不同。对此，存在多种看法，有一种观点认为，虽然未保护色彩，但是明暗度的变化形成了图案，因此需要考虑明暗度的变化。这种观点可以认为是在不保护色彩的情况下对产品色彩设计保护的一种折中考虑。色彩构成三要素即色相、明度、纯度。其中色相就是色彩可呈现出来的质的面貌，即各类色彩的相貌称谓，如红、橙、黄、绿、蓝、紫等。明度是眼睛对光源和物体表面的明暗程度的感觉，可以简单理解为颜色的亮度，不同的颜色具有不同的明度。纯度通常是指色彩的鲜艳度，也称饱和度或彩度、鲜度。色彩是一个整体，因此脱离色相谈明暗度形成图案的观点是有待商榷的。从另一方面来说，在进行产品设计时，色彩也并不是从明暗对比构成图案的角度来进行设计的。

3）单元图案设计以及单元图案数量在对比中的考量

对于产品为单元图案四方连续设计的，其重复方向确定，在单元图案存在局部细微差异的情况下，单元图案数量的变化仅是代表产品图片的大小，对设计本身无实质影响。"塑皮（二）"外观设计专利与对比设计都属于四方连续图案设计，高级人民法院所认为的"构图方法近似"，可以理解为单元图案的构图近似且单元图案都采用四方连续的图案组织形式。在图案组织形式相同的情况下，单元图案的区别对于产品整体视觉效果具有显著的影响。"塑皮（二）"案例中，针对单元图案的设计变化对视觉效果的影响是否显著，专利复审委员会与法院的观点存在争议。针对上述争议，考虑单元图案的设计变化对视觉效果的影响是否显著时，还应当从设计空间、视觉显著性等方面予以综合辩证考量。从"塑皮（二）"外观设计专利和对比设计的单元图案看，其中的骑士图案差异比较大，骑士图案在横竖交叉的格子中具有视觉显著性，结合其他横竖平行线的不同，导致涉案专利与对比设计具有明显区别。

【案例1-2】
"铝塑复合板保护膜"外观设计专利无效行政纠纷案❶

1. 案情简述

针对专利号为ZL201430357612.7、专利权人为赵某、产品名称为"铝塑复合板保护膜"的外观设计专利，思瑞安复合材料（中国）有限公司于2016年1月29日向专利复审委员会提出无效宣告请求。专利复审委员会认为涉案专利与对比设计实质相同，涉案专利不符合《专利法》第二十三条第一款的规定。专利复审委员会宣告201430357612.7号外观设计专利权全部无效。

---

❶ 此案经过一审，具体参见判决书：北京知识产权法院（2016）京73行初4051号行政判决书。

原告赵某因外观设计专利权无效行政纠纷一案，不服专利复审委员会作出的第 29058 号无效宣告请求审查决定，于法定期限内向北京知识产权法院提起诉讼。北京知识产权法院认为原告的起诉理由不能成立，依照《行政诉讼法》第六十九条之规定，判决驳回原告赵某的诉讼请求。涉案专利与对比设计具体情况，参见表 1 - 3。

表 1 - 3　"铝塑复合板保护膜"涉案专利与对比设计基本信息及对比情况

	涉案专利	对比设计
图片		
基本信息	涉案专利系专利号为 ZL201430357612.7，名称为"铝塑复合板保护膜"的外观设计专利。其申请日为 2014 年 9 月 20 日，授权公告日为 2015 年 4 月 22 日，专利权人为赵某。 　　涉案专利由主视图表示，简要说明中记载有本专利产品主要用于保护物品，产品平面中的单元图案四方连续无限定边界，本专利的图案整体呈正方形，由两个构图相同的矩形图案组成，每个矩形图案中间均为一个等腰三角形，三角形的三条边为一串字母"ALUKEBOARD"，三角形中为连体数字"20"，在三角形底边下方有六个并排的方框，方框中有若干文字，在矩形图案左右上角分布有表示切割、辊压、PE 循环使用等的图标	对比设计是申请号为 2011 × × × 627.6，名称为"标贴"的中国外观设计授权公告文本。 　　对比设计由一幅视图表示，其图案为矩形，中间为一个等腰三角形，三角形的三条边为一串字母"ALUCO-BOARD"，三角形中为连体数字"20"，在三角形底边下方有六个并排的方框，方框内有若干文字，在矩形图案左右上角分布有表示切割、辊压、PE 循环使用等的图标
相同点	两者单元图案的文字、图案的排布方式相同	
不同点	①三角形环绕的字母具体内容略有不同，涉案专利字母为"ALUKEBOARD"，对比设计字母为"ALUCOBOARD"；②涉案专利包含两个单元图案	
焦点	①涉案专利是保护膜，对比设计是标贴； ②两者是否属于相近种类？涉案专利与对比设计局部细节图案设计不相同。包含单元图案数量不同，是否属于实质相同的外观设计？	

2. 各方观点

1）专利复审委员会

"本专利与对比设计的相同点在于：两者单元图案的文字、图案的排布方式相同。两者的不同点在于：三角形环绕的字母具体内容略有不同，本专利字母为'ALUKEBOARD'，对比设计字母为'ALUCOBOARD'；本专利包含两个单元图案。

"对于保护膜而言，其设计点主要在于膜上的文字、图案的排列，并且，这种文字、图案的设计和排列的空间较大。而本专利和对比设计在单元图案的文字版式、图案单元设计以及具体排列方式、位置上均极为相似，只是具体的文字内容略有不同，该区别属于一般消费者施以一般注意力不能察觉到的局部细微差异。至于区别点②，其仅是将对比设计作为设计单元按照常规排列方式做重复排列。因此，本专利与对比设计实质相同，本专利不符合《专利法》第二十三条第一款的规定。据此，专利复审委员会宣告本专利权全部无效。"

2）北京知识产权法院（一审）

"《专利法》第二十三条第一款规定，授予专利权的外观设计，应当不属于现有设计；也没有任何单位或者个人就同样的外观设计在申请日以前向国务院专利行政部门提出过申请，并记载在申请日以后公告的专利文件中。

"本专利名称虽为铝塑复合板保护膜，但该设计上亦包括文字商标，因此，该产品的作用不仅在于保护物品，同时亦为产品标贴。据此，其与对比设计的标贴属于同类产品。

"因外观设计是对产品形状、图案及色彩方面的设计，文字内容并非外观设计保护的内容，故对于本专利与对比设计的区别点①，即两专利三角形环绕的字母内容不同，本案中不予考虑。对于区别点②，本专利的相应设计仅是将对比设计的对应设计特征进行常规排列。对于原告所主张的边框与上角部的设计上的区别，因本专利属于无边界产品，故对于该部分的差异亦同样无需考虑。即便需要考虑，二者的差别也过于细微。据此，本专利与对比设计的整体视觉效果并无实质区别，本专利相对于对比设计不符合《专利法》第二十三条第一款的规定。

"综上，原告的起诉理由不能成立，本院不予支持。被诉决定认定事实清楚，适用法律正确，依照《中华人民共和国行政诉讼法》第六十九条之规定，判决驳回原告赵某的诉讼请求。"

3. 案例评析

从案例详情可以看出，涉案专利为保护膜，对比设计为标贴。两者不同点主要在于：局部细节图案不相同，包含单元数量不同。

对于两者是否属于相同或者相近种类，法院认为："本专利名称虽为铝塑复合板保护膜，但该设计上亦包括文字商标，因此，该产品的作用不仅在于保护物品，同时亦为产品标贴。据此，本专利保护膜与对比设计标贴属于同类产品。"从涉案专利图片看，涉案专利产品从图案类型上来说属于商业性图案类型，带有商业标识的图案设计为该类产品的设计特点，其目的是在实现功能的同时起到商业性宣传的作用。结合案例1-1中用途"共通性"来看，涉案专利为保护膜，对比设计为标贴，两者都能够起到标识、宣传的作用，两者用途具有一定的共通性，因此两者属于相近种类的产品。

对于细节图案和单元数量的不同，专利复审委员会和法院观点基本一致，都认为：本专利与对比设计的整体视觉效果并无实质区别，两者实质相同。其中专利复审委员会认为膜上的文字、图案的排列空间较大，从而局部文字内容的不同，属于一般消费者施以一般注意力不能察觉到的局部细微差异；单元图案数量的变化仅是将对比设计作为设计单元按照常规排列方式做重复排列。因此，涉案专利与对比设计实质相同。其中的"膜上的文字、图案的排列空间较大"，可以理解为产品文字、图案排版设计空间较大；其中的文字内容的不同，反映到外观设计上应当是字母图案的不同。两者字母图案都为大写字母的排列，且排列格式、字体基本相同，局部字母图案的不同对于该类产品一般消费者来说，属于施以一般注意力不能察觉到的局部细微差异；在单元图案仅存在局部细微差异的情况下，单元图案数量的变化仅是将对比设计作为设计单元按照常规排列方式做重复排列。其中的常规排列方式为图案组织构成中常规的上下方向的两方连续排列方式。因此两者属于实质相同的外观设计。

对于纺织品、天然或人造片材类产品来说，其外观设计主要通过图案、色彩体现。关于色彩方面，在不保护色彩的情况下，应当关注其图案设计。在保护色彩的情况下，应当考虑色彩设计是否为单一色彩的替换或者是否为常用色彩的简单替换，色彩变化是否独特，是否对视觉效果具有显著影响等。

关于图案方面，判断图案对整体视觉效果的影响，应当结合产品图案构成元素以及构图方式。对于产品采用连续图案的，在连续方式为图案设计中常用设计手法的情形下，更为关注单元图案的设计变化。对于单元图案和构图方式相同的情况下，单元数量的增减对设计本身无实质影响。

第二章

服装鞋帽及附件类产品

　　服装鞋帽及附件类产品是指服装、帽、鞋袜、围巾、手套及其他服装配件等。我国是服装业、鞋业的生产大国，近年来，随着国内品牌逐渐崛起，传统审美和文化的逐步流行，服装款式、鞋型设计创新层出不穷，该类产品专利申请质量有明显提升。对于服装、鞋类产品来说，其所采用的设计文化元素有一定的独立性，并且该类产品属于时尚流行产品，发布公开具有即时性。在后续涉及《专利法》第二十三条第一款、第二款行政诉讼时，采用多个网络证据作为对比设计的案例在该类产品领域中较为常见，在此类案件中举证充分是非常关键的。本章将结合有代表性的网络证据行政诉讼案例来进行具体阐述。

第一节　产品领域概述

　　服装鞋帽类产品除了满足保暖等功能性的需求外也是对人本身的一种包装。人们对穿戴的需求基本上可以分为物质层面和精神层面的需求。服装鞋帽类产品能够传达出人自身审美倾向、性格、心理等，因此其容易受到人主观心理以及社会流行趋势的影响（参见图2-1、图2-2）。

图2-1　服装类常见产品类型

（内衣、上衣、裤装、套装、裙装等）

　　服装业、鞋业是基础消费品产业和民生产业。据统计，中国现有规模以上服装企业1.5万余家，我国是世界上最大的服装生产和消费大国。根据国

家统计局数据，2019 年 1—12 月，服装行业规模以上企业累计完成服装产量
244.72 亿件，服装及附件出口 1534.53 亿美元。我国服装业主要分布在珠三
角、长三角、环渤海和东南沿海地区，其中东部沿海山东、江苏、浙江、福
建、广东，服装产量占全国服装的大部分份额。同时我国是世界上鞋类生产
和出口的第一大国，根据世界鞋业报告、智研咨询整理数据看，2019 年我国
鞋类产量占全球的 55.5%。出口金额为 449.5 亿美元。我国鞋业主要集中在
四个区域，一是广州、东莞等地为代表的广东鞋业基地；二是以温州、台州
等地为代表的浙江鞋业基地；三是以成都、重庆为代表的西部鞋业基地，主
要生产女鞋；四是以福建泉州、晋江等地为代表的鞋业生产基地，主要生产
运动鞋。

图 2-2　鞋类常见产品类型
（运动鞋、皮鞋、休闲鞋、凉鞋、拖鞋、长靴、短靴、鞋底等）

虽然我国是服装业、鞋业的生产大国，但设计发展亟待增强。随着产业

发展以及转型，我国服装鞋帽业以代工为主的发展模式难以推动行业的可持续发展，这就需要从源头设计入手打造核心竞争力，因此知识产权保护越来越得到人们的重视。

第二节　外观设计专利情况

在外观设计专利申请中，根据《国际外观设计分类表》，服装鞋帽及附件类产品主要集中在分类表中的 02 大类。其中包括 02 - 01 内衣、睡衣类，02 - 02 服装类，02 - 03 帽子、头部遮盖物类，02 - 04 鞋袜类，02 - 05 领带、围巾、手帕类，02 - 06 手套类，02 - 07 缝纫用品、服饰用品和服装附件类。本小节服装鞋帽及附件类产品专利数据分析主要以 02 大类专利数据为基础，并根据小类类别、关键字筛选等，分析服装鞋帽及附件类产品的专利情况。

1. 专利数量及趋势

2008—2019 年，服装鞋帽及附件类产品的外观设计专利授权公告总量约为 51.1 万件，其中服装、针织类（袜、帽、手套等）以及附件类产品外观设计专利数量为 39.2 万件，鞋类产品外观设计专利数量为 11.9 万件。从图 2 - 3、图 2 - 4 可以看出，服装、针织类（袜、帽、手套等）以及附件类产品专利数量 2008—2012 年快速增长，呈上扬态势，2012 年达到最高为 4.5 万件，2013 年专利数量下降，2014 年小幅增长，2014—2019 年专利数量逐步下降。鞋类产品专利数量从 2008—2014 年快速增长，呈上扬态势，2014 年专利数量最高为 1.7 万件；2015 年陡然下降，2015—2017 年专利数量增长；2017—2019 年专利数量逐步下降，逐渐趋稳。

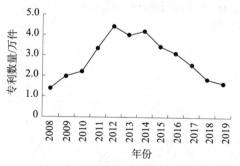

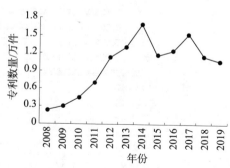

图2-3　服装、针织类以及附件类产品
外观设计专利数量及趋势

图2-4　鞋类产品外观
设计专利数量及趋势

2. 地域分布

　　服装、针织类（袜、帽、手套等）以及附件类产品外观设计专利主要集中在江苏、浙江、广东、上海，其次为福建、山东（见图2-5），这与我国服装业主要分布在珠三角、长三角、环渤海和东南沿海地区相符合。鞋类产品外观设计专利主要集中在江苏、四川、福建、浙江、广东等地（见图2-6）。

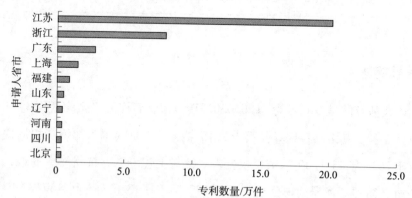

图2-5　服装、针织类以及附件类产品外观设计专利地域分布

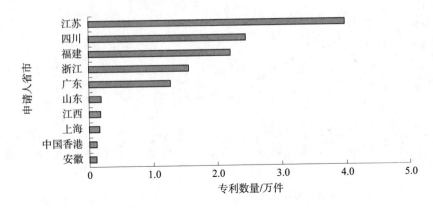

图2-6 鞋类产品外观设计专利地域分布

第三节 裁判思维解析

【案例2-1】

"文胸（D18）"外观设计专利无效行政纠纷案❶

1. 案情简述

该案涉及的是专利号为 ZL201030131957.2、名称为"文胸（D18）"的外观设计专利，其由莱特妮丝公司于 2010 年 4 月 1 日向国家知识产权局提出申请，于 2010 年 11 月 17 日被授权公告。针对上述专利，杭州海翠翡琳科技有限公司（简称"海翠翡琳公司"）于 2017 年 2 月 13 日向专利复审委员会提出无效宣告请求，理由是该专利不符合《专利法》第二十三条第一款、第二款

❶ 此案经过二审，具体参见判决书：北京知识产权法院（2017）京 73 行初 8371 号行政判决书、北京市高级人民法院（2018）京行终 4322 号行政判决书。

以及第二十七条第二款的规定，并提交了相关证据。2017 年 8 月 22 日，专利
复审委员会作出第 33215 号无效宣告请求审查决定，认为该专利不符合《专
利法》第二十三条第二款的规定，宣告该专利全部无效。莱特妮丝公司不服
专利复审委员会作出的被诉决定，向北京知识产权法院提起诉讼。北京知识
产权法院判决：驳回莱特妮丝公司的诉讼请求。莱特妮丝公司不服原审判决，
向北京市高级人民法院提起上诉，北京市高级人民法院认为：本专利违反了
《专利法》第二十三条第二款的规定。判决驳回上诉，维持原判。涉案专利与
对比设计具体情况，参见表 2 - 1。

表 2 - 1　"文胸（D18）"涉案专利与对比设计基本信息及对比情况

	涉案专利	对比设计
图片	主视图 后视图 使用状态图 1　使用状态图 2	对比设计 1 附图 对比设计 2 附图
基本信息	该案涉及的是专利号为 ZL201030131957.2，名称为"文胸（D18）"的外观设计专利，该专利由莱特妮丝公司于 2010 年 4 月 1 日向国家知识产权局提出申请，于 2010 年 11 月 17 日被授权公告	证据 1：（2017）浙杭钱证内字第 1635 号公证书复印件。该证据公证内容涉及 4 个 QQ 号的 QQ 空间相册中的图片。前述 QQ 号的空间相册主要是店面展示、参展展示、产品展示等照片，有关私人生活的照片很少，具有一定的访问量；在公证时，涉案 QQ 空间设置公开范围为"所有人可见"。空间相册中，对比设计 1（保存名为 psu73 的图片）的上传时间为 2009 年 8 月 25 日，对比设计 2（保存名为 psu31 的图片）的上传时间为 2008 年 7 月 10 日。对比设计 1、对比设计 2 所示产品种类与本专利相同，均为文胸

续表

	涉案专利	对比设计
相同点	将涉案专利与对比设计1、2的组合进行对比后可知，两者的主要相同点在于：两者均为全罩杯式文胸，罩杯表面均为带有花形图案的蕾丝材料，前幅边缘设计均有波浪形花边，鸡心处均有一小花设计，鸡心下方均有一片被蕾丝覆盖的五边形区域，下部均为宽边高侧比设计，背面形成类似U形的弧度，有数量较多的卡扣	
不同点	①罩杯及鸡心处覆盖的蕾丝花纹不同。②卡扣数量不同，涉案专利后侧卡扣为七行三列，对比设计1、2的组合中后侧卡扣为六行，列数由于没有展开而不可见。③涉案专利腋下的比弯处及文胸正面底部边缘为直边，而对比设计1、2的组合中上述部位边缘均呈细小的花瓣状凹凸。④涉案专利公开了产品与人体接触的内里面的设计，而对比设计1、2的组合中未公开该部分的设计	
关注点	①罩杯及鸡心处覆盖的蕾丝花纹不同是否使得涉案专利相对于现有设计具有明显区别；②QQ空间是否构成法律意义上的公开	

2. 各方观点

1) 专利复审委员会

"对于文胸类产品来说，虽然组成部分基本相同，但是各部分的具体形状、表面图案均可以有多种设计。本专利与对比设计1、2的组合相比，均为全罩杯、高侧比、宽底边的文胸，罩杯表面及鸡心处同样形状的区域均覆盖了蕾丝花纹，背面均呈U形弧度，这些共同的设计特征致使两者形成了较为一致的整体视觉印象。虽然两者存在一些区别，其中区别点①涉及产品采用的蕾丝的花纹略有不同，但两者蕾丝均采用了花型设计，题材相同，且密度接近，风格相同，其具体纹样的区别属于局部细微变化，对于整体视觉效果不具有显著影响；区别点②涉及产品背面卡扣数量不同，但二者均为该产品所属领域中常见的多排多列扣设计，一般消费者不易察觉排数或列数的少量差异；区别点③涉及产品部分边缘的形状，由于该部分相对于产品整体而言占比极小，且本专利显示的直边设计是该领域惯常的设计，故该区别点对整体视觉效果不具有显著影响；区别点④中本专利公开了产品内里面的设计，但该部分的设计除了与外表面相呼应的缝合线及支撑条外，并无其他设计，在本专利与对比设计 1、2 的组合结构基本相同的情况下，该区别点对整体视觉效果亦无显著影响。至于莱特妮丝公司主张本专利背面的 U 形弧度与对比设计 2 显示的弧度并不相同这点区别，由于二者拍摄角度并不相同，二者的弧度是否完全一致难以判断，但即使存在区别，也是弧度上的细微差别，其整体的 U 形弧度区别并不明显。

"综上所述，本专利与对比设计 1、2 的组合相比，形成了较为一致的整体视觉印象，上述区别对产品整体视觉效果不具有显著影响，本专利不符合《专利法》第二十三条第二款的规定。据此，专利复审委员会决定宣告本专利全部无效。"

2）北京知识产权法院（一审）

"由于本专利与对比设计 1 所采用的蕾丝在布局上基本相同，花型设计、题材、风格、疏密程度等方面仅有细微差异，具体的蕾丝纹样不同亦属于局部细微变化，对于整体视觉效果不具有显著影响。因此，本专利与对比设计的区别点 1 并不能使得本专利相对于现有设计具有明显区别。北京知识产权法院判决：驳回莱特妮丝公司的诉讼请求。"

3）北京市高级人民法院（二审）

"涉案 QQ 空间相册中的图片是否构成现有设计对于涉案 QQ 空间相册公开范围的认定，应当从相关公证书的制作过程、相关网页及其发布时间的形成过程、管理该网站的网站资质和信用状况、该网站经营管理状况以及发布电子证据所采用的具体技术手段等相关因素进行综合认定。

"本案中，证据 1 以公证的形式记载了公证员进入×××号 QQ 空间相册和×××号空间相册的进入途径及上述两个空间相册所公开的内容。×××号 QQ 空间的用户名称为'卡丁娜美体内衣'，×××号 QQ 空间的用户名称为'创升华（妒丽）内衣厂'。从相册的内容看，上述两个 QQ 号的空间相册主要是店面展示、参展展示、产品展示等用于宣传的照片。QQ 空间是一种社交网络平台，上述 QQ 空间中所附产品图片的目的是推广宣传产品，应当认为是一种对外推销行为，公证时可以查询到上述 QQ 空间内容即已表明其空间设置的公开范围是'所有人可见',由上述 QQ 空间的功能和用途判断,其公开范围持续设置为'所有人可见'的可能性极大。在莱特妮丝公司未提交证据证明在图片上传时涉案 QQ 空间处于私密状态的情况下,应当认定在对比设计1、对比设计 2 图片上传时,涉案 QQ 空间设置为'所有人可见',涉案 QQ 空间中的图册已对公众公开,构成为公众所知的设计。莱特妮丝公司的相关上诉理由不能成立。

"关于本专利与现有设计是否具有明显区别,本专利涉及的产品是文胸,对比设计 1、2 公开的均是文胸的外观设计,与本专利的用途相同,属于相同种类的产品。鉴于莱特妮丝公司对被诉决定有关 QQ 空间图片的上传时间的认定无异议,本院认定对比设计 1、2 是在本专利申请日以前为公众所知的设计,构成现有设计。对比设计 1、2 可以用来评价本专利是否符合《专利法》第二十三条第二款的规定。

"判断本专利与现有设计是否相同或相近似,应以一般消费者的知识水平和认知能力,遵循'整体观察、综合判断'的判断原则,以两者的整体视觉效果是否相同或近似作为判断标准。

"鉴于莱特妮丝公司在原审诉讼中明确表示对被诉决定有关本专利与对比设计存在四个不同点及不同点②~④的评述无异议,本院经审查予以认定。

"本专利与对比设计的不同点①为罩杯及鸡心处覆盖的蕾丝花纹不同。莱特妮丝主张二者的内衣花纹不同,区别明显。对此本院认为,本专利和对比设计 1 的蕾丝布局和风格基本相同,花型设计、题材、密度相近,具体蕾丝纹样的不同属于一般消费者施以一般注意力难以观察到的细微差异,不足以对产品的整体视觉效果产生显著影响。因此,本专利与对比设计之间的不同点①不足以使本专利相对于对比设计产生明显区别,二者属于相近似的外观设计,本专利违反了《专利法》第二十三条第二款的规定。莱特妮丝公司的相关上诉理由不能成立。北京市高级人民法院判决驳回上诉,维持原判。"

3. 案例评析

从上述案例可以看出,案件争议的焦点主要在于网络证据的公开性。该案中北京市高级人民法院针对网络证据的不确定因素运用了高度盖然性原则。

《最高人民法院关于民事诉讼证据的若干规定》第七十三条是关于高度盖然性证明标准的规定。所谓盖然性，是指一种可能而非必然的性质。高度盖然性，即根据事物发展的高度概率进行判断的一种认识方法，是人们在对事物的认识达不到逻辑必然性条件时不得不采用的一种认识手段。所谓高度盖然性证明标准，是将盖然性占优势的认识手段运用于司法领域的民事案件中，在证据对待证事实的证明无法达到确实充分的情况下，如果当事人提出的证据已经证明事实发生具有高度的盖然性，人民法院可对事实予以确认。因证据的证明力不足无法正常判断，导致争议事实难以认定的情况大致可分为两种情况：一是比较双方证据证明力势均力敌，无法分出明显的强弱；二是比较的结果是双方的证据均不能作为认定案件事实的依据。上述规定赋予了法官在事实真伪不明的状况下根据高度盖然性证明标准作出裁决的权利，使得这种在民事诉讼法中尚未明确规定的做法有了司法解释的依据。

随着网络技术的发展，网络成为共享、分享信息的重要平台，网络证据在无效宣告程序中的重要性也日益凸显。在《专利审查指南 2010》中，引入网络证据作为现有设计的解释如下："现有设计包括申请日以前在国内外出版物上公开发表过、公开使用过或者以其他方式为公众所知的设计。"现有设计公开方式包括出版物公开、使用公开和以其他方式公开三种，均无地域限制。对于出版物公开，专利法意义上的出版物是指记载有技术或设计内容的独立存在的传播载体，并且应当表明或者有其他证据证明其公开发表或出版的时间。符合上述含义的出版物可以是以其他形式存在的资料，如存在于互联网或其他在线数据库中的资料等。❶

网络证据通俗理解为来源于网络的信息、资料。网络证据的认定与传统证据的区别是，网络证据在真实性、公开性以及公开日期的认定方面存在一定难度，具有不确定性。对网络证据真实性的考察需要结合网络证据的形式

---

❶　中华人民共和国国家知识产权局. 专利审查指南 2010 ［M］. 北京：知识产权出版社，2010：154.

和内容，从网络来源主体的信誉度、知名度、规范程度、当事人与网络来源主体的关系等因素进行综合判断；对于公开日期，则需要在真实性的基础上，根据高度盖然性原则，从网络证据的形成、删改规则等因素进行综合考量加以确定。❶ 专利法意义上的公开，是指处于能够为公众获知的状态，即公众能够从网络正常显示状态中获得网络证据内容。

结合该案，QQ 空间是腾讯公司开发的一个社交网络平台，由于 QQ 空间/相册上传时间无法修改，则可以认定相关网络证据的上传时间是专利法意义上的公开时间。由于证据 1 进行了公证取证固定证据，可以确认其真实性，对此各方也没有争议。但针对 QQ 空间的公开性，上诉人认为 QQ 空间必须是 QQ 好友添加后才能进入空间并浏览图片，QQ 空间对外开放和有人浏览是不同的概念，海翠翡琳公司未证明 QQ 空间的浏览量，该 QQ 空间不构成法律意义上的公开。北京市高级人民法院认为：从上述 QQ 空间宣传产品的目的以及公证时可以查询到上述 QQ 空间内容即已表明其空间设置的公开范围是"所有人可见"，判断其公开范围持续设置为"所有人可见"的可能性极大。在上诉人未提交证据证明在图片上传时涉案 QQ 空间处于私密状态的情况下，应当认定涉案 QQ 空间设置为"所有人可见"，构成为公众所知的设计。

这里需要指出的是，QQ 空间存在权限设置，只有 QQ 空间的权限设置为所有人可见且持续可见的情况下，QQ 空间相册才能作为专利法意义上的公开。但 QQ 空间访问权限的设置和更改不会留有记录，即该访问权限的设置是可以更改的。❷ 该案中，北京市高级人民法院结合具体情况和公证证据，运用了高度盖然性的原则，认为所有人可见的可能性极大。上诉人虽然主张 QQ 空间不具有公开性，但是并未提供相关举证的情况下，法院不予支持。

---

❶ 冯术杰，崔国振. 依据网络证据认定网络公开问题探析——以一则专利无效宣告案件为例 [J]. 知识产权，2011（5）：70－74.

❷ 杨凤云. 网络证据中 QQ 空间（相册）证据的举证和认定 [N]. 中国知识产权报，2017－10－25（010）.

第三章

箱包类产品

　　箱包产品，一般来说形状对于包的设计影响较大，而图案和其他配饰的设计空间较大。对于经典款箱包，其标志性设计特征更能引起显著的视觉效果，特别是 2020 年《专利法》修改之后，外观设计专利可以保护产品的部分设计，经典款箱包的标志性设计能够得到更好的保护。包类产品的设计特点主要体现在包的整体视觉效果上，而对于创新点来说，包类产品是形状、图案、设计要素的选择和整体的一体式计，因此在设计中更关注设计的不同点，而非相同点。箱包属于时尚流行产品，网上交易活跃，互联网证据越来越多地出现在各种诉讼中，本章选取的诉讼案例，针对网络证据保全进行了详细解析。

第一节　产品领域概述

箱包是对装东西的容器的统称，无论是品牌、款式，还是用途种类都有很多，分类非常细。《国际外观设计分类表》中 03－01 类，包括大衣箱、手提箱、公文包、手提包、钥匙袋、钱夹、专门为内容物设计的箱包和类似物品。

第十二版分类表中 03－01 小类下约列举了 120 个产品项。这些产品项名从产品的形态上划分，粗略大致分为箱、包、袋、带、鞘、罐、筐、夹、盒、链、环、绳、兜等。从功能上划分，大致可以分为两组：第一组专门为内容物设计的箱包和类似物品，此类产品内装物形状对产品形状的影响较大；相对的，第二类是通用的箱包和类似物品。

箱包可以从不同的角度进行分类，最容易理解是按照使用方式分类，大致分为如下几类：双肩包、单肩包、斜挎包、手提包、电脑包、手拿包、钱包、卡包、腰包、旅行箱等。

包的结构一般由大身（前幅、后幅）、侧副（左幅、右幅）、底围、提手（手挽袋、斜肩背带、腕带、细链）、盖头或翻面、耳仔和利仔、锁扣或搭扣、拉链（拉头、拉链、拉牌）、蘑菇钉、车线、主袋和插袋（外插袋、内插袋、中隔插袋、暗袋、卡片袋、证件袋、手机袋、ipad 插袋）等部件组成。

箱包有以下主要的设计特点。

（1）形状、图案及装饰整体设计。经典款包的形状较为固定，其设计点主要体现在图案及其他装饰的设计上；若为全新的款式，形状的影响更大。但总体来说，包的设计点主要还是落在整体视觉效果的设计上。

（2）箱包属于时尚流行产品，不同于其他产品的设计创新点，因其是形状、图案、设计要素的选择和整体的一体式设计，因此在设计中更关注设计的不同点，而非相同点，原因是小的不同点也会带来不同的视觉效果，如图 3 - 1 所示。

图 3-1　箱包产品创新点产生不同的视觉效果

第二节　外观设计专利情况

一款较有特色的包设计出来之后，很多同行会参考类似的设计元素，尤其是较大品牌推出的别具一格设计，往往会形成爆款而被模仿。例如，思琳（Celine）在 2011 年设计出一款笑脸包，一对小耳朵造型让人耳目一新，之后几乎所有知名品牌都开始推出这样带小耳朵设计的款式。因此，申请外观设计专利保护极有必要。

2015—2019 年箱包产品在中国外观设计申请量逐年增长，如图 3 - 2 所示。

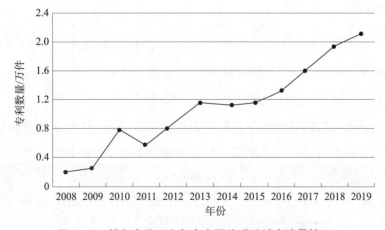

图 3-2　箱包产品近十年在中国外观设计申请量情况

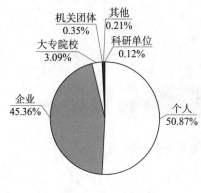

图3-3 03-01小类申请人
类型占比情况

对其申请人类型构成进行分析，申请人为个人占比超过一半以上，如图3-3所示。

2020年《专利法》将产品部分设计纳入外观设计专利保护范围，箱包产品因为本身设计元素丰富，创新点很容易流行成爆款，因此迫切需要部分设计的保护，预计其申请量会持续增长。

第三节 裁判思维解析

【案例3-1】

"包（五）"外观设计专利权无效行政纠纷案❶

1. 案情简述

上海玉汕贸易有限公司（简称"玉汕公司"）于2014年5月30日针对专利权人郜某、申请号为201230045240.5、名称为"包（五）"的外观设计专利向专利复审委员会提出无效宣告请求，其理由是上述专利不符合《专利法》第二十三条第二款的规定，专利复审委员会作出第24692号无效宣告请求审查决定，宣告上述专利全部无效；郜某不服第24692号决定，向北京知识产

---

❶ 此案经过二审，具体参见判决书：北京知识产权法院（2015）京行知初字第1342号行政判决书、北京市高级人民法院（2016）京行终748号行政判决书。

权法院提起行政诉讼，北京知识产权法院判决驳回郜某的诉讼请求；郜某不服一审判决，向最高人民法院提起上诉，请求撤销一审判决，最高人民法院终审判决，驳回上诉，维持原判。具体情况，参见表3-1。

表3-1 "包（五）"涉案专利与对比设计基本信息及对比情况

	涉案专利	对比设计
图片	主视图　后视图 左视图　右视图 立体图	附图
基本信息	涉案专利系专利号为201230045240.5，名称为"包（五）"的外观设计专利。其申请日为2012年3月2日，授权公告日为2012年7月25日，专利权人为钟某民	对比设计1为上海市闸北公证处出具的（2013）沪闸证经字第2271号公证书，复印件
相同点	两者整体形状相同，比例关系基本相同	
不同点	对比设计仅一幅立体图，未完全显示与涉案专利各视图相对应的内容	
关注点	网络证据内容及其公开时间真实性的认定	

2. 各方观点

1）专利复审委员会

"证据认定。通过点击订单编号获得的产品销售信息及包的图片来源于淘宝网的交易快照。淘宝网上所公开的交易记录信息是双方当事人交易完成后由系统自动形成，所有的数据维护由淘宝网管理，网站经营者以外的其他人均不能更改交易快照信息。郜某虽然不认可交易记录的真实性，但并未提出有说服力的理由及证据佐证。因此，对证据 1 公证内容的真实性、合法性予以认可，认可证据 1 图 15、18、21 公开的商品在国内网站上公开销售的时间为 2008 年 10 月 23 日，早于涉案专利的申请日，其外观设计属于现有设计，可以用来评价涉案专利是否符合《专利法》第二十三条第二款的规定。

"关于《专利法》第二十三条第二款。虽然对比设计未能显示产品的后视图以及完整的左右视图，但从立体图看，基本反映了整个产品的长宽高比例以及立体形状，对比设计通过立体图已较清楚地表达了相应产品的整体设计；文字在外观设计专利中作为图案考虑，并且其所占面积及比例较小。对于两者的区别点，在二者整体组成、包带和顶面的设计以及比例关系基本相同，尤其正面的设计也基本相同的情况下，其存在的差别对整体视觉效果不具显著影响，二者不具有明显区别，涉案专利不符合《专利法》第二十三条第二款的规定。"

2）北京知识产权法院（一审）

"玉汕公司提交的证据 1 系使用公证处电脑上网并下载的淘宝网订单记录的网页快照，是淘宝网自行保存的信息再现，正常情况下很难被篡改。郜某未能提交相应证据佐证公证下载的网页快照已被修改，亦未就淘宝网卖家可以随意修改已成交订单信息的质疑予以合理说明，郜某主张证据 1 不具有真实性及合法性，不予支持。涉案专利的正面、顶面等其他部位设计变化是一般消费者比较关注和使用时容易看到的部位，相对于使用过程中不易被看到的背面和底面对整体视觉效果更具有显著的影响。虽然对比设计立体图无法呈现包体的背面设计及完整的左右侧面设计，但对比设计立体图能够显示包体长宽高比例关系、拉链、包带及包袋的设置方式。将对比设计与涉案专利比较可知，二者显示的包整体外观、包体拉链位置、包带及侧袋设计、长宽高比例关系等方面均基本相同，仅包体颜色及正面翻盖上所标注的英文字母略有差别，但上述差别属于局部细微变化，且在整体设计中所占比例很小，对包体整体视觉效果不足以产生显著影响。因此，涉案专利与对比设计相比不具有明显区别，不符合《专利法》第二十三条第二款的规定。综上，郜某的诉讼请求，缺乏事实与法律依据，不予支持。"

3）北京市高级人民法院（二审）

"玉汕公司用于证明对比设计的证据是其向专利复审委员会提交的证据1，即上海市闸北公证处出具的（2013）沪闸证经字第2271号公证书，该证据系公证机关针对淘宝网上保存的网络卖家交易记录及相应的交易快照页面所进行的公证。经公证保全的网页内容均来自网络交易平台淘宝网，正常来讲，该网站上公开的交易信息是在网络卖家和买家交易完成后由系统自动形成，数据信息的保存和维护均由淘宝网的经营者负责，淘宝网经营者以外的其他人无权更改已经生成的交易信息。在无相反证据的情况下，可以确认其真实性。对于郜某提出网络信息具有不稳定性、可修改等特征，玉汕公司提交的证据不具有真实性、合法性的上诉主张，因郜某未提交足以否定上述证据真实性的相反证据，也未提出能够使本院确信上述证据存在较大篡改可能性的具体理由，故对郜某的该项上诉主张，本院不予支持。

"由于证据1中对比设计商品在淘宝网上公开销售的时间为2008年10月23日，早于涉案专利的申请日，故对比设计属于现有设计，可以用来评价涉案专利是否符合《专利法》第二十三条第二款的规定。

"判断涉案专利与现有设计是否相同或相近似，应以一般消费者的知识水平和认知能力，采取整体观察、综合判断的方法，以两者的整体视觉效果是否相同或近似作为判断标准。产品正常使用时容易被直接观察到的部位相对于其他部位，对外观设计的整体视觉效果更具有影响。本案中，将涉案专利与对比设计进行比对。一方面，二者均由包体和包带组成，二者所显示的包的整体外观、长宽高比例关系以及正面、顶面、拉链、包带等具体部位的设计均相近似。另一方面，虽然对比设计立体图未呈现包体的背面设计及完整的左右侧面设计，但对比设计的立体图所显示的包的正面、顶面、拉链、包带等部位是消费者在正常使用产品时容易直接观察到的部位，相比使用过程中通常不易观察到的背面和底面而言，上述部位的设计对整体视觉效果更具有影响，且从对比设计的立体图亦可看出其右侧的侧袋设计与涉案专利相近似。虽然二者在包体颜色深浅以及正面标注的文字有所不同，但按照一般消费者的知识水平和认知能力，上述差别均属于不容易注意到的局部细小变化，不会对包体的整体视觉效果产生明显影响。综上所述，涉案专利与对比设计在整体上的视觉效果相近似，二者不存在实质性差异。原审法院及专利复审委员会认定涉案专利与对比设计相比不具有明显区别，不符合《专利法》第二十三条第二款的规定，并无不当。对于郜某提出对比设计仅有一张孤立的照片，无法与涉案专利进行比对的上诉主张，本院不予支持。"

3. 案例评析

1) 互联网证据保全公证有助于增强证据效力和可信度

随着互联网的广泛应用，互联网证据越来越多地出现在各种诉讼中，但由互联网获得的证据的特殊性，如公开形式多样化、公开时间难以准确确定、内容真实性难以保证、证据容易灭失等，导致司法判决中对认定互联网证据合法真实性有一定难度。

如何对互联网证据进行保全和固定是近年来法律界广泛关注的新热点，对于这种存在于虚拟空间同时又能够以电子数据的形式来表现的特殊证据，其保全和固定的方法应当从其区别于传统证据所特有的特性入手，通过必要的保全手段和措施将其固化，以尽可能地将保全当时的证据情况完整地呈现出来。

证据保全公证是公证机关对于与申请人权益有关的日后可能灭失或难以取得的证据依法进行收存和固定以保持证据的真实性和证明力的活动。证据保全公证不仅可以有效防止证据丢失，同时还可以增强其证据效力，提高被采信的可能性。

但证据保全公证也存在一定滞后性，因为要证明互联网上信息公开的具体时间这一证明事项本身就非常困难。人们一般不会在信息最初上传到互联网上时就对其进行公证或保留，常常只有在发生纠纷时想到对相关网页进行证据保全公证，而此时除了网页本身自动生成的信息上传时间外，很难找到其他替代手段证明网页公开时间。一般而言，对于规模大、安全性能好的网站，如大型门户网站、电商平台、政府机构、公共组织、学术机构等网站，其网页内容可靠性较高。

2）网络证据判断难点在于对其真实性判断

《最高人民法院关于行政诉讼证据若干问题的规定》第六十四条："以有形载体固定或者显示的电子数据交换、电子邮件以及其他数据资料，其制作情况和真实性经对方当事人确认，或者经公证等其他有效方式予以证明的，与原件具有同等的证明效力。"根据该规定，经过公证机关公证的网络证据具有与原件同等的证明效力，但公证书记载的内容仅能证明公证书中记载的内容与公证时网络中相关内容的一致性，并不能证明网络证据的历史情况及公开时间的实质真实性。在多数案件中，当事人争议的焦点往往体现为网络证据内容及其公开时间是否被篡改、是否具有实质真实性。因此，在网络证据满足形式真实性的情况下，还需要根据各方当事人的主张，考虑证据内容是否存在被篡改的可能性。只有在排除证据内容存在被篡改的可能性或者证据的证明力达到高度盖然性的情况下，才能对网络证据内容的实质真实性予以确认。

该案中，玉汕公司用于证明对比设计的证据是其向专利复审委员会提交的证据1，即上海市闸北公证处出具的（2013）沪闸证经字第2271号公证书，该证据系公证机关针对淘宝网上保存的网络卖家交易记录及相应的交易快照页面所进行的公证。众所周知，淘宝网是国内知名的经营性交易平台网站，其交易快照是作为第三方的淘宝网站在买卖双方发生交易行为时对交易信息的记录（包括交易时间、产品名称及照片等信息），其目的是作为买卖双方发生交易的凭证，买卖双方无权编辑和修改快照所记载的内容。该网站上所公开的交易记录信息是双方当事人交易完成后由系统自动形成，所有的数据维护由淘宝网站管理，网站经营者以外的其他人均不能更改交易快照信息（包括交易时间、产品名称及图片）。淘宝网与双方当事人均不存在利害关系，缺乏篡改网络证据的动机，因此该证据被篡改的可能性较小。

《最高人民法院关于知识产权民事诉讼证据的若干规定》第三十条规定："当事人对公证文书提出异议，并提供相反证据足以推翻的，人民法院对该公证文书不予采纳。"对于郜某提出网络信息具有不稳定性、可修改等特征，玉汕公司提交的证据不具有真实性、合法性的上诉主张，因郜某未提交足以否定上述证据真实性的相反证据，也未提出能够上述证据存在较大篡改可能性的具体理由，因此，法院认定证据真实有效。

第四章

包装类产品

　　包装类产品以自身独特的方式向消费者传递产品信息，并最终达到营销目的，具有一定的商业属性。包装类产品可以分为平面包装类产品以及立体包装类产品。随着人们需求的增加、产品的日益丰富，产品包装设计也高速发展。近年来，包装类产品外观设计专利申请量呈稳步增长趋势。从加多宝与王老吉的"红罐之争"，我们可以看到包装类产品所具有的商业价值。无论从申请量还是从商业性上来说，该领域是一直为大家所关注的热点领域，该领域行政诉讼案件也比较多。

　　包装类产品的图案设计大多都包含品牌信息、商标、标识等。在后续涉及《专利法》第二十三条的行政诉讼时，与在先商标的冲突问题在该类产品行政诉讼案件中比较常见。此外涉及《专利法》第二十三条第一款、第二款的诉讼时，对于平面包装类产品，其诉讼焦点主要为产品图案、色彩的对比判断。对于立体包装类产品，如盒、罐、桶、瓶、管、泡罩类产品来说，在产品形状较为新颖的情况下，形状的独特性往往会给消费者留下深刻印象，产品形状对视觉的影响较为重要。产品形状比较常见的情况下，其诉讼焦点主要在产品图案、色彩设计方面。在上述对比判断时，还需要结合惯常设计、设计空间、视觉关注面等来综合考量。本章选取具有代表性的诉讼案例对上述相关焦点问题进行了详细阐述。

第一节 产品领域概述

包装随着社会的发展而发展，从原始包装到现代包装都与社会发展密不可分。包装的产生与发展与人类社会的进步、生产力水平的提高、科学技术的进步和文化艺术的发展密不可分。目前我国包装行业已经形成了一个以纸包装、塑料包装、金属包装、玻璃包装、包装印刷和包装机械为主要产品的独立、完整、门类齐全的工业体系。

"包"为包裹、包扎之意。"装"既可以解释为安置、安放，还可以解释为装饰、装潢。狭义的包装仅是指包装商品的东西。❶

根据《包装通用术语》中的定义，商品包装是指在流通过程中保护商品，方便运输，促进销售，按一定的技术方法而采用的容器、材料及辅助等的总体名称；也指为了上述目的而在采用容器材料和辅助物的过程中施加一定技术方法的操作活动。从商业美术的角度讲，一件完整的商品包装应包含两个方面，一是用于储存和流通商品的容器，二是对容器进行与其所包装商品信息相统一的装潢。

从以上包装类产品定义看，包装类产品兼具"包"和"装"，其体现在包装类产品外观设计上，即为包装商品进行的容器结构造型和包装的美化装饰设计。包装设计是将美术与自然科学相结合，运用到产品的包装保护和美化方面，它不是广义的"美术"，也不是单纯的装潢，而是隐含科学、艺术、材料、经济、心理、市场等多种综合要素。包装设计的视觉效果主要通过色

---

❶ 郭茂来. 包装设计艺术赏析［M］. 北京：人民美术出版社，2001：1.

彩、图案以及形状来体现，这也是消费者对商品最直观的印象。包装产品的外观设计就是将隐含的多种信息通过形状、图案、色彩表达出来，从而能够将信息和感受传递给消费者（图4-1）。

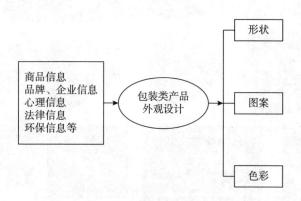

图4-1 包装类产品设计图示

包装类产品根据造型主要划分为以下类型。

1. 盒（箱）类包装

盒（箱）式结构包装空间大、叠放运输方便，是一种常见的包装结构。大部分盒（箱）包装产品以纸材料制成，还有一部分采用塑料、木、金属等材料。从外观设计专利申请看，盒（箱）类产品大多采用简单几何造型，如长方体、三棱柱体、多棱柱体、圆柱体以及其他组合几何体等。一般来说，纸质材料比较容易造型，纸质包装盒形状多种多样，还有的呈异形，如图4-2中的荷花造型包装盒。盒（箱）类包装常见结构有直线式、抽屉式、书本式、开窗式、手提式、挂耳式等。对于一些比较贵重或者旨在体现内装产品价值的包装，会采用一些造价高的金属、木类材料（见图4-3），如酒类包装盒（箱）、茶叶包装盒、保健品包装等。

图4-2　包装盒类产品形状和结构

图4-3　采用木、金属材料的酒类、茶叶类包装盒产品

2. 罐、桶类包装

罐、桶类包装产品多用于包装液体、固体的商品（见图4-4）。它可以密封，利于保鲜。罐类包装多采用陶瓷、金属材料，如奶粉罐、茶叶罐以及其他食品罐等。桶类包装多采用塑料、金属、木制等材料，如日常生活常见的油漆桶、洗衣液桶、罐装水桶、啤酒桶等。

图 4 – 4　罐、桶类包装产品

3. 瓶类包装

瓶多用于包装液体，结合金属、塑料、玻璃瓶盖，具有良好的密封性。瓶类包装多以玻璃、陶瓷或塑料制成，如酒瓶、水瓶、饮料瓶、化妆品瓶、药瓶等（见图 4 – 5）。

图 4 – 5　瓶类包装产品

4. 袋类包装

袋多用于包装固体、液体商品，一般采用柔韧性材料（如纸、塑料薄膜、复合薄膜、编织品等）制成的袋类产品，便于装运（见图4-6）。

图4-6 袋类包装产品

5. 管类包装

管多用于包装黏稠状液体商品，多采用塑料软管或金属软管，并加以金属盖或塑料盖封闭，便于挤压，如洗面奶、牙膏、药膏等管式包装（见图4-7）。

图4-7 管类包装产品

6. 泡罩类包装

泡罩类包装是将产品置于纸、塑料、铝箔制成的底板上，再覆以与底板相结合的透明罩。既能固定，又有直观的视觉效果。适于药品、玩具、五金工具、零配件等（见图 4 - 8）。

图 4 - 8　泡罩类包装产品

第二节　外观设计专利情况

根据《国际外观设计分类表》，09 大类为用于商品运输或装卸的包装和容器。其中 09 - 01 小类为瓶、长颈瓶、罐、鼓形瓶等，主要为包装用罐、瓶类产品；09 - 02 小类为储藏用罐、鼓形圆桶和木桶；09 - 03 小类为盒子、箱子、集装箱和罐头罐；09 - 04 类为有盖篮子、柳条筐和篮子；09 - 05 小类为袋、小袋、管和囊；09 - 06 小类为绳索和捆扎用品；09 - 07 小类为封口装置和封口附件；09 - 08 小类为叉车的货盘或装卸台；09 - 09 小类为废物和垃圾的容器以及座架；09 - 10 小类为提手或者握柄以及 09 - 99 其他杂项。从上述可以看出，包装类产品主要集中在 09 - 01、09 - 02、09 - 03、09 - 05 小类，其他小类更多为相关容器以及附件，因此本小节包装类产品外观设计专利情况分析主要以这四小类外观设计专利数据为基础。

1. 专利数量及趋势

　　2008—2019 年，包装类产品的外观设计专利授权公告数量约为 50 万件，从图 4 - 9 可以看出，包装类产品专利数量 2008—2012 年为上扬态势，2012年专利数量达到约 5.1 万件，2013 年专利数量下降，2013—2019 年数量逐步增加，到 2019 年达到 50.09 万件，与 2012 年专利数量基本持平。

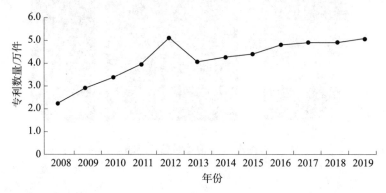

图 4 - 9　包装类产品外观设计专利数量及趋势

2. 地域分布

　　包装类产品外观设计专利主要集中在广东、江苏、浙江一带，其次为山东、四川、福建、河南、安徽等（见图 4 - 10）。

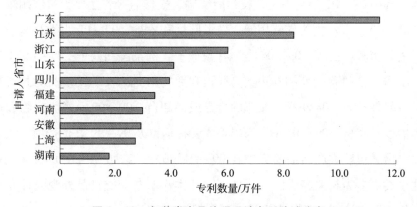

图 4 - 10　包装类产品外观设计专利地域分布

第三节 裁判思维解析

本节案例包括案例 4－1 "包装桶"、案例 4－2 "桶装水桶"、案例 4－3 "包装瓶（海萨特种兵）"以及案例 4－4 "食品包装袋"。其中案例 4－1 "包装桶"和案例 4－2 "桶装水桶"案情相近似，因此将案例 4－1 和案例 4－2 进行对比分析，案例评析部分进行统一阐述。

【案例 4－1】
"包装桶"外观设计专利权无效行政纠纷案❶

1. 案情简述

该案涉及名称为"包装桶"、专利号为 201030553702.5 的外观设计专利，其申请日为 2010 年 10 月 11 日，授权公告日为 2011 年 3 月 16 日，专利权人为山东三星玉米产业科技有限公司（简称"三星玉米产业公司"）。针对上述专利权，莫尼托有限公司于 2012 年 2 月 22 日向专利复审委员会提出无效宣告请求，理由是上述专利不符合《专利法》第二十三条第二款的规定。2012 年 6 月 18 日，专利复审委员会作出第 18809 号无效宣告请求审查决定（简称"第 18809 号决定"），宣告上述专利权全部无效。山东三星玉米产业公司不服该决定，依法向北京市第一中级人民法院提起行政诉讼。北京市第一中级人民法院维持专利复审委员会作出的第 18809 号决定。三星玉米产业公司不服原审判决，向北京市高级人民法院提出上诉，北京市高级人民法院认为原审

---

❶ 此案经过二审，具体参见判决书：北京市第一中级人民法院（2013）一中知行初字第 488 号行政判决书、北京市高级人民法院（2013）高行终字第 1558 号行政判决书。

判决和第 18809 号决定认定事实清楚，适用法律正确。驳回上诉，维持原判。具体情况参见表 4 – 1。

表 4 – 1 "包装桶"涉案专利与对比设计基本信息及对比情况

	涉案专利	对比设计
图片	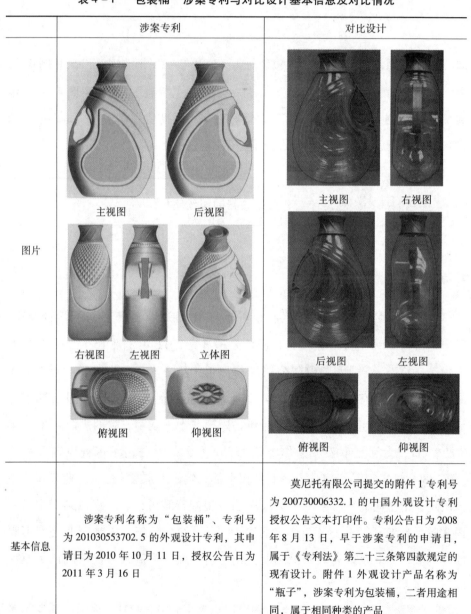主视图　后视图　右视图　左视图　立体图　俯视图　仰视图	主视图　右视图　后视图　左视图　俯视图　仰视图
基本信息	涉案专利名称为"包装桶"、专利号为 201030553702.5 的外观设计专利，其申请日为 2010 年 10 月 11 日，授权公告日为 2011 年 3 月 16 日	莫尼托有限公司提交的附件 1 专利号为 200730006332.1 的中国外观设计专利授权公告文本打印件。专利公告日为 2008 年 8 月 13 日，早于涉案专利的申请日，属于《专利法》第二十三条第四款规定的现有设计。附件 1 外观设计产品名称为"瓶子"，涉案专利为包装桶，二者用途相同，属于相同种类的产品

续表

	涉案专利	对比设计
相同点	①均包含瓶盖、独立握把及瓶体三部分；②整体均为扁桶状，长、宽、高的比例是大致相当，宽度最小处为整体高度约三分之一处，最小处为瓶盖中部；③瓶体，正面中部均有水滴状图案，水滴图案外弧面有两平行的弧形内凹细槽环，瓶体一侧内凹，弧度与水滴纹样内侧弧度相当；④握把，均为片状结构，其弧度与瓶体弧度形成一整体；⑤瓶盖，整体形状相同，其上均匀分布有倾斜的凸起细棱条，顶部中间的同心圆与四周壁之间向下内凹	
不同点	①瓶体水滴图案，对比设计水滴图案内有三条弧形内凹细槽，而涉案专利没有；②瓶体凹槽环，涉案专利的凹槽环下部连接于握把对侧面的中部，而对比设计的凹槽环整体围绕水滴外弧面连接于握把的下部；③瓶体凹槽环上部，涉案专利凹槽环上部与瓶盖下部区域内有细小凸起排成的阵列纹理，而对比设计该区域为光滑表面；④瓶体内凹处，涉案专利瓶体内凹处上下端均有凸起的结构，而对比设计为光滑面；⑤瓶底，涉案专利瓶底有整体为椭圆形的凹凸结构，而对比设计的为光滑椭圆；⑥瓶盖，涉案专利瓶盖顶部凹陷的深度比对比设计的大，瓶盖侧面的细棱条倾斜方向与对比设计的相反；⑦握把，涉案专利的握把内侧面有波浪起伏，而对比设计为光滑弧面	
关注点	涉案专利是否符合《专利法》第二十三条第二款的规定。与现有设计相比，是否具有明显区别	

2. 各方观点

1）专利复审委员会

"对于包装瓶、桶类产品，一般由瓶盖、独立握把及瓶体或者瓶盖及带有握孔的瓶体构成，其整体形状及主要图案均是一般消费者所关注的重点。关于区别点①，对比设计水滴图案内较涉案专利多了 3 条弧形细槽，但细槽的弯曲弧度及走势与水滴外形相符，并没有对占主要位置的水滴图案起到更显著的影响，且包装类产品由于一般均会贴附标贴等，故水滴状内部的图案等为实际使用状态下看不见的部位；区别点②，涉案专利的凹槽环从正面看其仅位于水滴外弧面的上部，而对比设计凹槽环下部沿着水滴外弧面向下直至握把下方，但其并没有破坏正面两凹槽弧线均是平行于水滴外弧面的整体视觉效果，而凹槽环于侧面连接的位置虽不同，但由于扁平状的包装类产品，其侧面相对于正面而言关注度较小，不会对一般消费者产生引人瞩目的视觉效果；区别点③，凹槽环上部的点阵凸起，涉案专利的点阵凸起带虽然占了一侧面的约1/3，但是在相对侧面而言更能引起消费者瞩目的正面则仅占了相当小的区域，在涉案专利与对比设计整体形状相同、各主要部件的形状及位置关系相同、主要图案也相同的情况下，区别点②和区别点③不足以对整体视觉效果产生显著影响；区别点④~⑦仅为局部的细微变化，对整体视觉效果不具有显著影响。综上，涉案专利与对比设计虽存在部分图案的区别及局部的细微变化，但在涉案专利与对比设计整体形状相同、各主要部件的形状及位置关系相同、占主要位置的水滴图案及凹槽环所形成的整体视觉效果也相同的情况下，所述区别不足以使二者具有明显区别，涉案专利不符合《专利法》第二十三条第二款的规定。"

2）北京市第一中级人民法院（一审）

"对于包装桶产品，应该包括：①包装桶的几何外形；②包装桶的长、宽、高比例；③包装桶各部件（瓶身、瓶盖和把手）的形状和相互位置关系。市场上用于食用油的包装桶绝大多数是长圆柱形或者下部是圆柱形而上部是圆锥形的桶。本专利和对比设计所共同具有的扁桶状在该类产品中是新颖独特的，因此更容易引起普通消费者的注意。将本专利与对比设计的主后视图、俯仰视图以及左右视图进行比较，两个包装桶的长、宽、高的比例相同。瓶体的形状、把手的形状和位置以及瓶盖的形状均相同。因此本专利和对比设计的整体形状是几乎完全相同的。

"依据对比设计照片视图所显示的光影特性，其瓶盖顶部存在一定的凹凸关系。同时，瓶盖对整体视觉效果没有显著影响。本专利瓶盖中间凸起的圆柱的高度并没有超出周边的环形凸缘的高度，因此在购买时是不可见部位。从外观上可以看出，两个瓶盖的形状几乎完全相同。另外，从对比设计的俯视图可以看出它的瓶盖中央也具有一个圆形构造，因此可以推断它也应该具有圆柱形结构。

"点阵凸起的主要部分位于相对于正面而言较不容易引起注意的侧面，在购买时，消费者一般注意力都关注正面，仅看到瓶体一侧，即主视图一侧。从该侧看，所述点阵凸起阵列对整体视觉效果没有显著影响，不会如原告所言联系到葵花籽来源。况且，麻麻点点排列在油瓶上非常常见，因此对普通消费者不会产生显著的视觉效果。

"虽然对比设计多了弧形细槽，但是该细槽的弯曲弧度及走势与水滴外形相一致，并没有破坏水滴图案的整体效果。并且，瓶体的水滴形状就是贴标签处，标签的形状与瓶体的水滴形状相一致。因此水滴内部的图案为实际使用状态下看不到的部位。

"对比文件显示的产品为前后对称，其透明表层没有引起特殊的视觉效果。即使对比设计似乎看起来是透明的，外观设计保护的是产品的形状、图案或者其结合以及色彩与形状、图案的结合。对比设计在其简要说明中并没有注明瓶体是由透明材料制成的，因此瓶体是否透明不应被考虑在内。或者说，对比设计的保护范围涵盖了透明和非透明两种情形。"

2）北京市高级人民法院（二审）

"本专利与对比设计的区别是局部、细微的，对整体视觉效果不产生重要影响。关于'凹凸区域'，本专利的凹凸区域与对比设计相比确有一定差别，但鉴于凹凸区域所占包装桶的比例很小，这一局部的变化不易引起消费者的注意，不能改变二者整体上相近的视觉效果。关于'环形凹槽'，本专利与对比设计的环形凹槽几乎相同，给人的视觉效果几乎一样，并不存在三星玉米产业公司主张的明显区别。关于'瓶嘴'，'瓶嘴'是包装桶的细小部分，在整体视觉效果中的影响力很小，而且本专利与对比设计的'瓶嘴'只是斜纹方向不同，不易引起消费者的注意，对整体视觉效果影响甚微。关于'握把'，'握把'也是本专利与对比设计的细小部位，区别不大，对整体视觉效果影响甚微。综上，基于整体观察、综合判断的方法，应当认定本专利与对比设计在整体视觉效果上是基本相当的，不存在明显的区别。"

【案例4-2】

"桶装水桶"外观设计专利无效行政纠纷案❶

---

❶　此案经过二审，具体参见判决书：北京知识产权法院（2017）京73行初2870号行政判决书、北京市高级人民法院（2017）京行终5581号行政判决书。

1. 案情简述

涉案专利产品名称为"桶装水桶"、专利号为201530481434.3，其申请日为2015年11月26日，专利权人为熊某、饶某秋。四川蓝剑錾华山天然矿泉水有限公司（简称"蓝剑公司"）于2016年8月2日向专利复审委员会提出无效宣告请求，其理由是涉案专利不符合《专利法》第二十三条第一款、第二款的规定，并提交了证据1，即专利号为200530029282.X的中国外观设计专利授权公告文本打印件。专利复审委员会认为涉案专利符合《专利法》第二十三条第一款和第二款的规定，从而维持涉案专利权有效。蓝剑公司不服，依法向北京知识产权法院提起行政诉讼。北京知识产权法院判决：驳回蓝剑公司的诉讼请求。蓝剑公司不服原审判决，向北京市高级人民法院提出上诉，北京市高级人民法院驳回上诉，维持原判。具体情况参见表4-2。

表4-2 "桶装水桶"涉案专利与对比设计基本信息及对比情况

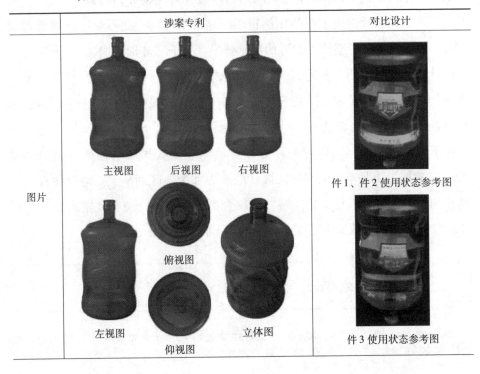

	涉案专利	对比设计
图片	主视图　后视图　右视图 俯视图 左视图　　立体图 仰视图	件1、件2 使用状态参考图 件3 使用状态参考图

续表

	涉案专利	对比设计
基本信息	涉案专利产品名称为“桶装水桶”，其申请日为2015年11月26日，专利权人为熊某、饶某秋。 涉案专利由六面正投影视图和立体图表示，其整体透明，桶体近似圆柱形，直径与高度比约为1:2，桶颈为细圆柱形，桶颈与桶体间为坡形桶肩，桶体顶部和底部各有一圈磨砂表面，中上部和中下部各有一处收腰，使桶体表面呈曲线形，顶部、中间、底部略粗，桶体中部对称设置两个近似五边形的箭头状凸台，凸台与凸台中间的桶体侧壁上设有S形纵向纹路	证据1件1、件2使用状态参考图和件3使用状态参考图中所公开的一种桶装水桶的外观设计。 对比设计公开了两幅视图，其整体透明，桶体近似圆柱形，直径与高度比约为1:2，桶颈为细圆柱形，桶颈与桶体间为坡形桶肩，桶体顶部和底部各有一圈磨砂表面，中上部和中下部各有一处收腰，使桶体表面呈曲线形，顶部、中间、底部略粗，桶体中部有两个对称设置的近似五边形的箭头状标贴
相同点	整体形状相同，桶颈、桶肩、桶体形状也相同，桶体顶部和底部均设有磨砂表面	
不同点	①桶体中部是否有箭头状凸台，涉案专利桶体中部为箭头状凸台结构，对比设计桶体中部为箭头状标贴；②桶体侧壁是否设置纵向纹路，涉案专利凸台与凸台中间的桶体侧壁上设有S形纵向纹路，对比设计侧壁无纵向纹路	
其他证据文件	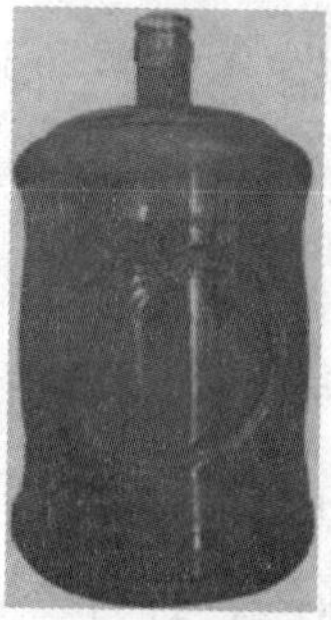 反证1主视图  反证2主视图 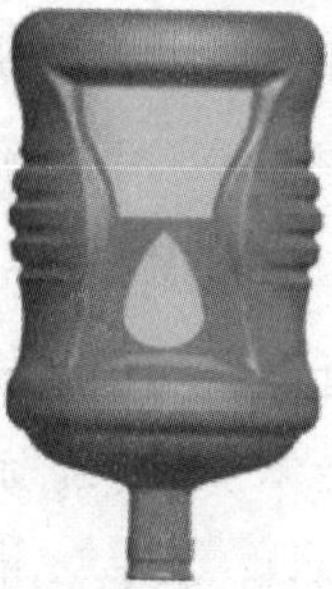 反证3主视图 专利权人饶某秋、熊某于2016年9月27日提交了意见陈述书，并提交了如下证据：反证1为专利号为2011×××675.0的中国外观设计专利授权公告文本；反证2为专利号为2014×××908.X的中国外观设计专利授权公告文本；反证3为专利号为2013×××953.7的中国外观设计专利授权公告文本。他们认为桶装水桶的桶体呈曲线形，属于本领域的惯常设计。反证1至反证3加上证据1，足以证明桶装水桶的桶体呈曲线形形状属于该类产品的惯常设计。所以，当桶装水桶的桶体形状为一般消费者较为常见的惯常设计时，涉案专利中的桶体上的纵向纹路以及五边形凸台的差别，更能够引起一般消费者的关注，对水桶的整体视觉效果有显著的影响	
关注点	桶体的箭头状凸台和S形纵向纹路，对整体视觉效果是否具有显著影响？	

2. 各方观点

1) 专利复审委员会

"证据 1 是中国专利文献，经核实对其真实性予以确认，其公开日是 2006 年 4 月 19 日，在涉案专利的申请日之前，其中所示的桶装水桶的外观设计可以作为涉案专利的现有设计，评价涉案专利是否符合《专利法》第二十三条第一款、第二款的规定。涉案专利涉及的产品是桶装水桶，对比设计也公开了一种桶装水桶的外观设计，涉案专利与对比设计所示产品用途相同，属于相同种类的产品。

"对桶装水桶的一般消费者而言，整体透明、桶颈为细圆柱形、桶体为直径高度比约为 1 : 2 的圆柱形、桶肩呈坡形都属于该类产品的惯常设计，桶体中上部和中下部有收腰设计使桶体表面呈曲线形也较为常见。可见，涉案专利与对比设计的相同点多为该类产品的惯常设计或常见设计，因此二者比较时桶体表面的结构和装饰设计对整体视觉效果更具显著影响。涉案专利的箭头状凸台和 S 形纵向纹路各占四个方向的侧面。对于二者的不同点①，从对比设计的图上看，不能确定其标贴下是否有同样形状的凸台，存在凸台只是一种可能，但考虑到凸台多用于定位和粘贴标贴，而且涉案专利凸台的形状与对比设计标贴的形状相同、位置相同，因此在使用状态下不同点①从视觉效果上相差不大。尽管如此，但对于二者的不同点②，其差异属于桶体表面的装饰性设计，根据一般消费者的认知，桶体表面的装饰性设计存在各种变化，本案中 S 形纵向纹路只是各种变化中的一种，依据常识不能确认为惯常设计，而且蓝剑公司没有证据予以支持其惯常设计的主张。对涉案专利来说，侧面的纵向纹路是明显的装饰性设计，且在产品表面所占面积较大，会受到一般消费者的关注，有无纹路对整体视觉效果具有显著影响。因此，涉案专利与对比设计不构成实质相同并具有明显区别，涉案专利符合《专利法》第二十三条第一款和第二款的规定。综上，专利复审委员会作出被诉决定，维持涉案专利权有效。"

2）北京知识产权法院（一审）

"涉案专利与对比设计均为桶装水桶，属于日常生活中较为常见的物品。对一般消费者而言，整体透明、桶颈为细圆柱形、桶体为直径高度比约为1：2的圆柱形、桶肩呈坡形都属于该类产品的惯常设计，桶体中上部和中下部有收腰设计使桶体表面呈曲线形也较为常见，故其余设计的变化，也即桶体表面的结构和装饰设计对整体视觉效果更具显著影响。对于不同点①，也即涉案专利的箭头状凸台，对比设计标贴与之虽然表现形式不同，但二者形状相同、位置相同，整体视觉效果相同，属于实质相同的设计。

"对于不同点②，也即涉案专利的S形纵向纹路，对比设计并不能体现这一设计特征。该不同点属于桶身表面的装饰性设计，根据一般消费者的认知，该类装饰性设计可有多种变化，亦无证据证明其为惯常设计，故对涉案专利来说侧面的纵向纹路是明显的装饰性设计，且在产品表面所占面积较大，会受到一般消费者的关注，有无纹路对整体视觉效果具有显著影响。因此，涉案专利与对比设计不构成实质相同并具有明显区别，涉案专利符合《专利法》第二十三条第一款和第二款的规定。"

3）北京市高级人民法院（二审）

"涉案专利涉及的产品是桶装水桶，证据1件1、件2使用状态参考图和件3使用状态参考图中所公开的对比设计亦为桶装水桶，二者所示产品用途相同，属于相同种类的产品。涉案专利与对比设计的相同点多为桶装水桶产品的惯常设计或常见设计，因此二者比较时桶体表面的结构和装饰设计对整体视觉效果更具显著影响。对于二者的不同点①，涉案专利凸台的形状与对比设计标贴的形状相同、位置相同，在使用状态下不同点①从视觉效果上相差不大。但是，二者的不同点②，其差异属于桶体表面的装饰性设计且在产品表面所占面积较大，容易受到一般消费者的关注，在无证据证明S形纵向纹路属于惯常设计的情况下，该不同点对产品整体视觉效果具有显著影响，因此，被诉决定认定涉案专利与对比设计不构成实质相同并具有明显区别并无不当，原审判决具有事实和法律依据。从公开对比设计的图片来看，无法看出其水桶侧面存在纹路，蓝剑公司认为涉案专利与对比设计实质相同的上诉理由不能成立。

"综上，原审判决认定事实清楚，适用法律正确。蓝剑公司的上诉请求及其理由缺乏根据，判决驳回上诉，维持原判。"

3. 案例评析

对于案例4-1，涉案专利与对比设计整体形状基本相同，瓶体主体都设有水滴状装饰性纹路，握把以及瓶盖整体形状、位置设置基本相同；两者不同点主要在于瓶体局部装饰性纹路以及瓶盖、握把的细节设计的区别，专利复审委员会、一审及二审法院都一致认为：上述区别对整体视觉效果不具有显著影响。对于案例4-2，涉案专利与对比设计整体形状相同，桶颈、桶肩、桶体形状也相同，桶身都设有一箭头状区域，其不同点主要在于桶体表面S形纵向装饰性纹路的区别。专利复审委员会、一审及二审法院都一致认为：上述区别对整体视觉效果具有显著影响。从上述对比分析，可以明显看出案例4-1和案例4-2具有以下共同点：涉案专利和对比设计整体形状、各部位形状以及部分装饰性纹路基本相同，不同点都涉及产品局部装饰性纹路的不同。争议点都在于：局部装饰性纹路是否对整体视觉效果造成显著影响，涉案专利与对比设计是否具有明显区别。对于两件案情相似案例，最终结论却不同。分析案情，有以下四点值得我们关注。

1）惯常设计的考量是造成案例4-1、案例4-2最终结论不同的关键因素

案例4-2中专利复审委员会和法院一致认为：对一般消费者而言，整体透明、桶颈为细圆柱形、桶体为直径高度比约为1：2的圆柱形、桶肩呈坡形都属于该类产品的惯常设计，桶体中上部和中下部有收腰设计使桶体表面呈曲线形也较为常见，故其余设计的变化，也即桶体表面的结构和装饰设计对整体视觉效果更具显著影响。由此可见，虽然案例4-2中涉案专利与对比设计整体形状相同，桶颈、桶肩、桶体形状也相同，但在上述相同点多为该类产品的惯常设计或常见设计的情况下，考量对整体视觉效果的影响时，更多关注

桶体表面的结构和装饰设计。因此专利复审委员会和法院认为涉案专利桶身的 S 形纵向纹路对产品整体视觉效果具有显著影响。而案例 4 - 1 涉案专利与对比设计相同点中的瓶体形状以及水滴状纹路是新颖独特的，更具有显著视觉效果影响，从而导致案例 4 - 1 中涉案专利与对比设计相比不具有明显区别。

2）运用比较法来明晰和理解惯常设计的范围和界限

《专利审查指南 2010》中认为"惯常设计"，是指现有设计中一般消费者所熟知的、只要提到产品名称就能想到的相应设计。《专利审查指南 2010》第四部分第五章第 6.1 节："当产品上某些设计被证明是该类产品的惯常设计（如易拉罐产品的圆柱形状设计）时，其余设计的变化通常对整体视觉效果更具有显著的影响。例如，在型材的横断面周边构成惯常的矩形的情况下，型材横断面其余部分的变化通常更具有显著的影响。"从该指南中惯常设计的定义可知，惯常设计是指该产品领域所熟知、公知的设计，其判断主体为一般消费者。熟知、公知的设计是指该产品领域被大量、大范围、经常性使用的设计。在具体应用中，惯常设计的"度"不好把握。对惯常设计的理解，可以将其与常见设计进行比较，从而判断其范围和界限。常见设计的概念比较好理解，即是指该类产品现有设计中常见的设计，其条件是现有设计中有一定数量的产品采用的同样的设计。而惯常设计是常见设计的进一步深化，即是这些常见的设计已经大范围、经常性使用，随着范围扩大和时间的推移已经在一般消费者的认知中形成了一定程度固有的设计形象。因此判断惯常设计时，可以先判断是否为常见设计，在常见设计的基础上再进一步把握对"度"的考量，这是现阶段惯常设计认定的比较合适的思路和方法。

需要指出的是，在具体对比中，构成惯常设计的条件从某种程度上说是比较苛刻的。对于比较常见的设计但未构成惯常的，根据实际情况在具体对比时，对视觉效果的影响一般也是弱化处理的。

3）惯常设计在专利确权中的考量

为正确审理专利授权确权行政案件，根据专利法、行政诉讼法等法律规定，2020 年 8 月 24 日由最高人民法院审判委员会第 1810 次会议通过，并自

2020 年 9 月 12 日起施行的《关于审理专利授权确权行政案件适用法律若干问题的规定（一）》第十四条规定："人民法院认定外观设计专利产品的一般消费者所具有的知识水平和认知能力，应当考虑申请日时外观设计专利产品的设计空间。设计空间较大的，人民法院可以认定一般消费者通常不容易注意到不同设计之间的较小区别；设计空间较小的，人民法院可以认定一般消费者通常更容易注意到不同设计之间的较小区别。对于前款所称设计空间的认定，人民法院可以综合考虑下列因素：（一）产品的功能、用途；（二）现有设计的整体状况；（三）惯常设计；（四）法律、行政法规的强制性规定；（五）国家、行业技术标准；（六）需要考虑的其他因素。"在上述规定中，惯常设计是设计空间认定的考虑因素之一，而设计空间依据的引入，使得一般消费者这一假想的判断主体更具有公正、客观性。结合案例 4-2 我们可以认为，作为桶装水桶的设计者受到桶装水桶惯常形状的制约，其设计自由度更多在桶体纹路以及图案的设计方面。当设计自由度以及设计空间较小时，可以认定一般消费者通常更容易注意到不同设计之间的较小的区别。

此外，惯常设计的考量与专利法鼓励创新的立法宗旨是一致的，从本质上说是对设计者在现有设计基础上进行创新的一种鼓励和保护，切实保障了专利权人的合法权益。

4）惯常设计在专利确权行政案件中的举证责任

在案例 4-2 桶装水桶案件中，无效宣告请求人即上诉人提出"桶装水桶侧壁上设置的纵向'S'形纹路是该类产品的惯常设计"，但未提供证据。对此，专利复审委员会和法院一致认为在蓝剑公司没有证据予以支持其惯常设计的主张的情况下，均不予认可其主张。

2020 年 9 月 12 日起施行的《关于审理专利授权确权行政案件适用法律若干问题的规定（一）》第二十八条规定：当事人主张有关技术内容属于公知常识或者有关设计特征属于惯常设计的，人民法院可以要求其提供证据证明或者作出说明。第二十九条规定："专利申请人、专利权人在专利授权确权行政案件中提供新的证据，用于证明专利申请不应当被驳回或者专利权应当维持有效的，人民法院一般应予审查。"第三十条规定："无效宣告请求人在专利确权行政案件中提供新的证据，人民法院一般不予审查，但下列证据除外：（一）证明在专利无效宣告请求审查程序中已主张的公知常识或者惯常设计的；（二）……"上述规定明确了惯常设计的举证责任以及新证据的接受条件。第二十八条明确了法院可以要求提出惯常设计主张的当事人提交相关证据证明其主张。第二十九条、第三十条中对于是否接受司法程序中提供的新证据作出了明确规定，对于专利申请人、专利权人所提交的新证据，用于证明专利申请不应当被驳回或者专利权应当维持的有效的证据，一般都予以接受；对于无效宣告请求人，则一般不予接受，但给出了五种可以接受的情形。其中针对惯常设计，在专利确权行政案件中，无效宣告请求人可以对在专利无效宣告请求审查程序中已主张的惯常设计提供新的证据。

惯常设计的认定存在一定的主观性，在不提供证据的情况下，将会给行政决定和司法判决造成一定影响。因此提供充分、客观的证据，会对结论产生关键性的影响。

【案例4-3】

"包装瓶（海萨特种兵）"外观设计无效行政纠纷案❶

1. 案情简述

该案涉及专利号为 201830433065.4、名称为"包装瓶（海萨特种兵）"的外观设计专利。申请日为 2018 年 8 月 7 日，授权公告日为 2018 年 11 月 30 日。专利权人为徐某群。针对上述外观设计专利，江苏苏萨食品有限公司于

---

❶ 此案经过二审，具体参见判决书：北京知识产权法院（2019）京 73 行初 12470 号行政判决书、中华人民共和国最高人民法院（2020）最高法知行终 604 号行政判决书。因作者编著时并未二审，书中结论与二审一致，故无二审详细内容。

2019 年 1 月 31 日向国家知识产权局提出了无效宣告请求，其理由是涉案专利不符合《专利法》第二十三条第二款的规定，并提交了证据：专利号为201330009339.4 的中国外观设计专利公告文本打印件。2019 年 8 月 14 日，专利复审委员会作出第 41384 号无效宣告请求审查决定，宣告外观设计专利全部无效。专利权人不服专利复审委员会作出的决定，向北京知识产权法院提起诉讼。北京知识产权法院认为"本专利相对于对比设计在整体上不具备明显区别，一般消费者不易区分"，驳回原告徐某群的诉讼请求。具体情况参见表 4 – 3。

表 4 – 3 "包装瓶（海萨特种兵）"涉案专利与对比设计基本信息及对比情况

	涉案专利	对比设计
图片	主视图　后视图　左视图 右视图　俯视图　立体图	主视图　后视图　左视图 右视图　俯视图　立体图
基本信息	涉案专利为申请号 201830433065.4 外观设计专利，产品名称为"包装瓶（海萨特种兵）"，申请日为 2018 年 8 月 7 日，专利权人为徐某群。该专利由六面正投影视图和立体图表示	证据 1 是专利号为 201330009339.4 的中国外观设计专利公告文本打印件。名称为"饮料瓶（生榨椰子汁）"的外观设计，所示产品用途与涉案专利相同，属于相同种类的产品。对比设计由六面正投影视图和立体图表示

续表

	涉案专利	对比设计
相关描述	该专利为上细下粗的圆柱体，顶部有透明瓶盖。瓶身布满重叠排布、深浅不一的五角星；瓶身正面有"海萨特种兵"文字及半圆轮廓、鹰状图案组成的商标；商标下部为方形区域，区域内由深色及浅色区域分割为三部分，其上有纵向及横向排列的文字；方形区域下方有两行文字。瓶身背面图案与正面相同，左右两侧各有一圆角方形文字区域	对比设计为上细下粗的圆柱体，顶部有透明瓶盖。瓶身布满重叠排布、深浅不一的不规则图案；瓶身正面有"特种兵"文字及盾形轮廓、人形图案、五角星组成的商标；商标下部为方形区域，区域内由深色及浅色区域分割为三部分，其上有纵向及横向排列的文字；方形区域下方有一行文字。瓶身背面图案与正面相同，左右两侧各有一文字区域
相同点	①整体形状相同；②瓶盖相同；③图案布局相同，瓶身均以重叠排布、深浅不一的图案为底，正面上部为商标/下部为方形区域、底部有文字，背面与正面相同，侧面为文字区域；④瓶身整体均布满呈迷彩效果的打底图案；⑤瓶身下部方形区域基本一致	
不同点	①瓶身打底的图案元素有所不同，该专利为五角星，与对比设计不同；②商标不同；③正面方形区域及其下方文字不同；④侧面不同	
关注点	争议焦点为涉案专利是否符合《专利法》第二十三条第二款的规定	

2. 各方观点

1）专利复审委员会

"对于包装瓶类产品而言，其表面图案可以有多种变化，设计自由度很大。涉案专利与对比设计的整体形状、图案布局、打底图案、下部主体图案均基本一致，在没有证据证明该设计属于惯常设计或者该类产品的常见设计的情况下，所述相同之处足以使二者形成相近的整体视觉效果。关于区别点①，虽然具体的图案元素不同，但图案元素均深浅不一，重叠、交错排布，且铺满瓶体，整体均形成了瓶身底图为迷彩图案的视觉效果；关于区别点②，二者商标的相对位置和比例均相同，且均有横向深色框为底的文字区域，具体图案的区别不足以对整体视觉效果造成显著影响；关于区别点③，在二者外围图案、文字排布、字体字形基本一致的情形下，具体文字的区别不容易引起一般消费者的关注；而区别点④位于产品侧面，主要为说明性文字，且专利权人认可涉案专利与对比设计的侧面基本一致，该区别点不会对视觉效果造成影响。

"综上所述，涉案专利与对比设计的区别点均不足以改变二者整体视觉效果极为相近的视觉印象，涉案专利与对比设计不具有明显区别，不符合《专利法》第二十三条第二款的规定。"

2）北京知识产权法院（一审）

"首先，本专利与对比设计均用于瓶类包装，对于包装瓶类产品而言，其表面图案可以有多种变化，设计自由度很大。其次，本专利未请求保护颜色，因此本专利同对比设计局部颜色差异不属于所要考虑的要素。在本专利与对比设计的图案元素均形成深浅不一、重叠、交错排布，铺满瓶底的迷彩效果的情况下，其具体、细小的图案元素及排列方式的不同不足以改变一般消费者由此形成的整体印象。再次，文字具体含义和内容不属于外观设计专利权所保护范围。本专利与对比设计的正面图形图案均由上部较小的图形及下部较大的图形组成，较小图形为上图下文字的图文组合，下方较大图形有竖排和横排的文字构成。虽然具体要素有所不同，但正面视图的图形相互位置、比例、文字排列等均较为相似。在此种情况下，上述不同不足以对视觉造成影响。最后，侧面主要为说明性文字，该区别点不会对视觉效果造成影响。"

3. 案例评析

上述案例中争议的焦点在于：涉案专利与对比设计是否具有明显区别，涉案专利是否符合《专利法》第二十三条第二款的规定。原告（专利权人）认为：瓶身打底图案、瓶身主视图上部和瓶身侧面图案、瓶身色彩以及文字内容的不同等对视觉效果造成显著影响。专利复审委员会以及一审法院认为：涉案专利与对比设计图案的差异不足以对视觉效果造成影响。此外一审法院认为，涉案专利未请求保护颜色，因此涉案专利同对比设计局部颜色差异不属于所要考虑要素。文字具体含义和内容不属于外观设计专利权所保护范围。基于以上，有以下三点值得关注。

1）在对比判断中，根据现有设计状况引入设计空间的考量，能够使结论更具有客观性

在外观设计对比中，一般需要综合考虑涉案专利和对比设计的相同点和不同点，从而得出结论。在此过程中判断相同点和不同点对视觉效果造成的影响，不可避免的带有一定的主观性，不同的人的看法可能会有所不同。如该案中，原告与专利复审委员会、法院的看法不同。如何使判断更具有客观性，这就需要将涉案专利和对比设计放到一个大的环境中进行分析，这个大的环境就是该类产品领域的现有设计，从而根据现有设计状况分析设计空间。在对比判断中，根据现有设计状况引入设计空间的考量，能使结论更具有客观性。在该案中，没有证据来说明设计空间，专利复审委员会和一审法院的论述中都提到了瓶身图案"设计自由度很大"。该判断是基于一定的常识性了解。实际上通过检索发现，该类产品瓶身图案多种多样，即使同为椰汁饮料瓶的图案设计也各不相同（见图4-11）。

由此可见，该类产品瓶身图案设计具有较大的设计空间，而涉案专利和对比设计所具有的瓶身满印的迷彩底纹具有视觉独特性，从而使得两者在视觉上容易造成混淆，而局部图案的区别相对特征显著的相同之处，不足以对整体视觉效果造成影响。

此外，对于包装类产品来说，包装以自身独特的方式向消费者传递产品信息，并最终达到营销目的，有较强的商业性。因此在进行判断对比时，应当关注包装设计所传达给消费者的直观整体视觉感受，是否造成品牌、商品视觉上的混同。

2）文字图案对包装类产品视觉效果的影响

对于包装类产品来说，文字图案是包装图案设计的必不可少的一部分。外观设计中包含的文字应当作为图案予以考虑，而不考虑其字音、字义。包装产品文字图案设计主要包括两个方面，一是文字本身字体的设计；二是文字排版设计。一般来说，常规字体样式以及常见排版的文字图案对视觉效果的影响较小，如本案中侧面说明性文字，包装类产品中常见的厂家、成分等文字信息。相对而言，经过设计的非常规字体、排版设计在视觉上与常规文字有一定的变化和区分，因此容易对视觉效果造成影响。

图 4-11　椰汁饮料瓶现有设计状况

3）包装类产品对比中，不同面对整体视觉效果的影响的比重不同

在该案中，瓶身正面、后面的图案设计相比侧面对视觉效果影响较大。包装类产品具有宣传、吸引消费的特性，一般来说，在货柜上面向消费者的面往往更具有视觉瞩目性，从而能够起到吸引消费者的目的。对于包装袋类产品，一般来说，正面图案相对于背面（在背面未引起令人瞩目的视觉效果的情况下）对整体视觉效果的影响更大。因此，在包装类产品对比中，需要结合具体情况，综合考量不同面对视觉效果的影响。

┌─── 【案例4-4】 ─────────────────────────┐
│ "食品包装袋"外观设计专利无效行政纠纷案❶ │
└──────────────────────────────────────┘

1. 案情简述

该案涉及产品名称为"食品包装袋"的第00333252.7号外观设计专利，申请日为2000年10月16，公告日为2001年5月2日，专利权人为陈某晖。白象食品股份公司（原河南省正龙食品有限公司，简称"白象公司"）于2009年8月4日向专利复审委员会提出无效宣告请求，理由是该专利与其在先注册的第1506193号"白象"商标专用权相冲突。专利复审委员会以白象商标的核准注册日在涉案专利申请日之后，不属于合法的在先权利为由，决定维持涉案专利权有效。白象公司不服向北京市第一中级人民法院提起诉讼，北京市第一中级人民法院以白象商标的核准注册日早于涉案专利的授权公告日，白象商标构成在先权利为由，撤销无效决定。专利复审委员会不服一审判决，向北京市高级人民法院提起上诉，北京市高级人民法院以白象商标的申请日早于涉案专利的申请日，白象商标的商标申请权构成在先权利为由，二审判决驳回上诉、维持原判。专利复审委员会不服判决，向最高人民法院申请再审，最高人民法院认为，商标申请权不能作为《专利法》第二十三条所称的在先取得的合法权利。但认定申请日在先的白象注册商标专用权可用于对抗陈某晖的外观设计专利权。据此驳回专利复审委员会的再审申请。具体情况参见表4-4。

---

❶ 此案经过三审，具体参见判决书：北京市第一中级人民法院（2010）一中知行初字第1242号行政判决书、北京市高级人民法院（2011）高行终字第1733号行政判决书、最高人民法院（2014）知行字第4号行政裁定书。

表4-4 "食品包装袋"涉案专利与对比设计基本信息及对比情况

	涉案专利	对比设计
图片	主视图 后视图	 1506193 号在先注册商标
基本信息	产品名称为"食品包装袋"的00333252.7 号外观设计专利，由陈某晖于 2000 年 10 月 16 日向国家知识产权局提出申请，于 2001 年 5 月 2 日被授权公告	在先注册商标为"白象"文字商标，其申请日为 1997 年 12 月 12 日，初审公告日为 2000 年 10 月 14 日，核准注册日为 2001 年 1 月 14 日，核定使用商品为方便面、挂面、豆沙、谷类制品、面粉、面条、豆粉。2004 年 5 月 10 日，该注册商标专用权转让给河南省正龙食品有限公司（简称"正龙公司"）。正龙公司于 2012 年 6 月 28 日经核准名称变更为白象公司
关注点	①二审判决认为白象公司主张的在先权利为商标申请权是否违反了请求原则；②本专利是否会与在先的商标申请权相冲突	

2. 各方观点

1）专利复审委员会

"2009 年 12 月 8 日，专利复审委员会作出第 14261 号决定。该决定认为：第 1506193 号'白象'商标的核准注册日为 2001 年 1 月 14 日，在本专利申请日之后。在判断该商标是否为在先取得的合法权利时，应以其核准注册日而非申请日为判断基准，因此，白象商标不属于《专利法》第二十三条规定的在先权利，白象公司据此证明本专利与他人在先取得的合法权利相冲突的主张不能成立。综上，专利复审委员会决定维持本专利权有效。

"专利复审委员会申请再审时认为：（一）二审判决关于白象公司主张的在先权利是基于商标在先申请而享有的商标申请权的认定，违反了请求原则。根据请求原则，专利复审委员会通常情况下仅针对无效请求人提出的无效宣告请求、理由和证据进行审查，不承担全面审查专利有效性的义务。本案中，白象公司在无效程序中从未提出本专利与其在先取得的商标申请权相冲突的无效理由，而是以商标专用权作为在先权利，在二审答辩时才主张商标申请权。二审判决以被诉决定未审查本专利与商标申请权是否相冲突为由撤销被诉决定，缺乏事实和法律依据。

"（二）二审判决认为商标申请权属于 2000 年《专利法》第二十三条规定的在先权利，适用法律错误。在先权利应当是合法权利，具有法律依据，否则专利实施行为就不可能构成侵权行为，也不会产生权利冲突。根据《中华人民共和国商标法》的规定，并不存在商标申请权；商标申请权也不属于《商标评审规则》规定的'与商标评审有关的权利'。

"（三）即使将商标申请权当作一项合法权利，外观设计专利权也不会与之相冲突。2000 年《专利法》第二十三条所规定的权利冲突，是指未经在先权利人许可，外观设计专利使用了在先合法权利的客体，从而导致专利权的实施将会损害在先权利人的相关合法权利或者权益。无论将商标申请权理解为请求权还是财产权利，其核心仍在于获得注册商标专用权的资格。根据商标法的规定，外观设计专利的实施并不会妨碍商标申请权的行使，包括申请人对商标申请的处分，也就不会损害商标申请人在其后依法获得注册商标专用权。换言之，商标申请人获得商标专用权的权益并未遭受损害，不具备构成侵权的要件。商标申请权不可能成为被外观设计专利实施行为侵犯的对象。"

2）北京市第一中级人民法院（一审）

"①在确定他人的合法权利相对于外观设计专利权而言是否属于在先取得的权利时，应以外观设计专利权的授权公告日，而非专利申请日作为判断在先权利的时间标准，即在专利授权公告日之前已合法产生的权利或权益构成外观设计专利权的在先权利。具体到本案，因本专利授权公告日为2001年5月2日，白象公司主张的注册商标专用权的核准注册日为2001年1月14日，早于本专利授权公告日，因此，白象公司享有该注册商标专用权的时间早于本专利，该注册商标专用权构成本专利的在先权利。第14261号决定中以本专利申请日作为认定在先权利的时间点，该做法有误。②因只有外观设计专利授权后的正常使用行为侵犯他人在先的注册商标专用权时，才可能产生该两种权利的冲突，故判断外观设计专利权是否与在先注册商标专用权产生冲突，应依据商标法中有关侵犯注册商标专用权行为的相应规定予以判定。首先，由本专利附图可以看出，'白家'文字显著标识于产品左上方，因本专利名称为'食品包装袋'，而这一标示方式系包装袋上商标的常用标示方式，故相关公众通常会认为其指代的是该产品的商标，本专利对于'白家'的使用属于商标意义上的使用行为。其次，将本专利中使用的'白家'标识与白象公司的在先注册商标'白象'相比可以看出，二者在文字构成、排列方式及表达形式上均较为近似，故二者属于近似商标。最后，虽然本专利名称为'食品包装袋'，但这一产品在实践中通常会附着于某一特定产品，而不会直接向最终消费者销售。鉴于本专利明确且显著地标示有'酸辣粉丝'字样，故本专利最终使用的商品为酸辣粉丝。因这一商品与白象公司在先注册商标核准使用的商品方便面、挂面、面条等在功能、用途及消费对象、销售渠道等方面均较为相近，故上述商品构成类似商品。综合考虑上述因素，本专利的使用会使相关公众误以为该产品来源于白象公司，从而产生混淆误认。本专利的使用行为构成对白象公司注册商标专用权的侵犯，据此，本专利与白象公司在先的注册商标专用权相冲突，本专利不符合修改前《专利法》第二十三条的规定，应被宣告无效。"

3）北京市高级人民法院（二审）

"一审判决关于应以外观设计专利权的授权公告日而非专利申请日作为判断在先权利的时间标准的观点错误，二审法院予以纠正。具体就本案而言，由于本专利的申请日为 2000 年 10 月 16 日，故本专利是否违反了《专利法》第二十三条的规定，构成与他人在先取得的合法权利相冲突的情形，关键在于确定本专利是否与他人在 2000 年 10 月 16 日之前取得的合法权利相冲突。

"《行政诉讼法》第五条规定：'人民法院审理行政案件，对具体行政行为是否合法进行审查。'根据二审法院查明的事实，正龙公司在本案中所主张的在先取得的合法权利重点在于其基于商标在先申请而享有的商标申请权。

"作为《专利法》第二章'授予专利权的条件'中的法律条款，《专利法》第二十三条中关于授予专利权的外观设计不得与他人在先取得的合法权利相冲突的规定，旨在避免有可能被授予专利权的外观设计与他人在先取得的合法权利相冲突，维护民事权利和社会秩序的稳定。《民法通则》第五条规定：'公民、法人的合法的民事权益受法律保护，任何组织和个人不得侵犯。'最高人民法院《关于审理专利纠纷案件适用法律问题的若干规定》第十六条规定：'《专利法》第二十三条所称的在先取得的合法权利包括：商标权、著作权、企业名称权、肖像权、知名商品特有包装或者装潢使用权等。'即现行法律、司法解释并未将《专利法》第二十三条中的合法权利限定为法律已明确规定的法定权利，而将其他法律上的合法权益排除在外，故《专利法》第二十三条中的合法权利包括依照法律法规享有并且在涉案专利申请日仍然有效的各种权利或者利益。

"就注册商标申请方面的相关权益而言，《商标法》第二十九条规定：

'两个或者两个以上的商标注册申请人，在同一种商品或者类似商品上，以相同或者近似的商标申请注册的，初步审定并公告申请在先的商标；同一天申请的，初步审定并公告使用在先的商标，驳回其他人的申请，不予公告。'《商标评审规则》第八条规定：'在商标评审期间，当事人有权依法处分自己的商标权和与商标评审有关的权利。在顾及社会公共利益、第三方权利的前提下，当事人之间可以自行以书面形式达成和解，商标评审委员会也可以进行调解。'即在商标权之外，还存在与商标评审有关的权利。结合《商标法》第二十九条的规定，注册商标申请方面的相关权益，或者说商标申请权，包含在与商标评审有关的权利之中，能够对注册商标申请人的商标申请注册行为产生实质影响并可以由注册商标申请人在法律允许的范围内自行处分，因而应当作为《专利法》第二十三条中的合法权利给予保护。

"鉴于正龙公司在本案中主张的在先取得的合法权利的重点为其基于商标在先申请而享有的商标申请权，故审查本专利是否违反《专利法》第二十三条的规定，就应当对正龙公司主张的商标申请权是否早于本专利申请日进行判断，并在此基础上对本专利是否与该商标申请权相冲突进行判断。而根据法院已查明的事实可知，正龙公司涉案注册商标的申请日为 1997 年 12 月 12 日，早于本专利的申请日 2000 年 10 月 16 日，因此，正龙公司基于涉案注册商标而享有的商标申请权构成《专利法》第二十三条规定的在先取得的合法权利。本专利是否违反了《专利法》第二十三条的规定、是否与该在先取得的合法权利相冲突，属于专利复审委员会应当审查的范围。但第 14261 号决定中将在先合法权利的审查范围仅仅局限于注册商标专用权，而未将商标申请权纳入到在先合法权利的范围加以审查，遗漏了正龙公司复审申请的重要内容，违反了《专利法》第四十六条关于'专利复审委员会对宣告专利权无效的请求应当及时审查和作出决定，并通知请求人和专利权人'的规定，故依法应予撤销，并应由专利复审委员会在重新作出审查决定时对本专利与正龙公司在先享有的商标申请权是否冲突加以认定，人民法院在行政机关未对此作出具体行政行为前不宜在本案行政诉讼中直接作出认定。

"最高人民法院《关于执行〈中华人民共和国行政诉讼法〉若干问题的解释》第五十六条第一款第（二）项规定，被诉具体行政行为合法但存在合理性问题的，人民法院应当判决驳回原告的诉讼请求。但本案中，专利复审委员会未将正龙公司主张的注册商标申请权纳入在先权利的审查范围，而是错误地将在先取得的权利局限于注册商标专用权，违反了《专利法》第四十六条的相关规定，故专利复审委员会关于一审判决违反上述司法解释规定的上诉理由亦不能成立，二审法院不予支持。

"在第 14261 号决定对本专利与涉案注册商标专用权是否构成权利冲突未予认定的情况下，一审判决在行政诉讼中直接加以认定的做法确有不妥，二审法院对此予以纠正。专利复审委员会的该项上诉理由成立，二审法院予以支持。

"综上，一审判决在事实认定和法律适用方面均存在错误，但判决结果正确，二审法院在纠正一审判决相关错误的基础上，对其结论予以维持。专利复审委员会的部分上诉理由成立，但其上诉请求缺乏事实和法律依据，故二审法院对其上诉请求不予支持。"

4）最高人民法院（再审）

"（一）二审判决认为白象公司主张的在先权利为商标申请权是否违反了请求原则

"首先，根据第 14261 号决定，白象公司在提出无效宣告请求时理由为本专利不符合 2000 年《专利法》第二十三条的规定，在其补充的意见陈述中也提到'本专利构图的重要部分，与请求人在先取得的合法权利相冲突，应宣告无效'。可见，白象公司在无效宣告请求审查程序中提出了本专利与在先取得的合法权利相冲突的无效宣告请求理由。其次，根据本次无效宣告请求审查程序中的口头审理记录记载，白象公司在口头审理中已经明确主张以商标的申请日作为在先合法权利取得的时间，这个时间在本专利申请日之前，所以本专利与其在先取得的合法权利相冲突。白象公司已经明确其合法权利在先取得的时间节点为商标申请日，专利复审委员会和一审法院均认为 2000 年

《专利法》第二十三条所称的在先权利应为注册商标专用权，没有支持白象公司的此项主张，所以白象公司在二审答辩时才进一步明确提出商标申请权的概念。二审法院综合考虑上述事实，认定白象公司主张的在先权利为基于商标在先申请取得的商标申请权，并不违反请求原则。

"（二）本专利是否会与在先的商标申请权相冲突

"2000 年《专利法》第二十三条规定：'授予专利权的外观设计，应当同申请日以前在国内外出版物上公开发表过或者国内公开使用过的外观设计不相同和不相近似，并不得与他人在先取得的合法权利相冲突。'外观设计经形式审查并被授权后，其实施可能会与在申请日之前他人已经合法取得的权利相冲突，损害在先权利人的合法权利。处理权利冲突，首先要明确在先取得的合法权利的具体内容。最高人民法院《关于审理专利纠纷案件适用法律问题的若干规定》第十六条规定：'《专利法》第二十三条所称的在先取得的合法权利包括：商标权、著作权、企业名称权、肖像权、知名商品特有包装或者装潢使用权等。'根据该规定，注册商标专用权是 2000 年《专利法》第二十三条所称的在先取得的合法权利之一。如果在同一种商品或类似商品的外观设计中采用了与他人的注册商标相同或者近似的标识，外观设计专利权的实施可能会使相关公众误认为商品来自商标权人，进而损害商标权人的合法权利，造成外观设计专利权与注册商标专用权的冲突。这种冲突的判断标准实质上是审查外观设计专利权的实施是否会侵犯到注册商标专用权。本案中，第 1506193 号商标核准注册日在本专利申请日之后，注册商标专用权不是在先取得，仅是商标申请日早于本专利申请日。白象公司主张的在先权利也是基于商标在先申请享有的商标申请权。对此，本院认为，在商标申请日早于外观设计专利申请日的情况下，外观设计专利权不会与商标申请权构成权利冲突，商标申请权不能作为 2000 年《专利法》第二十三条规定的在先取得的合法权利，但基于商标申请权本身的性质、作用和保护在先权利原则，只要商标申请日在专利申请日之前，且在提起专利无效宣告请求时商标已被核准注册并仍然有效，在先申请的注册商标专用权就可以对抗在后申请的外观设

计专利权,用于判断外观设计专利权是否与之相冲突。理由如下:

"1. 关于商标申请权的法律性质。首先,根据商标法关于商标申请在先原则的相关规定,两个或两个以上的申请人,在同一种商品或者类似商品上,以相同或者近似的商标申请注册的,商标局受理最先提出的商标注册申请。换言之,一旦申请人提交了商标注册申请,从申请日起就享有了排斥其他人在同一种商品或者类似商品上以相同或者近似的商标申请注册的权利。其次,根据《中华人民共和国商标法实施条例》的相关规定,申请人可以转让其商标注册申请,即申请人可以根据自己的意志对商标申请权作为一种民事权益进行处分。最后,商标申请最终的目标即商标申请权的实现是商标获得注册,从这个角度讲,商标申请权是一种期待权,是对未来取得注册商标专用权的一种期待,自商标申请之日起存在,至商标被核准注册之日最终实现。综上,商标申请权本身是现实存在的合法权益,其在性质上是对注册商标专用权的一种期待权,应当受到法律的保护。

"2. 关于商标申请权在判断权利冲突中的作用。商标申请权是一项合法权益,在商标申请日早于外观设计专利申请日的情况下,外观设计专利权的实施不会影响到商标最终是否被核准注册,不会存在外观设计专利权与商标申请权的冲突问题,因此商标申请权并不能作为 2000 年《专利法》第二十三条所称的在先取得的合法权利。二审法院认为白象公司主张的在先取得的合法权利为商标申请权,第 14261 号决定应当对本专利是否与商标申请权相冲突进行判断,适用法律错误,本院予以纠正。商标申请权不能作为 2000 年《专利法》第二十三条规定的在先权利用于判断外观设计专利权是否与之相冲突,但商标申请权对于判断外观设计专利权和注册商标专用权的权利冲突具有重要意义,体现在:商标申请权作为一种期待权,最终期待的完整权利是注册商标专用权,只有商标获得注册,商标申请的最终权益才得以实现,此时,应当溯及既往地对商标申请权进行保护,确认商标申请日对于注册商标专用权的法律意义。只要商标申请日在外观设计专利申请日之前,在先申请的注册商标专用权就可以对抗在后申请的外观设计专利权。

"3. 关于保护在先权利原则。本案中，第 1506193 号商标获得注册后，本专利的实施客观上可能会与该商标构成权利冲突，而该商标是在先申请的，本专利相对于该商标而言并非在先权利，这种冲突的解决只能按照保护在先权利的原则，认定白象公司在先申请的注册商标专用权可以用于对抗陈某晖的外观设计专利权。况且，第 1506193 号商标初步审定公告日也在本专利申请日之前。对于已经初步审定公告的商标，商标局已经对商标申请进行了初步审查并认为符合商标法的有关规定。商标经过公告，目的是征求相关经营者和社会公众的意见，在公告期内相关人员可以向商标局提出异议。本专利申请日在第 1506193 号商标初步审定公告日之后，客观上存在外观设计专利申请人模仿、复制在先申请的商标的可能，这种情况也是《专利法》第二十三条立法予以防范的主要对象。

"本案中，白象公司的第 1506193 号商标的申请日在本专利申请日之前，且第 1506193 号商标被核准注册后在白象公司提起本次专利无效宣告请求时仍然有效，第 1506193 号注册商标专用权可以对抗本专利，用于判断本专利是否与之相冲突。专利复审委员会仅以第 1506193 号商标核准注册日在本专利申请日之后，认为 1506193 号注册商标专用权不能用于判断本专利是否与之相冲突，适用法律错误；二审法院判决专利复审委员会重新作出无效审查决定，结论正确。至于本专利是否会与第 1506193 号注册商标专用权产生冲突，应当由专利复审委员会在重新作出的无效审查决定中具体认定。"

3. 案例评析

该案的争议在于：涉案专利是否会与在先的商标申请权相冲突。专利复审委员会认为，"第 1506193 号'白象'商标的核准注册日为 2001 年 1 月 14 日，在本专利申请日之后。在判断该商标是否为在先取得的合法权利时，应以其核准注册日而非申请日作为判断基准，因此，白象商标不属于《专利法》第二十三条规定的在先权利"。一审法院认为："在确定他人的合法权利相对于外观设计专利权而言是否属于在先取得的权利时，应以外观设计专利权的授权公告日，而非专利申请日作为判断在先权利的时间标准，即在专利授权公告日之前已合法产生的权利或权益构成外观设计专利权的在先权利。""白象公司主张的注册商标专用权的核准注册日早于本专利授权公告日，因此，白象公司享有该注册商标专用权产生的时间早于本专利，该注册商标专用权构成本专利的在先权利。"二审法院认为："一审判决关于应以外观设计专利权的授权公告日而非专利申请日作为判断在先权利的时间标准的观点错误，"白象公司主张的在先取得的合法权利为商标申请权，第14261号决定应当对涉案专利是否与商标申请权相冲突进行判断。最高人民法院在该案中明确了商标申请日在解决权利冲突问题时的法律意义。指出只要商标申请日在专利申请日之前，且在专利无效宣告请求提出时商标已被核准注册并仍然有效，在先申请的注册商标专用权就可以对抗在后申请的外观设计专利权，进而用于判断是否与外观设计专利权相冲突。

需要注意的是，最高人民法院认为：商标申请权其在性质上是对注册商标专用权的一种期待权，应当受到法律的保护，但认为商标申请权并不能作为《专利法》第二十三条所称的在先取得的合法权利，只是明确了商标申请日在解决权利冲突问题时的法律意义，即商标申请权作为一种期待权，最终期待的完整权利是注册商标专用权，只有商标获得注册，商标申请的最终权益才得以实现，此时，应当溯及既往地对商标申请权进行保护，确认商标申请日对于注册商标专用权的法律意义。只要商标申请日在外观设计专利申请日之前，在先申请的注册商标专用权就可以对抗在后申请的外观设计专利权。

第五章

家用餐具、茶具类产品

餐具、茶具类产品，主要涉及用餐、喝茶的器具。随着社会经济的发展和人们对生活用品美感的追求，近年来，餐具、茶具领域外观设计专利申请量不断增长，新颖设计层出不穷，领域活跃度较高。该领域产品的创新点主要集中在产品的形状、图案、色彩的搭配。该领域的产品一般成套出现，由具有相同设计构思的多件产品构成。涉及该领域产品的有关《专利法》第二十三条第一款、第二款的专利诉讼争议焦点主要集中在区别特征对整体视觉效果的影响、透明设计的视觉效果如何认定和惯常设计的认定三个方面。本章选取具有代表性的诉讼案例，针对透明设计的视觉效果如何认定和产品结构变化是否必然导致视觉效果的显著变化两方面的焦点问题进行了详细解析。

第一节　产品领域概述

　　餐具，是吃饭的用具。包括用餐时直接接触食物的工具和用于辅助食物分发或摄取食物的器皿和用具。从材质看，餐具包括金属器具、陶瓷餐具、玻璃器皿、纸制器具、塑料器具等。从产品种类看，包括碗、碟、盘、杯、壶等容器，也包括筷、刀、叉、勺、吸管、签棒等工具（见图5-1）。

图5-1　餐具类产品外观设计专利展示

　　目前，美国、英国、法国、德国、澳大利亚、日本、韩国等发达国家的餐具行业发展速度较快，根据文化的不同，餐具在设计上各具特色。从餐具材质的消费上看，发达国家的不锈钢餐具和铝制餐具消费量较大。其中，不锈钢餐具的发源地在欧洲，高档不锈钢餐具的开发设计、生产制造技术及世界知名品牌主要集中在德国、意大利、法国、美国等国家，如菲仕乐（Fissler）、福腾宝（WMF）等。另外，密胺餐具、陶瓷餐具、玻璃餐具、骨瓷餐具等也是发达国家餐具的主要消费品种，陶瓷餐具全球知名品牌有德国的唯宝，玻璃餐具全球知名品牌主要是康宁（Corelle），骨瓷餐具的全球知名品牌主要是皇家道尔顿。

中国是餐具的生产和消费大国，但与发达国家相比，产品质量、品牌知名度等方面仍有差距。中国的陶瓷餐具较为有名，已经成为全球最大的陶瓷餐具生产国。密胺材质相比陶瓷、竹木、金属等制品，在符合环保和可持续发展要求上更具独特优势，密胺餐具在中国发展迅速。同时，随着西方文化的渗透，不锈钢餐具、铝制餐具、玻璃餐具等在中国的消费量也不断增加。中国餐具品牌主要有苏泊尔、爱仕达、红叶、凌丰等。❶

从发展情况来看，近几年，我国餐具厨具行业的工业总产值处于稳定增长态势，2017 年，我国餐具厨具行业的总产值达 6213.7 亿元，同比 2016 年增长 10.66%。从产品分类来看，我国餐具主要有陶瓷餐具、金属餐具以及塑料餐具等，其中陶瓷餐具仍是我国餐具的主要类型，陶瓷餐具占整个餐具的60% 以上。❷

随着社会的进步和发展，人们越来越重视生活环境的美化，生活环境的设计系统化这一观念，被越来越多人青睐。在居室设计上，经过统一的设计，使各类生活用具相互密切联系，达成一种风格上的呼应。风格统一的家具，墙壁地面的装饰、织物、灯具及整体色调等相互映衬，而且越来越多的人把目光投向了更加细微的地方。例如，选择一套适合自己家居氛围的餐具，餐具的风格要和餐厅的设计相得益彰；更要衬托主人的身份、地位、职业、兴趣喜好、审美品位及生活习惯。一套形式美观且工艺考究的餐具还可以调节人们进餐时的心情，增加食欲。❸

茶具，是喝茶用具古代亦称为茶器或茗器。茶具狭义范围指茶杯、茶碗、茶盏、茶碟、茶盘等饮茶用具。中国的茶具，种类繁多，造型优美，除实用价值外，也具有很高的艺术价值。❹ 广义上来讲，茶具还包括茶磨、茶碾、茶臼、茶焙、茶鼎、茶海、茶笼等诸多其他器具。典型茶具的外观设计专利如

❶ 华经情报网：http://www.shangyexinzhi.com/article/88302.html。
❷ 中研网：http://www.chinaim.com/hyzx/20181217/165539861.shtml。
❸ 天涯社区：http://wenda.tianya.cn/answer/4b507ea972e 23fc7000472a22de8b2dc。
❹ 百度百科：https://baike.baidu.com/item/茶具/631。

图 5 - 2 所示。

图 5 - 2 茶具类产品外观设计专利展示

第二节 外观设计专利情况

在专利申请方面，餐具、茶具类外观设计专利申请集中在《国际外观设计分类表》的 07 大类，主要涉及 07 - 01（瓷器、玻璃器皿、餐用盘碟和其他类似物品）、07 - 03（桌用刀、叉、匙等餐具）两个小类。

本章统计了 2008—2019 年的餐具、茶具类外观设计专利数量变化趋势，由图 5 - 3 可以看出，餐具、茶具类外观专利数量基本呈逐年增加的趋势，增长速度基本保持稳定。

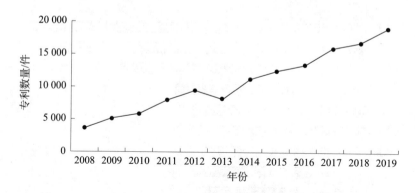

图5-3　餐具、茶具类产品外观设计专利数量变化趋势

从外观设计专利地域来看，来自广东、浙江和江苏的餐具、茶具类产品外观设计专利的数量，远远多于其他省份专利数量。前三名之间的外观专利数量差距约为6000件，排名第三位的江苏外观专利数量约为24 000件，是第四名福建的三倍左右（见图5-4）。

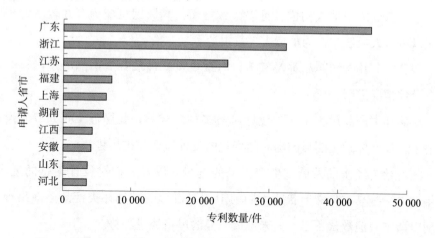

图5-4　餐具、茶具类产品外观设计专利中国省市排名

从申请人排名来看，排名前三位的申请人分别为：江苏高淳陶瓷股份有限公司、湖南华联瓷业股份有限公司和吴芬（见图5-5）。经查询，吴芬可能为中山市艾可思日用品有限公司等公司的股东，该公司主要生产餐具等日用品。值得注意的是，江苏省无锡工艺职业技术学院的专利数量排名第五，是近年来大专院校中餐具、茶具领域外观设计专利数量较多的院校。

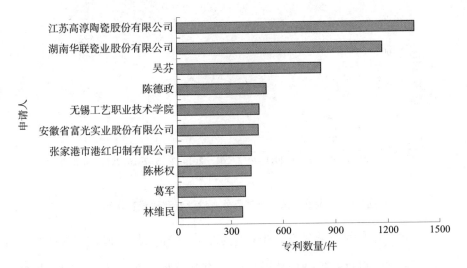

图5-5 餐具、茶具类产品外观设计专利申请人排名

在申请人构成方面，个人专利数量超过55%，企业专利数量约占40%。结合排名前十的申请人构成，可以大致推断，其原因可能为存在较多的个体企业以负责人或股东作为申请人进行申请。

餐具、茶具领域产品种类繁多，本章重点就玻璃杯类产品外观设计专利现有设计情况进行分析。

玻璃杯类产品历史悠久，设计风格多种多样，在我国近十年的专利设计申请中，没有体现出明显的随时间变化的设计风格演进趋势。

随着社会经济的发展，生产技术的进步，以及人们对设计美感的追求，近年来，一些具有特殊形状或大胆前卫图案设计的玻璃杯类产品逐渐出现在专利申请中，但数量不多，尚未形成明显的风格演进趋势。

从现有设计（见图5-6）来看，玻璃杯类产品形状、图案、色彩都变化多样，具有较大的设计空间。所属领域的消费者一般都会关注到产品具体形状、图案、色彩的变化。因此，除了一些使用时不常见的部位（如底面），且未产生独特视觉效果的设计之外，玻璃杯类产品的整体形状、结构、表面图案、色彩搭配等都可以成为设计要点所在的部位。在进行外观设计对比时，都可以作为该领域一般消费者关注的设计特征，对判断结果产生较为重要的影响。

图 5-6　2010—2019 年玻璃饮水杯外观设计展示

第三节　裁判思维解析

【案例 5-1】

"饮水用玻璃杯（2）"外观设计专利权无效行政纠纷案[1]

1. 案情简述

该案涉及专利号为 ZL200430076541.X、名称为"饮水用玻璃杯（2）"的外观设计专利，其申请日为 2004 年 7 月 29 日，优先权日为 2004 年 2 月 18

---

[1]　此案经过二审，具体参见判决书：北京市第一中级人民法院（2011）一中知行初字第 1429 号行政判决书、北京市高级人民法院（2012）高行终字第 515 号判决书。

日，授权公告日为 2005 年 5 月 25 日，专利权人是 Pi 设计股份公司（简称"Pi 公司"）。涉案专利共包含七幅视图。

2010 年 4 月 12 日，上海第一屋百货礼品有限公司（简称"第一屋公司"）向专利复审委员会提出无效宣告请求，其理由是涉案专利不符合 2000 年《专利法》第二十三条的规定，同时提交了证据 1、2，并于 2010 年 5 月 11 日补充提交了证据 3。

2010 年 11 月 18 日，专利复审委员会作出第 15617 号无效宣告请求审查决定（简称"第 15617 号决定"），宣告上述专利全部无效。Pi 公司对上述决定不服，向北京市第一中级人民法院提起行政诉讼。

北京市第一中级人民法院认为第 15617 号决定认定事实清楚，适用法律、法规正确，审查程序合法，判决维持中华人民共和国国家知识产权局专利复审委员会作出的第 15617 号无效宣告请求审查决定。

Pi 公司不服原审判决向北京市高级人民法院提请上诉，北京市高级人民法院判决 Pi 公司的上诉理由因依据不足不能成立，其上诉请求不予支持。原审判决认定事实清楚，适用法律正确，审理程序合法，判决结果并无不当，依法应予维持。判决驳回上诉，维持原判。具体情况参见表 5 - 1。

表 5 - 1 "饮水用玻璃杯（2）"涉案专利与对比设计基本信息及对比情况

续表

涉案专利		对比设计	

图片

俯视图　　仰视图　　　　　俯视图　　仰视图

立体图　　　　　　　　　立体图

基本信息	专利名称：饮水用玻璃杯（2） 专利号：ZL200430076541.X 授权日期：2005年5月25日 专利权人：Pi公司	证据3： JPD2000-38266号专利文献
相同点	二者的侧壁形状基本相同，均为中部外鼓，杯口和底部向内收缩的广口、宽肚、窄底造型，底部为一小平面。二者均为透明材料的设计，可以看到，内壁的形状均为广口、宽肚、圆底的造型。侧壁从上到下由薄到厚，底部厚度最大	
不同点	涉案专利为内外双层透明层的中空设计，证据3为实心设计，证据3侧壁和底部有条带装图案设计	
关注点	内外双层的中空设计，与实心设计在视觉效果上是否构成显著的不同	

2. 各方观点

1）专利复审委员会

"从第一屋公司提交的无效宣告请求书可以看出，其首页记载的涉案专利的专利号、授权公告日和发明创造名称信息均与本专利相符，仅在具体意见陈述中将专利号写成 200430099794.9，由此可以推知其具体意见中的错误专利号为明显笔误，上述笔误不影响本案的审理。认可了证据 3 中所附专利文献 JPD2000 – 38266 的真实性。上述专利文献的授权公告日均早于本专利的申请日，可以作为评价本专利是否符合 2000 年《专利法》第二十三条规定的证据使用。将在先设计与本专利相比较可知，二者整体造型相同，均为广口宽肚窄底形，区别仅在于内侧壁底部弧度以及底部厚度占杯子高度的比例略有不同。上述区别在整体设计中所占比例很小，属于局部细微的设计，其设计变化不足以引起一般消费者的关注，不会对杯子的整体视觉效果产生显著影响，因此二者应属于相近似的外观设计。专利权人辩称，本专利与在先设计的最大区别在于，在先设计的底部为实心，而本专利为双层结构。对此专利复审委员会认为，本专利为透明材质的玻璃杯，在先设计虽未公开杯子所用材料，但从视图中可以得出其具有透明属性，虽然专利权人强调本专利为双层结构，但该双层结构在外观形状上所产生的视觉效果与在先设计中透明材料所产生的视觉效果并无明显不同，因此，专利复审委员会对专利权人的上述主张不予支持。基于上述事实和理由，专利复审委员会决定宣告本专利全部无效。"

2）北京市第一中级人民法院（一审）

"在先设计与本专利均为广口宽肚窄底形，整体造型相同，二者属于相近似的外观设计，专利复审委员会据此认定本专利不符合 2000 年《专利法》第二十三条的规定并无不当。第 15617 号决定认定事实清楚，适用法律、法规正确，审查程序合法。依照《行政诉讼法》第五十四条第一款第（一）项之规定，判决维持中华人民共和国国家知识产权局专利复审委员会作出的第 15617 号无效宣告请求审查决定。"

3）北京市高级人民法院（二审）

"本案中，在先设计是一种杯子的外观设计，本专利是'饮水用玻璃杯'的外观设计，二者用途相同，属于类别相同的物品。在先设计与本专利均为广口宽肚窄底形，整体造型相同，二者相比较区别仅在于内侧壁底部弧度以及底部厚度占杯子高度的比例略有不同，上述区别较为细微，不足以对杯子的整体视觉效果产生显著影响。Pi 公司认为本专利的玻璃杯底部为双层结构，在先设计的杯子底部为实心结构，但是从本专利与在先设计所展现的视觉效果来看，二者并无显著不同，本专利和在先设计属于相近似的外观设计，专利复审委员会据此认定本专利不符合 2000 年《专利法》第二十三条的规定并无不当。Pi 公司有关本专利与在先设计不构成相同或相似外观设计的上诉理由缺乏依据，本院不予支持。综上，Pi 公司的上诉理由因依据不足不能成立，其上诉请求本院不予支持。原审判决认定事实清楚，适用法律正确，审理程序合法，判决结果并无不当，依法应予维持。依据《行政诉讼法》第六十一条第一款第（一）项之规定，判决如下：驳回上诉，维持原判。"

3. 案例评析

该案例的争议焦点在于，在先设计的底部为实心，而涉案专利为双层结构，该结构差异是否对视觉效果构成显著影响。

对此，专利复审委员会认为，"本专利为透明材质的玻璃杯，在先设计虽未公开杯子所用材料，但从视图中可以得出其具有透明属性，虽然专利权人强调本专利为双层结构，但该双层结构在外观形状上所产生的视觉效果与在先设计中透明材料所产生的视觉效果并无明显不同，因此，专利复审委员会对专利权人的上述观点不予支持"。结合玻璃杯整体形状，侧壁、内壁形状变化等特征综合判断，专利复审委员会决定宣告本专利全部无效。

北京市第一中级人民法院和北京市高级人民法院审理时均认为，从涉案专利与在先设计所展现的视觉效果来看，二者并无显著不同。支持了专利复审委员会的结论。

该案例主要给我们提供了两个方面的启示。

1）产品透明部分的内部结构设计，属于外观设计的内容

一般来说，外观设计的要素包括产品的形状、图案、色彩，是集中于产品"外部"的设计。产品的"内部"结构，一般不属于外观设计专利保护的

内容。但是，如果产品某些部分为透明设计，或者产品的某些"内部"结构在产品正常使用时，属于可见的状态，则通过透明部分能够观察到的"内部"结构和正常使用时能够看到的"内部"结构，也都属于外观设计的保护内容。

例如，正面为透明玻璃的展示柜的外观设计，可以透过玻璃看到的展示柜内部的支架形状、布局等设计，这些透过玻璃可以看到的部分，属于展示柜外观设计的一部分。

再如，对于内部收纳结构有创新设计的收纳盒，由于收纳盒在一般消费者正常使用时，内部空间划分等结构属于可见的和容易观察到的部位，所以收纳盒的内部结构属于外观设计内容的一部分。

对于某些特殊产品，产品的外观设计反而位于产品的"内部"。这类产品最具代表性的是电梯轿厢的外观设计。一般消费者在正常使用电梯轿厢时，能够看到的面只有轿厢内部的各面，轿厢的"外部"一般都是遮盖在电梯井中，一般消费者看不到。对电梯轿厢类产品来说，轿厢内部的设计，是它们的外观设计。

对于该案而言，虽然本专利的双层结构和在先设计的单层底部结构均为玻璃杯的"内部"结构，但因为杯子为透明材质，该结构对于一般消费者正常使用时是可见的，属于产品外观设计的一部分。

2）结构的不同是否必然导致外观设计产生明显区别

对于玻璃饮用水杯而言，形状、结构以及表面图案等，均为一般消费者容易关注的部位。一般而言，结构的不同，会导致该部位的形状出现明显不同。

对于该案而言，双层底结构和单层底结构明显不同，对于玻璃杯而言，隔热功能，重量等肯定会有比较明显的不同。但外观设计专利主要关注设计的视觉效果，尽管二者的结构大相径庭，但相对于玻璃杯整体外观设计而言，侧壁和内壁的形状对整体视觉效果更具显著影响。

因此，该案给我们的另外一个启示就是：在进行外观设计对比判断时，在结构不同和实际视觉效果产生变化之间，我们应当对实际视觉效果的变化给予更多的注意力，结构的不同不一定导致视觉效果的明显区别，结构的差异也应当仅考虑因结构的差异而造成的视觉效果的变化程度。如果仅仅有结构的变化，但该结构变化并未产生显著的视觉效果变化，则该结构变化应当弱化考虑或不予考虑。

2008 年修改的《专利法》第五十九条第二款规定，外观设计的保护范围以表示在图片或者照片中的该产品的外观设计为准。但是，就该案而言，双层玻璃的设计对光线有两层折射效果，而两层玻璃中间一般为空气或真空，其折射率与空气接近，所以该专利玻璃杯侧壁对空气的折射效果较弱，仅在玻璃层有折射效果。而证据 3 的单层玻璃的设计，其折射率大于双层玻璃中间有空气的设计，尤其是杯子底部玻璃较厚的部位，对光线的折射效果更为明显。而这个折射效果，在外观设计专利文献中，无法完整地记载下来。从实际产品的视觉效果来说，二者具有较大差别。可见，外观设计图片或照片的记载是有一定局限性的。如果不仅考虑专利文件或证据中的记载情况，而考虑一般消费者面对真实产品时的视觉效果，该案的近似性判断的最终结论还是值得进一步探讨的。

2020 年修改《专利法》时将产品的局部设计纳入外观设计的保护客体。对于该案的设计而言，可以采取局部保护的策略，对产品局部的弧形、双层结构和双层壁厚的变化设计进行保护。当与在先设计进行对比时，结论很有可能发生变化。因为局部外观设计的保护，可能会将关注点更加聚焦，更加关注创新点所在。但目前，局部设计的对比判断标准尚不明确，需要进一步在司法实践中明确。

第六章

家具类产品

　　家具类产品与人们生活密切相关，也是我国国民经济重要的民生产业和具有显著国际竞争力的产业。随着家具行业的产量和产值逐年上升，家具类产品领域外观设计申请量不断增长，领域活跃度较高。该领域产品的设计要点主要在产品的形状、图案设计，同时产品主要部件的形状、图案设计也是关注的重点。涉及该领域产品有关《专利法》第二十三条第二款的专利诉讼争议焦点主要集中在区别特征对整体视觉效果的影响、惯常设计的认定和设计特征的拆分三个方面。本章选取具有代表性的诉讼案例，针对设计特征拆分的焦点问题进行了详细解析。

第一节　产品领域概述

《国际外观设计分类表》中06大类，包括座椅、床、桌子及类似家具、存放物品用家具、组合家具、其他家具和家具零部件。

家具是指人类维持正常生活、从事生产实践和开展社会活动必不可少的器具设施大类。《国民经济产业分类》中，家具制造业是指用木材、金属、塑料、竹、藤等材料制作的，具有坐卧、凭倚、储藏、间隔等功能，可用于住宅、旅馆、办公室、学校、餐馆、医院、剧场、公园、船舰、飞机、机动车等任何场所的各种家具的制造。❶

家具行业与人们生活密切相关，同时也是我国国民经济重要的民生产业和具有显著国际竞争力的产业，随着家具行业的产量和产值逐年上升，加强对家具类产品的外观设计专利保护势在必行。

第二节　外观设计专利情况

本章统计了2008—2019年《国际外观设计分类表》中06大类外观设计专利数量。自2008年起06大类外观设计专利数量呈逐年递增态势，2019年较2008年数量增长近两倍，同时专利数量的增长态势在2010—2012年较为迅猛，2013年专利数量大幅回调，2016年小幅回调，其他年份的专利数量态势增速较为近似（见图6-1）。

---

❶ http://m.chinabgao.com/k/168jiaju/42646.html.

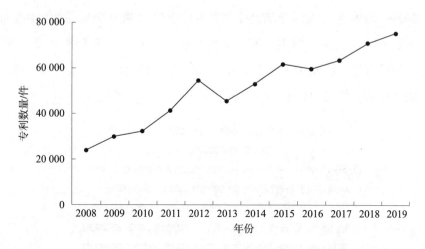

图 6-1 2008—2019 年 06 大类外观设计专利数量

统计分析 2008—2019 年《国际外观设计分类表》中 06 大类外观设计专利数量的省市级排名，数据充分展现了申请人所在地区与产业发展的相关程度。以江苏、浙江、上海为中心的华东市场，专利数量表现极佳。珠三角地区已成为中国家具的最大生产和销售及出口基地，以广东为中心的华南家具市场，外观设计专利数量遥遥领先。以四川为中心的西南市场，以陕西为中心的西北市场，以北京为中心的华北市场，在专利数量上均占有一席之地（见图 6-2）。地区的专利数量与该地区的产业发展水平息息相关。

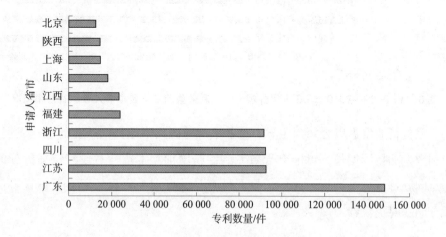

图 6-2 2008—2019 年 06 大类外观设计专利数量前十名地域分布

2008—2019 年《国际外观设计分类表》中 06 大类外观设计专利数量前二十的申请人以家具企业居多，该类企业也保持着较高的专利有效率。同时，个人申请的背后亦有相关的家具企业，如叶健泉背后的壹加壹家居、黄寿金背后的迪欧家具等（见图 6 - 3）。

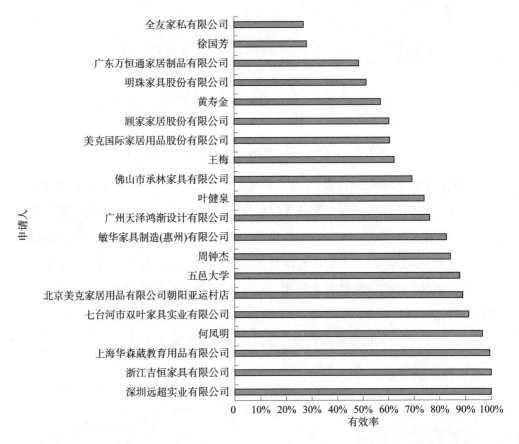

图 6 - 3　2008—2019 年 06 大类外观设计专利数量前二十名申请人专利有效率概况

家具行业发展以公司为主导，产业呈现地区集中趋势，产业的迅速发展、专利数量的持续增长，可能会导致专利纠纷增加。本章针对设计特征拆分的焦点问题进行详细解析，并给出倾向性意见，以期为家具领域涉及设计特征拆分问题时提供参考。

第三节　裁判思维解析

【案例 6-1】
"床头（实木）" 外观设计专利权无效行政纠纷案❶

1. 案情简述

济南澳克家具有限公司（简称"澳克公司"）请求宣告七台河市双叶家具实业有限公司（简称"双叶公司"）专利号为 ZL201030238001.2 的"床头（实木）"的外观设计专利权无效，其理由是上述专利不符合《专利法》第二十三条的规定。该案经过专利复审委员会审理作出第 20348 号无效宣告请求审查决定，维持专利权有效的决定。澳克公司对上述决定不服，向北京市第一中级人民法院提起行政诉讼，一审法院于 2013 年 9 月 5 日作出（2013）一中知行初字第 1752 号判决，维持原判。澳克公司不服原审判决向北京市高级人民法院提请上诉，北京市高级人民法院于 2014 年 1 月 24 日作出（2013）高行终字第 2256 号终审判决，驳回上诉，维持原判。

表 6-1　"床头（实木）"涉案专利与对比设计基本信息及对比情况

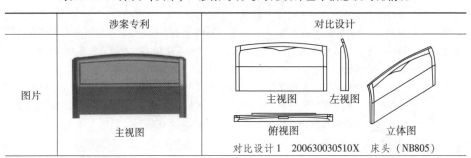

图片	涉案专利	对比设计
	主视图	主视图　左视图 俯视图　立体图 对比设计1　200630030510X　床头（NB805）

---

❶　此案经过二审，具体参见判决书：北京市第一中级人民法院（2013）一中知行初字第 1752 号判决书、北京市高级人民法院（2013）高行终字第 2256 号终审判决书。

续表

	涉案专利	对比设计
图片		

对比设计2　2007300526747　床头（2706）

对比设计3　2009301078747　床头（MD0987）

| 基本信息 | 涉案外观设计产品名称为"床头（实木）"，申请日为2010年7月15日，授权公告日为2010年12月15日，专利权人为"双叶公司"。专利公告文本为主视图、后视图、俯视图、左视图、立体图，其简要说明为左视图与右视图对称、仰视图为不常见视图，省略右视图、仰视图 | 对比设计1外观设计产品名称为"床头（NB805）"，申请日为2006年10月10日，授权公告日为2007年7月25日，专利权人为"王某兵"。
对比设计2外观设计产品名称为"床头（2706）"，申请日为2007年4月10日，授权公告日为2008年3月12日，专利权人为"陈某祺"。
对比设计3外观设计产品名称为"床头（MD0987）"，申请日为2009年5月26日，授权公告日为2010年3月10日，专利权人为"黄某" |

续表

	涉案专利	对比设计
图片描述	涉案专利公开了产品的主视图、后视图、左视图、俯视图及立体图，未请求保护色彩。涉案专利产品为床头，由框架、面板和侧板构成，床头的外轮廓形状近似长方形，床头顶边中间略拱起呈弧形，两侧有边框架，边框架一直延伸到床头底部成为床头支撑脚，边框架两外侧各有一条边条，床头中上部床靠位置四周设计了一圈凹槽，使床靠表面形状近似长方形，床靠部位整体自下而上逐渐略向后倾斜	对比设计1公开了产品主视图、左视图、俯视图和立体图。对比设计1床头由框架、面板和侧板构成，床头的外轮廓形状近似长方形，床头顶边中间略拱起呈弧形，两侧有边框架，边框与顶边连接角为圆弧过渡，中上部床靠表面为形成近似长方形状，床靠中间与顶边位置设计有倒置三角形镂空造型，床头中部有一条线将床头分为上下两部分，床头自中部整体自下而上逐渐略向后倾斜。 　对比设计2公开的床靠表面为向外突起呈圆弧状，边框架从顶端延伸到底部成为床头支撑脚。 　对比设计3公开的床靠由上下两部分组成，床靠为长方体形状无顶边，两侧有边框
相同点	二者床头均由框架、面板和侧板构成，外轮廓形状近似长方形，床头顶边拱起呈弧形，两侧有边框架，面板呈长方形状，床头中部自下而上逐渐向后倾斜。 　涉案专利与对比设计1为基础设计，将对比设计2床头框架两个支撑脚、面板上部没有圆弧镂空的设计特征以及对比设计3床头上下两部分连接件的设计特征与对比设计1组合替换得到的对比设计相比，相同点为：床头均由框架、面板和侧板构成，外轮廓形状近似长方形，床头顶边拱起呈弧形，两侧有边框架，面板呈长方形状，床头中部自下而上逐渐向后倾斜，床头两边有支撑脚	
不同点	涉案专利与对比设计1对比，二者主要不同点：①涉案专利床靠表面四周有一圈长方形凹槽设计，而对比设计1则无；②涉案专利边框架与顶边呈直角，而对比设计1边框架与顶边为倒角呈圆弧过渡；③对比设计1面板上倒置三角形镂空造型，涉案专利则无；④涉案专利床头两边有支撑脚，对比设计1则无；⑤对比设计1床头中间有一条贯穿床头的线，涉案专利则无。 　涉案专利和对比设计1进行对比，存在五个主要区别点，以对比设计1为基础设计，结合对比设计2设计特征，以及对比设计3设计特征进行分析，对于涉案专利与对比设计1的区别点①，对比设计2床靠面板与边框并无凹槽设计，并且床靠表面为圆弧拱起；对于区别④，对比设计2床头两侧有支撑脚；通过涉案专利与对比设计1对比，再结合对比设计2床靠和床头支撑脚的设计特征，依然存在主要区别①②③和⑤的差别，特别是区别①差异更为显著，对比设计2并未全部公开上述区别设计特征。对比设计3中公开的床靠无顶边与涉案专利床靠形状和图案完全属于不同的设计风格，无法与对比设计1和对比设计2进行组合。涉案专利并非是在对比设计1和对比设计2或者对比设计1、对比设计2和对比设计3所示的相应设计特征组合后仅经过细微变化得到的	
关注点	设计特征的选取：请求人将对比设计中出现的设计要素认为是可以组合的设计特征，分割较为随意；专利复审委员会认为作为对比设计特征应是对比设计中所公开的具有相对独立视觉效果的组成部分，是以一般消费者眼光可直接从对比设计自然区分出来的部分	

2. 各方观点

1）专利复审委员会

"作为对比设计特征应是对比设计中所公开的具有相对独立视觉效果的组成部分，是以一般消费者眼光可直接从对比设计自然区分出来的部分。而将对比设计作特意划分、截取所得出的部分，不是一般消费者可直接从对比设计中自然区分获知的，故不属于在对比设计中已经公开的对比设计特征。就本案而言，涉案专利床头一般情况下将床靠、边框和床底部可分别作为对比设计特征。而请求人将床靠对比设计中造型部分特意划分，该截取的部分不属于在对比设计中已经公开的设计特征，不能据此将其进行组合与涉案专利进行对比。"

2）北京市第一中级人民法院（一审）

"维持国家知识产权局专利复审委员会作出的第 20348 号无效宣告请求审查决定（观点同专利复审委员会）。"

3）北京市高级人民法院（二审）

"驳回上诉，维持原判（观点同专利复审委员会）。"

3. 案例评析

《专利侵权判定指南 2017》中第六十六条规定："设计特征是指具有相对独立的视觉效果，具有完整性和可识别性的产品的形状、图案及其结合，以及色彩与形状、图案的结合，即产品的某一部分的设计。"

"设计特征"出现在判断涉案专利现有设计及其特征的组合是否具有明显区别时，《专利审查指南 2010》规定，对在判断现有设计的转用以及现有设计及其特征的组合时，通常可以按照以下步骤进行判断：①确定现有设计的内容，包括形状、图案、色彩或者其结合；②将现有设计或者现有设计特征与涉案专利对应部分的设计进行对比；③在现有设计或者现有设计特征与涉案专利对应部分的设计相同或者仅存在细微差别的情况下，判断在与涉案专利相同或者相近种类产品的现有设计中是否存在具体的转用和/或组合手法的启示。如果存在上述启示，则二者不具有明显区别。产生独特视觉效果的除外。

一方面，设计特征拆分的主体与判断外观设计是否符合《专利法》第二十三条第一款、第二款规定的主体均应为涉案专利产品的一般消费者。设计特征的拆分仅基于涉案专利产品的一般消费者的知识水平和认知能力进行，而不是基于该类产品的设计师水平和角度进行，这就要求设计特征应是一个具体的概念，是一般消费者可以从产品中具体分割出来的部分，而不是一个抽象的概念，不是设计师从设计理念、设计手法中抽离出的设计内容。

该案中，请求人将对比设计中出现的设计要素认为是可以组合的设计特征，分割较为随意。错误的拆分设计特征，在检索过程中会影响对比设计的选取，在后续的举证、说理中会陷入误区，直接导致无效请求失败。请求人将对比设计 2 中的面板上部没有圆弧镂空的设计、对比设计 3 中的床头上下两部分连接件的设计作为可拆分的设计特征，明显违背了设计特征应是一个具体的、可分割的概念，请求人抽离出的设计特征更偏向于设计手法，属于抽象的设计概念，并不能被一般消费者具体认识到。

另一方面，什么是具体的、可分割的设计特征呢？用于组合的现有设计特征应是现有设计中所公开的、具有相对独立视觉效果的组成部分，是以一般消费者眼光可直接从现有设计中自然区分出来的。如果现有设计中用于组合的设计特征不是一个部件或部位的一部分，而是从现有设计中特意划分、截取所得的部分，且这一部分相对于该类产品并非独立可区分的，也不具有独立的视觉效果，则该部分不能作为设计特征加以组合。通常而言，能够从现有设计中自然区分出来的设计特征包括组成产品的各结构部件、图案、色彩或其组合。而一般而言，不能用于组合的设计特征包括单纯的点、线、面、边、角等；仅属于视觉效果的范畴，如棱角分明、金属质感等；仅属于设计

构思的抽象理念，如上宽下窄、边缘圆滑等。❶

涉案专利为形状与图案相结合的外观设计，床头由两侧的框架、中部的面板及表面的木纹图案构成，一般情况下框架、面板、表面图案等均可分别作为对比设计特征，而顶部的弧线设计、面板的折面设计等不能直接自然区分出来的部分则不可以作为对比设计特征。以该涉案专利为例，确定了设计特征后，应在对比设计的选择过程中首先选择整体形状设计、结构设计比较相近的对比设计作为基础的对比设计，再将具有相同设计特征的对比设计作为可替换设计特征部分进行考虑。

该案中，请求人除分割设计特征出现问题外，在设计特征的替换过程中也出现了认识错误。在正确选取了能够用以组合的设计特征后，还需注意，如果是采用替换的组合方式，则该设计特征必须是原样或细微变化后进行替换的情况才能够被认可，其中的细微变化的评判标准参照《专利审查指南2010》第四部分第五章第6.1节的规定，任何需要作出适应性修改、过渡、衔接等情形均不属于细微变化的范畴。请求人选取的设计特征与涉案专利对应部分的设计形状区别较大，已超过细微变化限度。由此可见，设计特征应是对比设计中所公开的具有相对独立视觉效果的组成部分，是以一般消费者眼光可直接从对比设计自然区分出来的部分。设计特征拆分应注重视觉自然可分离性。

2020年《专利法》中对外观设计的定义进行了修改，新规定中的外观设计是指对产品的整体或者局部的形状、图案或者其结合以及色彩与形状、图案的结合所作出的富有美感并适于工业应用的新设计。

局部外观设计，就是针对产品的某一局部所作出的创新设计，比如玻璃杯的杯口、微波炉的旋钮等。"局部"与"整体"是相对的，通常情况下，

---

❶ 张颖. 如何看待外观设计确权程序中的设计特征组合［EB/OL］.（2017 - 9 - 6）［2021 - 3 - 6］. https：//mp. weixin. qq. com/s？_biz = MzA3NDI3NjAyMg = = &mid = 2649661593&idx = 6&sn = 84ad1e6b68403a2bf1e6261b9b1a6f58&chksm = 87184d40b06fc4561e5b660c4ec5b020a904125db5168c578279 9920ec557703a54af3d741bf&mpshare = 1&scene = 1&srcid = 0823BY8WsSNJr3udAWIcgN73&sharer_sharetime = 1629685431254&sharer_shareid =18308bdbf269e6ab9f4996cfe54d9966#rd.

"局部"指的是整体中不可分割的部分。局部外观设计保护是对整体保护的一种拓展，但并不是任何设计的任何一部分都可以作为局部外观设计的保护客体。除了整体外观设计保护客体的要件外，纳入专利法保护的"局部外观设计"，至少应当排除以下两种情形：①如果设计不能占据一定的实体空间，则不能构成"局部外观设计"，如产品表面的一条非封闭的轮廓线；②请求保护的"局部"应当相对完整和独立。此外，零部件作为完整产品中可以分离的部件，可以通过整体产品获得保护，也可以通过局部外观设计的方式获得保护。❶

《专利审查指南2010》中规定，现有设计特征，是指现有设计的部分设计要素或者其结合，如现有设计的形状、图案、色彩要素或者其结合，或者现有设计的某组成部分的设计，如整体外观设计产品中的零部件的设计。《专利侵权判定指南2017》中规定，设计特征是指具有相对独立的视觉效果，具有完整性和可识别性的产品的形状、图案及其结合，以及色彩与形状、图案的结合，即产品的某一部分的设计。

局部外观设计与现有设计中的设计特征，相同之处在于：①均属于产品的某一局部；②如果设计不能占据一定的实体空间，则不能构成局部外观设计或设计特征，如产品表面的一条非封闭的轮廓线；③组件类产品中的单个部件，可认定为产品的设计特征，也可认定为局部外观设计。区别点在于：①单一色彩要素可构成设计特征，但不能构成局部设计；②"局部"指的是整体中不可分割的部分，但应当相对完整和独立。设计特征是以一般消费者眼光可直接从对比设计自然区分出来的部分，具有相对可分割性。同时，图案要素作为产品的设计特征是普遍适用的。

随着局部外观设计保护的实施，在实践中更有利于当事人界定产品的设计特征。如何更好地区分局部外观设计与设计特征的相同点与不同点，需要今后在司法实践过程中不断积累。

---

❶　https：//mp.weixin.qq.com/s/IHoJVksgcWL7oxCqpM6IFA.

第七章

家居卫生设备类产品

家居卫生设备类产品，是用于卫浴空间内进行个人卫生清理等的相关设备。主要包括龙头、马桶、花洒等产品。该领域产品技术相对稳定，专利申请量稳步提高，创新点主要体现在整体形状及各部件的具体设计上。随着时代的发展，一般消费者更关注产品的美学设计。在该领域产品中，有关《专利法》第二十三条第一款、第二款的专利诉讼争议焦点主要集中在区别特征对整体视觉效果的影响、功能性设计特征的认定、设计空间的认定和判断主体的认定四个方面。本章将结合实际行政诉讼案例对该类产品中判断主体的认定以及设计空间的确定两方面的争议点进行具体阐述。

第一节　产品领域概述

　　家居卫生设备类产品分为流体分配设备、个人卫生用设备、便溺设备以及相关卫生设备支架等。流体分配设备主要用途是便于输送液体、分配液体以及排出液体，具体产品包括水管道、龙头、地漏等产品。个人卫生用设备主要用途是清洁身体用设备，具体产品包括浴缸、洗手池、淋浴器等产品。便溺设备主要是排除粪便、尿液的卫生器具，主要体现在马桶类产品。相关卫生设备支架是指放置在卫生间内便于安置卫生设备或者个人护理用品的支架，如肥皂托、卫生纸托架、毛巾架、盥洗刷架等产品（见图7-1）。

图7-1　家居卫生设备类常见产品展示

　　随着社会的不断进步、经济的快速发展，人们对家居卫生的要求逐渐提高，对卫浴设备的设计要求也越来越高，更加关注卫浴空间设计的合理化。

对于消费者来说，其关注重点在家居卫生设备是否实用与美观。对于设计者来说，需要考虑的是将产品所有基本功能与产品特色结合。基于目前的发展趋势，卫浴产品设计丰富多变，逐渐呈现"年轻化""个性化"和"智能化"的发展态势，其中水龙头的设计已呈现百花争艳的局面。本章重点对龙头类产品外观设计专利现有设计情况进行分析。

水龙头是水阀的通俗称谓，是用来控制水流大小的开关。水龙头的更新换代速度非常快，从老式铸铁工艺发展到电镀旋钮式，又发展到不锈钢单温单控水龙头、不锈钢双温双控龙头、厨房半自动龙头等（见图7-2）。现在，越来越多的消费者选购水龙头时，都会从材质、功能、造型设计等多方面来综合考虑。❶

2010　　　　　2012　　　　　2014

2015　　　　2016　　　　2018　　　　2020

图7-2　水龙头类常见产品展示

以往许多家庭选购水龙头时，单纯关注其实用性，如今为了让生活更舒适，水龙头的设计不仅关注其功能性，更注重外形设计给消费者带来的美学感受。正是这种变化，催生了水龙头产品的再次升级换代。从目前水龙头市场看，水龙头的设计呈现出以下特点：①结构新颖，多为不锈钢或铜制陶瓷

---

❶　百度百科：https://baike.baidu.com/item/水龙头。

芯片，水龙头的开关和水温的控制都由陶瓷芯片前后左右移动来调节。②功能多元、使用便捷，如感应式、长嘴可旋转式和水嘴带可伸出软管式等。③设计精巧，具有流畅的造型、不同的颜色，使水龙头在满足出水需求的同时多了装饰功能，通常水龙头的表面材质为镀钛金、镀铬、烤漆、烤瓷等。❶

从历年常见产品可以看出，水龙头类产品整体造型有流线形、鸭舌形、球形等，把手有旋转式、抬压式等，出水管有圆管形、弯管形、矩形管等，总的来说，该类产品的整体形状及各部细节变化较多。

水龙头类产品出于满足出水功能的考虑，一般包括混水管、出水管及把手，但是整体形状、各构件的具体形状、相互间的连接方式等均存在较大设计空间。因此，对于一般消费者而言，龙头的整体形状、各构件之间的相对位置关系是关注的重点，对整体视觉效果有显著影响。在进行水龙头类产品确权诉讼时，法院会从一般消费者的知识水平和认知能力出发，整体考量水龙头类产品的设计空间界定，对于具有较大设计空间的产品，通常情况下，局部的细微变化不会对整体视觉效果产生显著影响。

第二节　外观设计专利情况

在专利方面，家居卫生设备类外观设计专利多集中在《国际外观设计分类表》的 23 大类，主要包括流体分配设备、个人卫生用设备、便溺设备以及相关卫生设备支架等，其中流体分配设备专利量在整个家居卫生设备类产品中占比较高。

本章统计了 2008—2019 年的家居卫生设备类中流体分配设备产品的外观设计专利数量变化趋势，可以看出，家居卫生设备类中流体分配设备外观设计专

---

❶　https：//news. pchouse. com. cn/dongtai/1007/19366. html。

利数量呈现逐年增长，在 2014 年略有下降，随后增速开始加快（见图 7−3）。

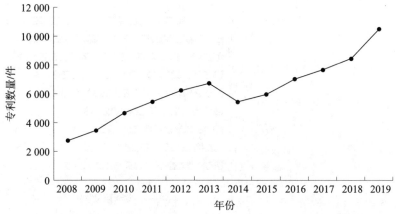

图 7−3　家居卫生设备类中流体分配设备产品外观设计专利数量变化趋势

从外观设计专利地域来看，来自浙江、广东的申请人，其外观设计专利的数量较多，均在 20 000 件以上。福建省、江苏省作为第二梯队，外观设计专利数量约在 7000 件（见图 7−4）。

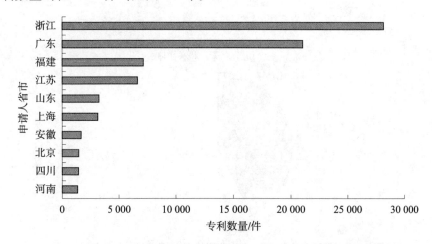

图 7−4　家居卫生设备类中流体分配设备产品外观设计专利中国省市排名

从流体分配设备产品外观设计专利申请人排名来看，排名第一位的申请人是九牧厨卫股份有限公司，该公司产品广为人知，产品种类繁多且市场占比较高。专利数量排名靠前的国外公司中科勒公司专利量较多，专利布局较为全面（见图7-5）。

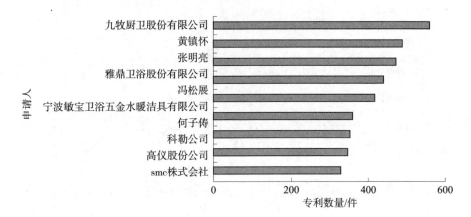

图7-5　家居卫生设备类流体分配设备产品外观设计专利申请人排名

在申请人构成方面，企业专利数量超过57%，个人专利数量约占四成，可以看出在家居卫生设备类的流体分配设备里，外观设计专利的创新主体以企业居多，大型企业产品研发能力强，产品设计更新迭代较快，其专利布局也相对完整（见图7-6）。

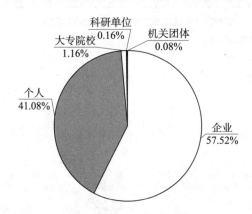

图7-6　家居卫生设备类流体分配设备外观设计专利申请人构成

第三节　裁判思维解析

┌─────────────────────────────────────┐
【案例 7-1】

"龙头"外观设计专利权无效行政纠纷案❶
└─────────────────────────────────────┘

1. 案情简述

该案涉及专利号为 200830140333.X、产品名称为"龙头"的外观设计专利，其申请日为 2008 年 7 月 21 日，优先权日为 2008 年 1 月 21 日，授权公告日为 2009 年 9 月 16 日，专利权人是汉斯格罗股份公司（2012 年 7 月 25 日变更为汉斯格雅欧洲股份公司）。涉案专利共包含 7 幅视图。

2011 年 11 月 14 日，温州市志诚水暖器材有限公司向专利复审委员会提出无效宣告请求，同时提交了证据。其理由是涉案专利与证据所示对比设计，不符合《专利法》第二十三条的规定。

2012 年 4 月 24 日，专利复审委员会作出第 18533 号无效宣告请求审查决定（简称"第 18533 决定"），宣告上述专利全部无效。汉斯格雅欧洲股份公司对上述决定不服，向北京市第一中级人民法院提起行政诉讼。

北京市第一中级人民法院认为第 18533 号决定认定事实清楚，适用法律正确，审查程序合法，判决维持中华人民共和国国家知识产权局专利复审委员会作出的第 18533 号无效宣告请求审查决定。

汉斯格雅欧洲股份公司不服原审判决向北京市高级人民法院提请上诉，

---

❶　此案经过二审，具体参见判决书：北京市第一中级人民法院（2012）一中知行初字第 3060 号行政判决书、北京市高级人民法院（2013）高行终字第 330 号判决书。

北京市高级人民法院判决汉斯格雅欧洲股份公司的上诉理由缺乏事实及法律依据，其上诉请求不予支持。原审判决认定事实清楚，适用法律正确，判决驳回上诉，维持原判。具体情况参见表7-1。

表7-1 "龙头"涉案专利与对比设计基本信息及对比情况

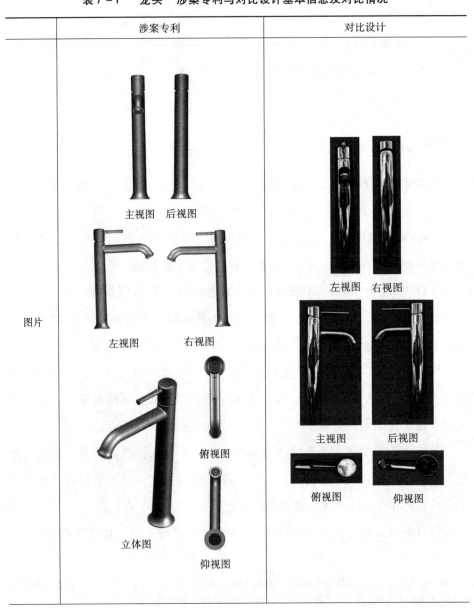

	涉案专利	对比设计
图片	主视图　后视图 左视图　　右视图 俯视图 立体图　　仰视图	左视图　右视图 主视图　　后视图 俯视图　　　仰视图

续表

	涉案专利	对比设计
基本信息	涉案专利产品名称为"龙头",专利号为 200830140333.X,授权公告日期为 2009 年 9 月 16 日,专利权人为"汉斯格雅欧洲股份公司"。 涉案专利由混水管、出水管及把手构成。混水管为圆柱体形,下端略向外呈小圆台状底座,顶端与把手基座相连,上部与水平方向的出水管垂直相交;圆柱体形的出水管直径较混水管的略小,出水口一端略向下弯曲,出水口与水平方向夹角约为 30 度;细长棒状的把手与把手基座垂直相连。	证据:第 03349473.8 号名称为"面盆水龙头"的外观设计专利,其公开日为 2004 年 1 月 7 日
相同点	二者的整体形状、主要构件的形状及相互位置关系均相似,混水管与上部的把手基座均呈整体柱状,柱状上部为稍短的水平棒状把手,下部为出水口一端略弯的水平出水管,其直径略小于柱体直径	
不同点	①出水管,涉案专利的出水管长度略大于把手长度的两倍,直径略小于混水管,而对比设计的出水管长度略大于把手的长度,直径约为混水管的 1/2,涉案专利出水管与混水管相交处较对比设计更圆滑;②连接位置,涉案专利出水管与混水管在较上部相连,把手与把手基座在较上部相连,而对比设计的出水管与混水管在上部略向下处相连,把手与把手基座在上部略向下处相连;③把手,涉案专利的把手基座高度与直径相当,侧面与顶部过渡处略向内凹陷,棒状把手直径略有变化,而对比设计的高度略小于直径,侧面与顶部过渡处为圆滑过渡,棒状把手直径无变化;④出水口,涉案专利的出水管端头外缘略向外扩展形成一圆滑边缘,出水口为一直径略小的扁圆柱形,而对比设计的扁圆柱形出水口直径与出水管直径相当;⑤混水管底部,涉案专利混水管底部呈圆滑的台状结构,而对比设计无此结构,为一整体柱形	
关注点	涉案专利与对比设计在整体形状及各构件形状相似、构件之间的相对位置关系及连接方式相同的情况下,二者存在的局部差异是否对整体视觉效果无显著影响,对于该种类产品而言,一般消费者如何认定,是否存在较大设计空间	

2. 各方观点

1)专利复审委员会

"温州市志诚水暖器材有限公司于 2011 年 11 月 14 日向专利复审委员会

提起本专利的无效宣告请求，理由是涉案专利与对比设计相近似，不符合《专利法》第二十三条的规定，请求宣告本专利无效，同时提交了证据。2012年4月24日专利复审委员会作出第18533号无效宣告请求审查决定，该决定认为：对于龙头类产品，其混水管、出水管及把手虽为基本构件，但其整体形状、各构件的具体形状、相互间的连接方式等均存在较大设计空间。对于一般消费者而言，龙头的整体形状、各构件之间的相对位置关系是关注的重点，对整体视觉效果有显著影响。二者的区别点②把手与把手基座、出水管与混水管的连接位置本专利的均相对靠上，但本专利与对比设计的把手与出水管之间的相对位置关系无明显差异，其对整体视觉效果无显著影响。区别点①③④⑤相对于整体形状、各主要构件的主体形状及相对位置关系的相同点而言属于局部细微差异，对整体视觉效果无显著影响。在本专利与对比设计整体形状及各构件形状相似、构件之间的相对位置关系及连接方式相同的情况下，虽然二者存在局部差异，但对整体视觉效果无显著影响，故二者属于相近似的外观设计，因此，专利复审委员会据此宣告本专利不符合《专利法》第二十三条的规定，全部无效。"

2）北京市第一中级人民法院（一审）

"本专利优先权日在2009年10月1日之前，故本案应适用2000年《专利法》。根据《专利法》第二十三条的规定，授予专利权的外观设计应当同申请日以前在国内外出版物上公开发表过或者国内公开使用过的外观设计不相同和不相近似。

"涉案专利与证据所示对比设计的整体形状、主要构件的形状及相互位置关系均相似的情况下，其局部的细微变化不足以对整体视觉效果产生显著影响。因此，涉案专利与对比设计之间的差别对于产品外观设计的整体视觉效果不具有显著的影响，涉案专利与对比设计相近似。由于本专利同优先权日以前在国内外出版物上公开发表过的外观设计相近似，维持中华人民共和国国家知识产权局专利复审委员会作出的第18533号无效宣告请求审查决定。"

3）北京市高级人民法院（二审）

虽然涉案专利与对比设计存在区别，但在整体形状、主要构件的形状及相互位置关系均相似的情况下，对于一般消费者而言，上述区别并不能在视觉上产生整体的不同感受，从而在外在视觉效果上产生显著差异。因而一般消费者在隔离对比的情况下，会认为涉案专利与对比设计属于相近似的外观设计。因此，一审判决及第 18533 号决定关于本专利与附件 1 构成相近似外观设计的认定正确，汉斯格雅公司此部分上诉理由缺乏事实及法律依据，本院不予支持。因此二审法院作出了维持原判的终审判决。

3. 案情评析

该案的判断重点在于"一般消费者"和"设计空间"的认定，虽然专利权人举证认为该专利设计空间较小，一审判决关于设计空间的认定存在错误，但是二审判决针对设计空间给出了详细解释说明，认定该专利对于一般消费者而言，存在较大的设计空间，最终给出维持原判的结论。

1）关于"一般消费者"的认定

该案中，汉斯格雅公司在上诉中提出一审判决及第 18533 号决定中关于"一般消费者"认定错误，一审判决和无效决定中的"一般消费者"的标准远高于普通老百姓的标准，普通老百姓不可能了解所有市场上销售和广告中宣传的相同类别的产品，更不可能对产品的"常用设计手法"有所了解。

二审法院在判决书中指出，在进行外观设计相同和相近似判断时，一般应采用整体观察、综合判断的方法，以一般消费者为判断主体进行认定。"一般消费者"是一种法律上拟制的"人"，是为了使判断结论更为客观、准确而确立的抽象判断主体，其具有特定的知识水平和认知能力。从知识水平的视角分析，一般消费者通常对外观设计专利申请日之前相同种类或者相近种类产品的外观设计及其常用设计手法具有常识性的了解。从认知能力的角度而言，一般消费者对外观设计产品之间的形状、图案以及色彩等设计要素的变化仅具有一般的注意力和分辨力，其关注的是外观设计的整体视觉效果，不会注意到外观设计专利与对比设计之间的局部微小变化。因此本案中，一审判决及第18533号决定以"一般消费者"为主体进行该专利与对比设计的近似性判断并无不当，汉斯格雅公司关于应当以"普通老百姓"为主体进行判断的上诉理由缺乏法律依据。

结合法院判决可以看出，外观设计专利确权判断的前提是判断主体的确定，作为判断主体的"一般消费者"并不完全等同于"普通老百姓"，但是"一般消费者"的认知能力也不等同于专业设计师或专家的水平。客观来说，一般消费者应是一个具有特定知识水平和认知能力的抽象的人。在具体案件中，一般消费者的定位可以是对涉案专利产品所属种类的具有理性认知的消费者群体，其至少应对涉案专利产品申请日之前相同种类或者相近种类产品的外观设计常见、常用的设计知识有所了解。

2）关于设计空间的界定

设计空间是在保证产品的功能和实用性基础上，对产品外形作出的设计和改进，受现有设计状况、现有技术等因素的制约。

涉案产品是一个水龙头，终审判决中指出：设计空间作为相关设计产品的一般消费者在进行外观设计专利与在先设计相同或相近似判断中的考量因素之一，具有重要意义，关系到一般消费者知识水平和认知能力的确定。设计空间的考量在相关的产品领域是一个相对概念，应以专利申请日或优先权日时的状态为准。本专利优先权日前，在龙头产品中，对于一般消费者而言，结合现有设计状况来看，龙头产品在整体形状、各部件本身形状与相互连接关系等方面均存在较大的设计空间。汉斯格雅公司所出示证据仅针对涉案专利特定设计下相对应设计空间的界定，并非针对龙头产品所对应的设计空间大小的举证。

从该判决中可以看出，该案中虽然汉斯格雅公司举证认为设计空间较小，但是终审法院结合现有设计状况认定汉斯格雅公司提交的证据仅仅是针对涉案专利特定设计下的一个与之相应的设计空间的界定，相对于整个龙头领域来说，其举证的设计空间并不完全准确。

该案中涉案专利与对比设计的部分相同特征并不如专利权人所述属于本领域的惯常设计特征，对于龙头类产品来说，其功能性限定主要在于实现出水功能，但即使受到设定功能限制的情况下，出水管道的设计仍存在多样性。跳出专利权人举证的现有设计，在整个水龙头产品领域，其具有多种多样的设计，存在较大的设计自由度。因此，通过相对较大的设计空间来看两者的区别，涉案专利与对比设计并没有产生显著差异。

第八章

小家电类产品

　　小家电类产品，主要涉及家庭及类似场所使用的除了大功率输出的电器以外的电器。小家电不是生活的刚性需求产品，主要用于提升生活品质，中式小家电在国内市场已较为普及。小家电企业的创新研发中，比较注重外观设计，精致、可爱、高颜值的外观是吸引用户的重要特质。近年来，小家电产品领域的外观设计申请量不断增长，外观设计专利较其他两种专利占据的比重较大。小家电类中各单品的发展状况不相同，有些单品有明显的阶段性，部分已经成熟的单品的设计空间不大，而新兴的产品则不断出现。不同产品的专利申请量差异很大，部分产品在上升期时申请量明显增多，衰退期申请量也随之降低。部分产品的同质化比较严重，设计空间也会缩小。因此在确权诉讼时，应根据产品的特点、发展时期、具体专利申请情况，在充分了解现有设计状况下，有的放矢的选取对比文件产品。该领域产品的创新点主要集中在产品的外部形状、结构、图案、色彩等，以及产品重要零部件的结构设计。涉及该领域产品的有关《专利法》第二十三条第一款、第二款的专利诉讼争议焦点主要集中在区别特征对整体视觉效果的影响、构件是否属于惯常的现有设计以及产品的设计空间的考量这三个方面。本章选取具有代表性的诉讼案例，针对惯常的现有设计的认定和设计空间的考量两方面进行了详细解析。

第一节　产品领域概述

小家电一般是指除了大功率输出的电器以外的家电，一般这些小家电都占用比较小的电力资源，或者机身体积也比较小，所以称为小家电。❶

小家电领域品类众多，按照产品用途可分为厨房小家电（包括电热水壶、电饭煲、搅拌机等）、家居家电产品（包括电熨斗、电风扇、吸尘器等）以及个人护理小家电（包括电吹风、电动牙刷等）三类。而按照消费习惯则可以分为西式小家电（包括电热咖啡机、多士炉、电烤箱等）和中式小家电（包括电饭煲、豆浆机、电压力锅等）（见图 8 - 1）。小家电主要用于提升生活品质，中式小家电在国内市场已经基本普及，以满足家庭需求为主。从需求端看，人均收入水平和消费结构对小家电的需求有较大影响，而地产周期对小家电需求的影响较小。❷

中国小家电行业经过二十多年的发展，已从简单装配向由生产、经营、研发、检测等环节组成的比较完整的工业体系转变，形成了具备相当生产规模和技术水平的生产体系。由于小家电行业进入的技术、资本壁垒不高，有一定的利润空间，越来越多企业涉足该领域。中型小家电企业为了突破自身规模发展的瓶颈，会扩大延伸相关的产品线，大家电企业也利用自身既有的品牌优势进军小家电行业，因此国内小家电行业竞争越来越激烈，行业经营效益下滑。

中国的小家电行业正处于快速成长阶段，市场潜力巨大。跨国小家电企业纷纷进入中国小家电市场，一些大家电企业也进军小家电领域，原有小家电企业不断扩大规模，行业竞争日趋激烈。

---

❶　百度百科：https：//baike. baidu. com/item/% E5% B0% 8F% E5% AE% B6% E7% 94% B5/5668635？fr = aladdin。

❷　中国产业信息网：http：//www. chyxx. com/industry/201910/793658. html。

图8-1 家用小家电类常见产品展示

随着小家电行业竞争的不断加剧，大型企业间的并购整合与资本运作日趋频繁，国内优秀的小家电制造企业愈来愈重视对行业市场的研究，特别是对产业发展环境和产品消费者的深入研究。也正因如此，一大批国内优秀的小家电品牌迅速崛起，逐渐成为中国乃至世界小家电行业中的翘楚。

目前，围绕厨房小家电的创业热情持续高涨，来自奥维云网的数据显示，2019 年 1 月至 2020 年 3 月，厨房小家电的线上品牌数增长约 100 个，而 2017—2019 年仅增长了约 60 个。另外，一些生活用品巨头也开始布局小家电，2020 年 7 月，韩国乐扣乐扣在中国发布 10 款小家电新品，正式进军小家电领域。

从细分品类来看，西式厨房小家电如咖啡机、电烤箱等，呈爆发式增长。据苏宁公布的数据，2020 年 2 月，3 个品类销量呈指数级增长，空气炸锅、电烤箱、打蛋器的销量分别增长了 8 倍、2 倍、24 倍。疫情宅家时间变长，烘焙打发时间的需求增加，是其爆发的一大动因，美团研究院《2020 春节宅经济大数据》显示，春节期间美团上关于"烘焙"类商品的搜索量增加了100 倍。

在个护小家电方面，细分新品类迭出，先前的个护小家电以剃须刀、电吹风为主，现在覆盖到 5 个主要品类：美发、美牙、美容、美体、保健护理，包含 23 种细分品类。其中，小气泡仪、面容面罩、筋膜枪等新兴品类不断涌现，销量亮眼。据央视官方数据，2020 年上半年，筋膜枪的销量在健身类器械中排第一，同比增长了 21 倍。

而在环境家居小家电中，上半年吸尘器销量领跑，据《2020 上半年中国家电市场报告》，2020 年 1—6 月，吸尘器（含扫地机器人）零售额同比增长 14.7%，零售量同比增长 15.7%，增速领跑其他环境家电品类。另外，环境家居小家电还包括空气净化、挂烫机、电暖器、消毒机等品类。

此外，消杀功能小家电的销量暴增，苏宁官方数据显示，2020 年 2 月消毒机类小家电销量增长 130 多倍，消毒柜、净水器销量增长 3 倍。这主要是因为，疫情催化人们健康意识，日常生活消毒杀菌成为增长性需求，推动消杀小家电成功突围。❶

---

❶ 书生家电网：http：//www.ssxjd.com/news/20200902/159900073212138.html。

　　小家电行业品类多，单品所处发展阶段市场规模增长情况差距大。单品类小家电整体规模往往有限，但由于品类众多，且不同品类之间所处的发展阶段不同，故整个小家电行业能保持平稳增长。一些进入市场较早的传统小家电在家庭间已有较高的保有量，一些品类已经进入成熟期甚至衰退期，而一些新兴的小家电仍在快速成长阶段。

　　厨房在我们平时生活中举足轻重，厨房中会有一些小家电产品，包括清洁用的垃圾处理器、家用洗碗机等，烹饪用的电磁炉、电烤箱、压力锅、微波炉等，制作饮品时使用的小家电如豆浆机、榨汁机、咖啡研磨机等。常用的食品加热类产品如图8-2所示。

图8-2　可加热食品类常见产品展示

第二节　外观设计专利情况

　　本章统计了自 2008—2019 年厨房小家电类产品外观设计专利数量的变化趋势，可以看出，厨房小家电类产品的外观专利数量大体呈现逐年增长的趋势，其中 2012 年的增幅较大，2013 年略微下滑，之后的增长速度基本保持稳定（见图 8 -3）。

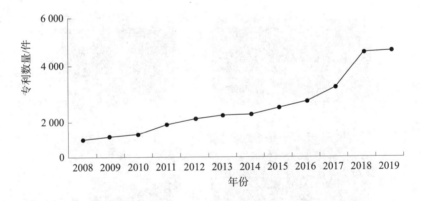

图 8 -3　厨房小家电类产品外观设计专利数量变化趋势

　　从外观设计专利地域来看，来自广东和浙江的厨房小家电类产品外观设计专利数量远远多于其他省份申请人专利数量，排位第三名的江苏省仅是第二名浙江省的 1/7（见图 8 -4）。

　　从申请人排名来看，排名前两位的申请人分别为浙江爱仕达电器股份有限公司和美的集团股份有限公司（见图 8 -5）。

　　在申请人构成方面，基本为企业申请和个人申请。企业申请数量略多于个人申请，超过 50%，个人申请数量不到 50%，大专院校、机关团体、科研单位的申请量特别少（见图 8 -6）。

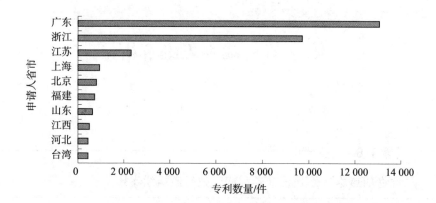

图8-4 厨房小家电类产品外观设计专利地域分布

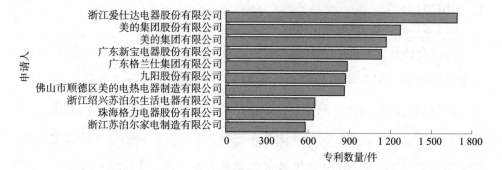

图8-5 厨房小家电类产品外观设计专利申请人排名

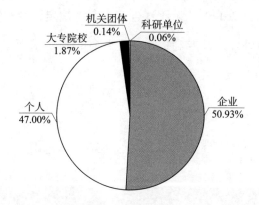

图8-6 厨房小家电类产品外观设计专利申请人构成

第三节　裁判思维解析

【案例 8-1】

"食物加热器"外观设计专利权无效行政纠纷案❶

1. 案情简述

针对专利号为 ZL201330422226.7、名称为"食物加热器"、专利权人为海盐新华电器有限公司的外观设计专利，汉密尔顿毕克布兰德斯有限公司（简称"汉密尔顿公司"）向专利复审委员会提出无效宣告请求，其理由是上述专利不符合《专利法》第二十七条第二款、第二十三条第一款的规定。专利复审委员会作出第 26129 号无效宣告请求审查决定，维持专利权有效。汉密尔顿公司对上述决定不服，向北京知识产权法院提起行政诉讼。北京知识产权法院判决撤销第 26129 号无效宣告请求审查决定，专利复审委员会就汉密尔顿公司针对该外观设计专利提出的无效宣告请求重新作出审查决定。具体情况参见表 8-1。

---

❶ 此案经过一审，具体参见判决书：北京知识产权法院（2015）京知行初字第 6329 号行政判决书。

表 8 − 1 "食物加热器"涉案专利与对比设计基本信息及对比情况

项目	详细信息
涉案专利基本情况	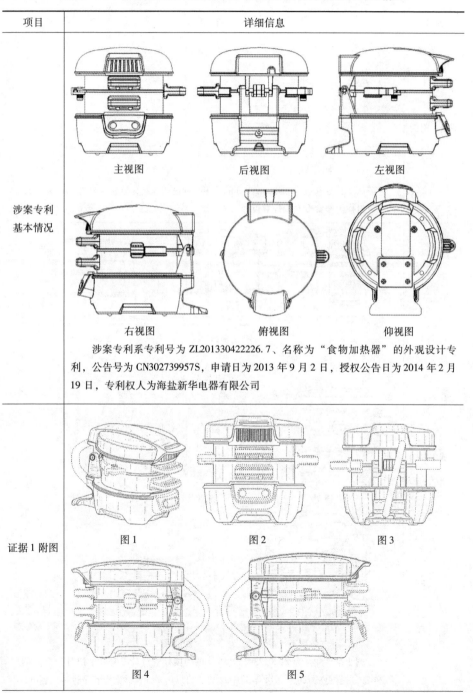 主视图　　　　后视图　　　　左视图 右视图　　　　俯视图　　　　仰视图 　　涉案专利系专利号为 ZL201330422226.7、名称为"食物加热器"的外观设计专利，公告号为 CN302739957S，申请日为 2013 年 9 月 2 日，授权公告日为 2014 年 2 月 19 日，专利权人为海盐新华电器有限公司
证据 1 附图	图 1　　　　图 2　　　　图 3 图 4　　　　图 5

续表

项目	详细信息
证据1附图	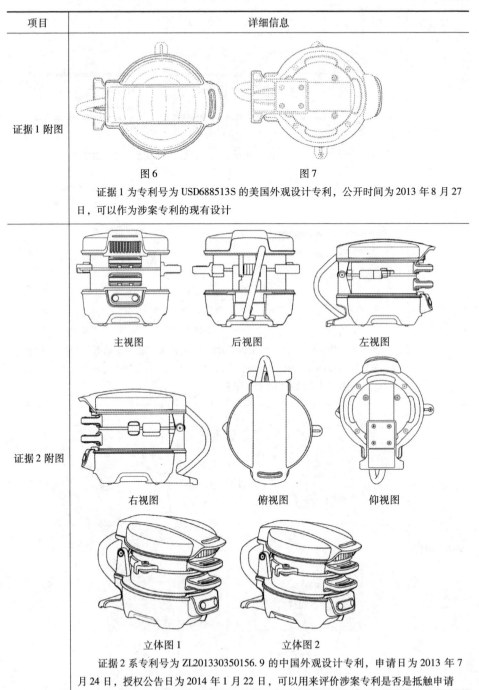

证据1为专利号为USD688513S的美国外观设计专利，公开时间为2013年8月27日，可以作为涉案专利的现有设计

证据2系专利号为ZL201330350156.9的中国外观设计专利，申请日为2013年7月24日，授权公告日为2014年1月22日，可以用来评价涉案专利是否是抵触申请

续表

项目	详细信息
证据 3 附图	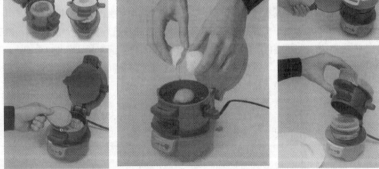 证据 3 为红火网（honghuowang.com）关于"超级汉堡机"的介绍，网页上载明的发布时间为 2013 年 5 月 6 日，可以作为涉案专利的现有设计
证据 4 附图	证据 4 为天极网（nctech.yesky.com）关于"早餐机"的介绍，网页上载明的发布时间为 2013 年 7 月 10 日，可以作为涉案专利的现有设计

续表

项目	详细信息
相同点	涉案专利与证据1产品整体都类似圆柱形，都包括上盖、上烤盘、下烤盘和底座，一侧都设有连接部件。 涉案专利与证据3产品整体都类似圆柱形，都包括上盖、上烤盘、下烤盘和底座。 涉案专利与证据4产品整体都类似圆柱形，都包括上盖、上烤盘、下烤盘和底座
不同点	涉案专利与证据1相比：①上盖形状不同，涉案专利的上盖整体为穹顶形，底边为窄边，在上盖一侧设有梯形把手；而证据1上盖整体近似圆柱形，上表面略微向上凸起，底边为宽边，表面上方设有凸起的倒U形扁平条状结构，一端凸起形成把手，其端部设有长条形透孔；②涉案专利的上盖把手内壁的格栅间隔较大，且格栅直通底边；而证据1的把手格栅排列密，格栅竖向长度较短，未连通到底边；③涉案专利底座开口为梯形，而证据1为椭圆形开口；④证据1显示在连接部件外侧有连接上盖和底座的一条导线，涉案专利附图中未显示此导线。 涉案专利与证据3相比：①上盖形状不同，涉案专利的上盖整体类似穹顶形，底边为窄边，在上盖一侧设有梯形把手；而证据3上盖整体近似圆柱形，上表面略微向上凸起，底边为宽边，表面上方设有凸起的倒U形扁平条状结构，一端凸起形成把手，其端部设有长条形透孔，透孔内侧把手上有水平排列的英文单词；②涉案专利的上盖把手内壁的格栅间隔较大，且格栅直通底边；而证据3的把手格栅排列较密，格栅竖向长度较短，未连通到底边；③涉案专利底座开口为梯形，而证据3开口处较圆滑；④涉案专利有连接上盖、上下烤盘和底座的连接部件，证据3由于拍摄角度问题未显示此结构。 涉案专利与证据4相比：①上盖形状和设计不同，涉案专利的上盖整体类似穹顶形，底边为窄边，在上盖一侧设有梯形把手；而证据4上盖整体近似圆柱形，上表面略微向上凸起，底边为宽边，表面上方设有凸起的倒U形扁平条状结构，一端凸起形成把手，其端部设有长条形透孔，透孔内侧把手上有水平排列的英文单词；②涉案专利的上盖把手内壁的格栅间隔较大，且格栅直通底边；而证据4的把手格栅排列较密，格栅竖向长度较短，未连通到底边；③涉案专利底座开口为梯形，而证据4开口处较圆滑；④涉案专利有连接上盖、上下烤盘和底座的连接部件，证据4由于拍摄角度问题未显示此结构
关注点	涉案专利占据整体设计较大部分的双层烤盘的构思是否属于惯常的现有设计；异同点分别对整体视觉效果的影响

2. 各方观点

1）专利复审委员会

"① 关于《专利法》第二十七条第二款

"合议组认为：涉案专利公开了六面正投影视图，根据主视图、后视图、俯视图显示的内容可知，涉案专利产品上盖表面为均匀圆弧过渡，并不存在突出或凹陷结构。尽管左右视图显示上盖表面前半部分为双层线条，在后半部分合并为单线条，但综合涉案专利的六面正投影视图，可以清楚理解涉案专利产品的上盖表面应为均匀圆弧过渡，不存在突出或凹陷结构。涉案专利的图片虽然存在上述瑕疵，但并未对清楚显示要求专利保护的产品外观设计造成实质影响，因此涉案专利符合《专利法》第二十七条第二款规定。请求人的无效宣告理由不成立。

"② 关于《专利法》第二十三条第一款

"相对于证据1，对于食物加热器类产品的一般消费者而言，会更关注产品的整体形状以及上盖、上下烤盘和底座的形状结构及其位置关系，而上述（1）至（4）区别不属于局部细微差异，也不属于审查指南中规定的其他可以认定为实质相同的情况。因此本专利与证据1相比具有明显区别，不构成相同或者实质相同。汉密尔顿公司认为本专利相对于证据1不符合《专利法》第二十三条第一款的无效宣告理由不成立。

"相对于证据1，对于食物加热器类产品的一般消费者而言，会更关注产品的整体形状以及上盖、上下烤盘和底座的形状结构及其位置关系，而上述①至④区别不属于局部细微差异，也不属于审查指南中规定的其他可以认定为实质相同的情况。因此本专利与证据1相比具有明显区别，不构成相同或者实质相同。汉密尔顿公司认为本专利相对于证据1不符合《专利法》第二十三条第一款的无效宣告理由不成立。

"证据2是要求了证据1所述美国外观设计专利优先权的中国申请，其公告授权的图片与证据1所表达的外观设计相同。如前对证据1的具体评述，涉案专利与证据 2 相比，区别与前述涉案专利与证据 1 区别相同，因此涉案专利与证据 2 不构成相同或实质相同。请求人认为涉案专利相对于证据 2 不符合《专利法》第二十三条第一款的无效宣告理由不成立。

"相对于证据 3，对于食物加热器类产品的一般消费者而言，会更关注产品的整体形状以及上盖、上下烤盘和底座的形状结构及其位置关系，虽然证据 3 由于拍摄角度问题而未能显示连接部件和仰视图，但在其公开的图片中已经展示了该产品的主要特征，通过对比上述①至④的区别可知，其不属于局部细微差异，也不属于审查指南中规定的其他可以认定为实质相同的情况。因此本专利与证据 3 相比具有明显区别，不构成相同或者实质相同。请求人认为本专利相对于证据 3 不符合《专利法》第二十三条第一款的无效宣告理由不成立。

"相对于证据 4，对于食物加热器类产品的一般消费者而言，会更关注产品的整体形状以及上盖、上下烤盘和底座的形状结构及其位置关系，虽然证据 4 由于拍摄角度问题而未能显示连接部件和仰视图，但在其公开的图片中已经展示了该产品的主要特征，通过对比上述①至④的区别可知，其不属于局部细微差异，也不属于审查指南中规定的其他可以认定为实质相同的情况。因此本专利与证据 4 相比具有明显区别，不构成相同或者实质相同。请求人认为本专利相对于证据 4 不符合《专利法》第二十三条第一款的无效宣告理由不成立。

"综上所述，请求人的所有无效宣告理由都不成立。维持 201330422226.7 号外观设计专利权有效。"

2）北京知识产权法院（一审）

"关于证据 1，本专利涉及的是一种加热食物用的加热器，其与证据 1 的相同点在于产品整体类似圆柱形，都包括上、下烤盘的双层烤盘结构，均有上盖面和底座，在一侧设有连接部件。其中，较突出的设计特征是双层烤盘的结构设计，即沿垂直方向分布的两个烤盘，烤盘均呈圆柱形，每个烤盘的直径小于上盖和底座的直径，在上下烤盘间设置有一圆盘状烹饪板。作为一种烹饪用加热器而言，即便是为了满足功能性的用途，均需设置上盖、烤盘、底座及连接部件等，但在烤盘形状、个数、层级的设计方面仍有较大的设计空间，本专利双层烤盘的设计并非惯常设计，故对于一般消费者的整体视觉效果会有较大的影响。

"对于本专利和证据1间的区别点，亦应与上述相同点结合，而不能孤立地看待其对整体视觉效果的影响。具体而言，区别点①上盖形状的区别仅在于凸起的程度不同，证据1还形成了凸起的倒U形的扁平条状结构，至于底边的宽窄程度及端部的长条形透孔均属于一般消费者不易观察到的部位；区别点②上盖把手内壁均有格栅，区别仅在于格栅是否连通至底边，该区别亦属于一般消费者不易察觉的细微区别；区别点③底座均有开口，区别仅在于开口形状折角处的弧度略有不同，不会对一般消费者的整体视觉效果造成显著影响；区别点④在证据1中以虚线表示，其实质上是实物产品背部主要起到功能性作用的电源线，故在比对时不应纳入考察的范围。

"综上所述，尽管本专利与证据1存在区别，但结合二者的相同点来看，本专利占据整体设计较大部分的双层烤盘的构思不属于惯常的现有设计，在其余区别点不会引起一般消费者更多关注的前提下，对整体视觉效果的影响较为明显，故本专利与证据1构成实质相同，违反了《专利法》第二十三条第一款的规定，专利复审委员会的比对结论有误，本院对此予以纠正。

"关于证据2~4，鉴于证据2是要求了证据1所述美国外观设计专利优先权的中国申请，其公告授权的图片与证据1所显示的外观设计相同，二者与本专利的区别点亦相同，故本专利与证据2构成实质相同，违反了《专利法》第二十三条第一款的规定。而证据3、证据4中显示的照片是证据1、证据2专利文件对应的产品实物在网络公开的照片，故其设计与本专利亦构成实质相同的设计，违反了《专利法》第二十三条第一款的规定。

"综上所述，被告专利复审委员会作出的被诉决定认定事实部分不清，适用法律不当，应予撤销。原告汉密尔顿公司的诉讼主张成立，本院对此予以支持。本院依照《中华人民共和国行政诉讼法》第七十条第（一）项、第（二）项之规定，判决如下：一、撤销被告中华人民共和国国家知识产权局专利复审委员会作出的第 26129 号无效宣告请求审查决定；二、被告中华人民共和国国家知识产权局专利复审委员会就原告汉密尔顿毕克布兰德斯有限公司针对申请号为 201330422226.7、名称为'食物加热器'的外观设计专利提出的无效宣告请求重新作出审查决定。"

3. 案例评析

该案争议的焦点是涉案专利与对比设计都包含了双层烤盘结构，该结构是否属于惯常的现有设计；该结构占据了整体设计的较大部分，二者在其他方面有较多的区别点，异同点分别对整体视觉效果的影响是怎样的。

专利复审委员会认为，"对于食物加热器类产品的一般消费者而言，会更关注产品的整体形状以及上盖、上下烤盘和底座的形状结构及其位置关系，而前述区别点既不属于局部细微差异，也不属于审查指南中规定的其他可以认定为实质相同的情况。因此本专利与前述各证据相比具有明显区别，不构成相同或者实质相同"。而北京知识产权法院认为，较突出的设计特征是双层烤盘的结构设计，尽管涉案专利与证据 1 存在区别，但结合二者的相同点来看，涉案专利占据整体设计较大部分的双层烤盘的构思不属于惯常的现有设计，在其余区别点不会引起一般消费者更多关注的前提下，对整体视觉效果的影响较为明显，故涉案专利与证据 1 构成实质相同，违反了《专利法》第二十三条第一款的规定。

食物加热器类产品多种多样，包括微波炉、烤箱、蒸笼、加热饭盒、早餐机等，这些产品的整体形状有各种样式，如长方体、圆柱体、不规则形状等，开盖有侧开、上开等形式，控制面板的位置和形状也各不相同，开盖后的内部结构更是有多种设计。

设计空间是指设计者在创作特定产品外观设计时的自由度。具体而言，是指在产品实用功能、技术条件、现有设计等因素制约下，设计师可进行设计的范围，即允许产品外观发生设计变化的设计内容。❶ 设计空间较大的产品，设计者的创作空间大，发挥的自由度高，设计出的样式更多样，一般消费者更关注产品整体形状，不会过多地关注局部细微变化；设计空间较小的产品，各设计的整体形状较为接近，一般消费者更容易关注到与其他产品在设计上的较小的不同之处。因此，在进行外观设计专利行政诉讼时应当考虑所涉及产品的设计空间。

虽然在《专利法》及《专利审查指南 2010》中没有明确规定确权过程中需要考虑设计空间，但是在外观设计专利无效及外观设计专利行政诉讼审判实践中已经考虑设计空间因素。在最高人民法院（2010）行提字第 5 号再审申请人专利复审委员会、浙江今飞机械集团有限公司与被申请人浙江万丰摩轮有限公司专利无效行政判决书中，最高人民法院认为："设计空间是指设计者在创作特定产品外观设计时的自由度。对于设计空间极大的产品领域而言，由于设计者的创作自由度较高，该产品领域内的外观设计必然形式多样、风格迥异、异彩纷呈，该外观设计产品的一般消费者就更不容易注意到比较细小的设计差别。相反，在设计空间受到很大限制的领域，由于创作自由度较小，该产品领域内的外观设计必然存在较多的相同或者相似之处，该外观设计产品的一般消费者通常会注意到不同设计之间的较小区别。设计空间既可能由大变小，也可能由小变大。因此，在专利无效宣告程序中考量外观设计产品的设计空间，需要以专利申请日时的状态为准。"

该案中，北京知识产权法院认为，产品中的上盖、烤盘、底座及连接部件等作为一种烹饪用加热器的功能性设计，烤盘的形状、个数、层级的设计方面仍有较大的设计空间，双层烤盘的构思不属于惯常设计。也就是说，烤盘是一个必要的功能性部件，在很多产品中都包含，但烤盘的具体形状、结构并没有被功能所需而局限于某一种设计，烤盘的设计空间较大。同时烤盘的设计不是惯常的现有设计，加热器沿垂直方向分布两个烤盘，烤盘均呈圆

---

❶ 吴大章. 外观设计专利实质审查标准新讲［M］. 北京：知识产权出版社，2013.

柱形，每个烤盘的直径小于上盖和底座的直径，在上下烤盘间设置有一圆盘状烹饪板，对于此结构，一般消费者并没有达到司空见惯的程度，并且烤盘的面积较大，因此双层烤盘结构对于一般消费者的整体视觉效果会有较大的影响。

《专利审查指南 2010》第四部分第五章第 5.2.4 节规定："对比时应当采用整体观察、综合判断的方式。所谓整体观察、综合判断是指由涉案专利与对比设计的整体来判断，而不从外观设计的部分或者局部出发得出判断结论。"

在进行涉案专利与对比设计的对比时，应当采用整体观察、综合判断的方式。该案中，北京知识产权法院认为，对于涉案专利和证据 1 之间的区别点，应与二者的相同点结合来看，要整体观察、综合判断，不能孤立地看待区别点对整体视觉效果的影响。双层烤盘的结构设计是涉案专利与证据 1 的相同点之一，该结构特征在整体设计中较为突出、占比较大，且双层烤盘的构思不属于惯常的现有设计。尽管涉案专利与证据 1 存在区别，结合二者的相同点和区别点来看，区别点相对而言不太引起一般消费者的更多关注，相同点对整体视觉效果的影响更为明显，故涉案专利与证据 1 构成实质相同，不符合《专利法》二十三条第一款的规定。涉案专利的专利权全部无效。

第九章

智能家居清洁类产品

  智能家居清洁类产品，主要指基于人工智能技术实现家庭清洁功能等的家用电器。随着人工智能技术的广泛应用，科技进步带来的成果逐渐进入大众家庭，智能家居清洁类用品逐渐成为热门家用电器品类，专利申请量从2016年开始不断增长，产品种类日趋完善。该领域产品由于使用场景不同，多具有可替换部件，各构件之间具有可分离性，创新点通常体现在产品的部分构件上，因此在后续涉及《专利法》第二十三条第一款、第二款的行政诉讼时，采用多个证据进行组合的方式较为常见。本章选取了有一定代表性的诉讼案例，对案例中组合启示和组合手法等焦点问题进行了详细解析。

第一节　产品领域概述

智能家居清洁类产品，是指凭借一定的人工智能，自动对餐具、衣物、地面、窗户等产品或空间进行清理，减少人工清洁工作，为家庭生活带来便捷。

2019 年上半年，大多数家电品类零售均价下降，但智能家居清洁类产品如洗碗机、除螨仪、挂烫机、洗衣机、扫地机器、吸尘器等生活电器的零售价取得了较大提升，成为拉动上半年家电经济增长的主要力量。

随着中国家电市场消费升级，家电消费已经从满足刚需的功能性消费转向满足改善型、享乐型需求的品质性消费，清洁设备的现代化、智能化打破了人们对于传统清洁行业的认识，成为市场的主流，各个生产厂家也在通过高新技术的应用和创新进行升级换代。在中大型清洁设备方面，厂家则在追求实用性的同时，充分考虑操作人员的使用便捷、操作能力以及操作的舒适度，同时为了吸引消费者进一步提升了产品的"颜值"。

吸尘器是传统小家电品类，处于产品生命周期的成熟期，近年来随着技术的发展和龙头企业的带动，出现了扫地机器人、除螨仪、立式无线吸尘器、手持推杆吸尘器、微型吸尘器、桶式家用吸尘器等产品，形成了单价从 60 元到 6000 元不等的庞大产品阵列，满足消费者多样化的细分需求（见图 9 -1）。❶

吸尘器按照功能分为智能扫地机器人、传统吸尘器以及除螨吸尘器等。智能扫地机器人自动清扫地板上的灰尘，清理毛发和碎物，清扫任务完成后，自动返回充电，其核心技术是芯片和相关的软件。传统吸尘器具有方便使用的提式设计，只要随手拿起并用手轻轻一摁，便可轻松吸尘，通过配备不同

---

❶ 搜狐网：https://www.sohu.com/a/330084052_166680。

的吸头，可完成对于墙角、地面、窗缝、床底等的清洁工作。除螨吸尘器的主要功能就是清除、灭杀螨虫。

图9-1　智能家居清洁类常见产品展示

　　未来，随着人们对品质生活的要求，吸尘器将有如下发展趋势：①无线充电逐步替代有线吸尘器，扩大吸尘器的活动范围，减少因缠线带来的工作不便。②续航时间持续延长，无线使用固然方便，但电池续航时间有限，这也是消费者在使用过程中的一大痛点。目前解决办法大致分为两个方向，一是通过优化风道、电池组等技术，延长续航；二是实现电池可拆卸化，结合备用电池，轮换使用。③使用场景多元化及功能多样化，由于居家环境布置复杂多样，因此可更换多吸头的吸尘器更深入人心。清扫功能由"吸"扩大到"拖"，在中国的家居环境中多为地板和瓷砖，除了吸尘，擦地也是我们家务活的一部分，但大多数吸尘器目前还局限于吸尘这项单一功能。❶

　　外观设计极简、轻便是当前推杆式和立式吸尘器的设计方向。吸尘器的视觉效果和吸尘能力，往往成为消费者购买与否的关键因素。以下是历年来常见传统吸尘器类产品，由于功能的限制，整体形状差异不大（见图9-2）。

---

　　❶　搜狐网：https://www.sohu.com/a/335693125_370621。

2012年   2013年   2015年

2016年   2018年   2020年

图9-2　历年吸尘器类常见产品展示

吸尘器类产品多由吸尘器主机、吸尘杆和地板吸头三部分组成，其中，地板吸头属于可替换部分，消费者可根据吸尘功能及使用场所进行选择，吸尘杆属于主要起连接支撑作用的杆状结构，相对于地板吸头和吸尘杆，通常情况下吸尘器主机以及主机部分的相对位置关系和最终形成的整体视觉效果是一般消费者关注的重点。

吸尘器主机一般包含集尘筒、动力装置、吸头、手柄等部分，虽然这些部分的设计是为满足产品的功能，但是各部分的具体形状及相对位置关系均不是由功能所唯一决定的。因此，在进行吸尘器类产品的外观设计确权判断时，应该着眼于吸尘器主机的具体形状以及各部分位置的对应关系。

第二节　外观设计专利情况

在专利申请方面，智能家居清洁类外观设计申请多集中在《国际外观设计分类表》的15-05类，该类主要包括洗涤、清洁和干燥设备机械。

本节统计了 2008—2019 年智能家居清洁类外观设计专利数量变化趋势，可以看出，智能家居清洁类外观设计专利数量在 2008—2011 年出现小幅增长，2011 年以后到 2015 年外观设计专利数量处于较平稳的状态，从 2016 年开始专利量增长速度加快，至 2019 年形成爆发性增长态势（见图 9 - 3）。

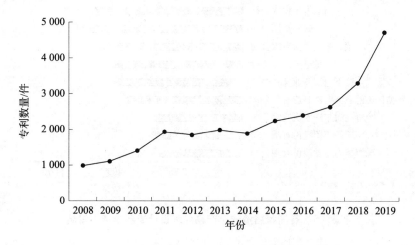

图 9 - 3　智能家居清洁类产品外观设计数量变化趋势

从外观设计专利地域来看，浙江省的专利数量最多，其次是广东省和江苏省。可以看出，长三角及珠三角智能家居清洁类产品在国内处于领跑阶段。此外，山东省的专利量排名也相对靠前（见图 9 - 4）。

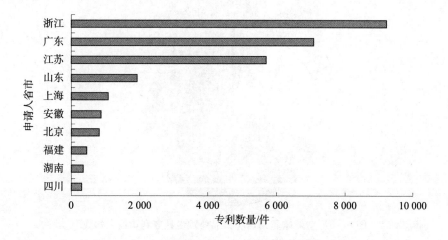

图 9 - 4　智能家居清洁类产品外观设计专利中国省市排名

　　从申请人排名来看，排名前三位的申请人分别为无锡小天鹅股份有限公司、LG 电子株式会社和海尔集团公司。国外申请人中，三星电子株式会社和松下电器产业株式会社的专利数量也较多（见图 9 - 5）。

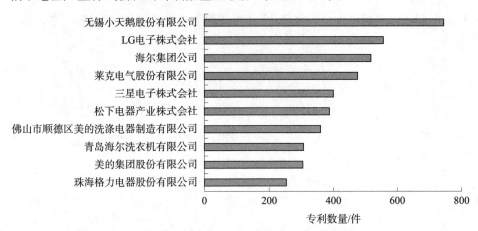

图 9 - 5　智能家居清洁类产品外观设计专利申请人排名

　　在申请人构成方面，企业申请数量占比较高，约为 70%，可以看出，在智能家居清洁类产品领域，产品开发难度大，需要一定的研发实力，一般来说大型知名企业的综合实力较强，更注重知识产权保护，产品布局也相对较为完善（见图 9 - 6）。

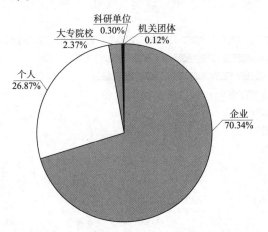

图 9 - 6　智能家居清洁类产品外观设计专利申请人构成

第三节 裁判思维解析

【案例 9-1】

"真空吸尘器"外观设计专利无效行政纠纷案❶

---

1. 案情简述

该案涉及专利号为 201130021538.8、产品名称为"真空吸尘器"的外观设计专利，其申请日为 2011 年 2 月 14 日，优先权日为 2010 年 8 月 27 日，授权公告日为 2011 年 7 月 6 日，专利权人是戴森技术有限公司（2013 年 3 月 27 日由戴森有限公司变更为戴森技术有限公司），涉案专利共包含 3 幅视图。

2014 年 10 月 20 日，科沃斯机器人有限公司向专利复审委员会提出无效宣告请求，同时提交了证据 1 ~ 3，并补交了证据 4。其理由是涉案专利保护范围不清楚，不符合《专利法》第二十七条第二款的规定，以及涉案专利与证据组合后仅存在细微差别，不符合《专利法》第二十三条第二款的规定。

2015 年 2 月 11 日，专利复审委员会作出第 25220 号无效宣告请求审查决定（简称"第 25220 决定"），宣告上述专利全部无效。戴森技术有限公司对上述决定不服，向北京知识产权法院提起行政诉讼。

北京知识产权法院认为第 25220 号决定证据确凿，适用法律正确，符合法定程序。判决维持中华人民共和国国家知识产权局专利复审委员会作出的第 25220 号无效宣告请求审查决定。

---

❶ 此案经过二审，具体参见判决书：北京知识产权法院（2015）京知行初字第 2934 号行政判决书、北京市高级人民法院（2017）京行终 4796 号判决书。

戴森技术有限公司不服原审判决，向北京市高级人民法院提请上诉，北京市高级人民法院认定原审判决认定事实清楚，适用法律正确，审理程序合法，判决结果并无不当，依法应予维持。判决驳回上诉，维持原判。具体情况参见表9-1。

表9-1 "真空吸尘器"涉案专利与对比设计基本信息及对比情况

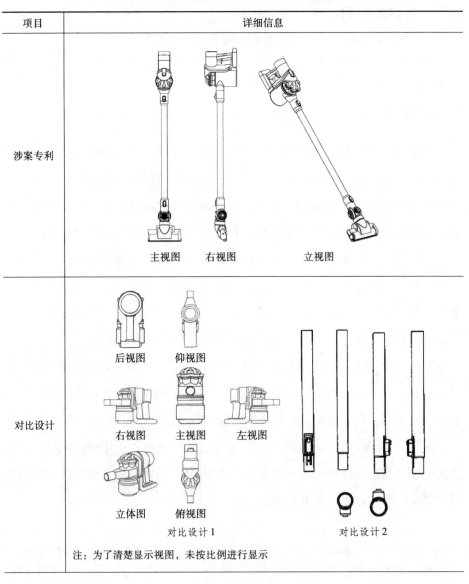

项目	详细信息
涉案专利	主视图　右视图　立视图
对比设计	后视图　仰视图　右视图　主视图　左视图　立体图　俯视图　对比设计1　对比设计2

注：为了清楚显示视图，未按比例进行显示

续表

项目	详细信息
对比设计	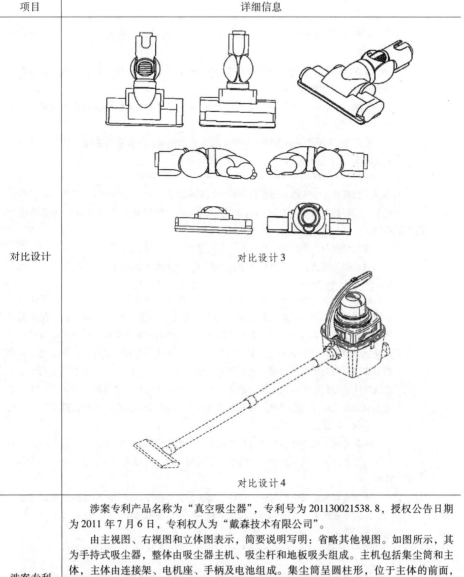 对比设计3 对比设计4
涉案专利 基本信息	涉案专利产品名称为"真空吸尘器"，专利号为201130021538.8，授权公告日期为2011年7月6日，专利权人为"戴森技术有限公司"。 　　由主视图、右视图和立体图表示，简要说明写明：省略其他视图。如图所示，其为手持式吸尘器，整体由吸尘器主机、吸尘杆和地板吸头组成。主机包括集尘筒和主体，主体由连接架、电机座、手柄及电池组成。集尘筒呈圆柱形，位于主体的前面，其上部凸起有近似柱形的吸头；集尘筒顶部有四个漏斗状的气旋装置，该气旋装置通过连接架与横置的圆柱形电机座相连，连接架的底部设有长方形的电池，电池与电机座之间设有近似圆柱形的把手。吸尘杆为圆形长杆，在集尘筒的前端与其相连。吸尘杆末端连接有地板吸头，地板吸头整体呈倒"T"形，上部圆管状前侧具有一圆形结构，两侧凸起有较大的盾牌形结构，管状部与吸头部通过多层过渡结构相连，吸头部整体呈细长状

续表

项目	详细信息
证据	证据1：专利号为200730001389.2的中国外观设计专利授权公告文本的复印件（对比设计1）。 证据2：编号为001156020-0001的欧共体外观设计注册公布文本的复印件及其中文译文（对比设计3）。 证据3：专利号为USD613,917S的美国外观设计专利授权公告文本的复印件及其中文译文（对比设计4）。 证据4：编号为000405261-0001的欧共体外观设计注册公布文本的复印件及其中文译文（对比设计2）
相同点	主机部分：主要组成部分相同，均由前部的集尘筒、吸头和气旋装置，中部的连接架，后部的电机座、手柄和电池构成，各部分的相对位置关系及比例关系也均相同。 吸尘杆部分：均为细长圆管状，下部具有凸起的连接键。 地板吸头部分：二者整体形状，各部分的形状均基本相同。
不同点	涉案专利的主机部分与对比设计1相比：①集尘筒及吸头，涉案专利的集尘筒为平滑的圆筒状，较为圆滑且显示有跑道形凸起的连接按键的吸头位于集尘筒上部外侧，而对比设计1的集尘筒上部及底部均具有内凹的圆环状结构，圆筒形吸头部向内延伸呈多边形的扁平结构位于集尘筒的上方。②连接架，涉案专利连接架顶部具有跑道形按键，而对比设计没有，且涉案专利的高度大于对比设计1。③电机座、手柄及电池，涉案专利电机座前后部分的直径相当，而对比设计1的后部直径略小；涉案专利手柄较对比设计1的圆滑，内侧上部较对比设计1的多一凸起结构；涉案专利电池为水平状，对比设计1的前端凸起。 涉案专利的吸尘杆与对比设计2相比，二者均为细长圆管状，下端具有凸起的连接键，二者的区别点主要在于，涉案专利下端具有直径略大的管状部，而对比设计2没有。 涉案专利的地板吸头与对比设计3相比，二者整体形状、各部分的形状均基本相同，区别主要在于，涉案专利管状部两侧凸起的盾牌形结构上较对比设计3多了同心圆条纹
关注点	在涉案专利与对比设计的组合均为主机部分位于吸尘杆上端的三段式构成，形成了两头重于中部的整体视觉效果，且主机的各组成部分完全相同，各部分的相对位置关系、比例关系、形状均基本相同的情况下，其区别是否是对各个部分所作的细微变化，而吸尘杆及地板刷头的局部区别相对于整体而言是否属于细微变化。手持式吸尘器主机、吸尘杆及地板吸头相组合形成一完整手持式吸尘器是否存在组合启示

2. 各方观点

1）专利复审委员会

"科沃斯机器人有限公司于 2014 年 10 月 20 日向专利复审委员会提起本专利的无效宣告请求，理由是涉案专利不清楚、涉案专利与证据组合后所示对比设计不具有明显区别，不符合《专利法》第二十七条第二款、第二十三条第二款的规定，并提交了 4 份证据。

"2015 年 2 月 11 日，专利复审委员会作出第 25220 号无效宣告请求审查决定，该决定认为：对比设计 1 至对比设计 3 分别为手持式吸尘器的组成部分，依据一般消费者的常识，地板吸头顶部的管状结构、主机前侧凸起的管状吸头均是用于连接的，且对比设计 4 显示该手持式吸尘器由吸尘器主机、吸尘杆和地板吸头构成，因此存在通过吸尘杆将对比设计 1 所示吸尘器主机与对比设计 3 所示地板吸头相组合形成一完整手持式吸尘器的启示。对于手持式吸尘器类产品，其组成部分的相对关系、各部分的形状及最终形成的整体视觉均是一般消费者关注的重点。涉案专利与对比设计的组合均为主机部分位于吸尘杆上端的三段式构成，形成了两头重于中部的整体视觉效果，对于该设计方式，虽然主机部分为满足基本功能一般应包含吸头与集尘筒、动力装置、手柄结构等，但是各部分的相对位置关系及具体形状均不是功能唯一限定的，如对比设计 4 所示吸尘器主机的各部分构成及整体形状明显区别于涉案专利的主机部分。涉案专利与对比设计 1 所示主机的各组成部分虽然均具有一些区别，但是在二者主机的具体组成部分相同、各部分的相对位置关系、比例关系、基本形状均基本相同的情况下，其区别仅是对各个部分所作的细微变化，未改变二者主机均是由前、中、后部构成，且前、后部均是上下构成方式、中部为片状连接的框架结构。吸尘杆两端连接处是直接卡接方式或是采用连接按键的方式均是该类产品的常见设计；而吸尘杆两端连接处的直管直径的变化，地板吸头管状部两侧凸起上的同心圆条纹的有无相对于整体而言均属于细微变化。就整体观察、综合判断，涉案专利与对比设计 1

至 3 的相应组成部分相比所存在的区别，在二者吸尘器整体均由两头重于中部的三段式设计，且各部分框架结构及具体设计基本相同的情况下，其区别均未对整体视觉效果产生显著影响。因此，在将对比设计 1 至对比设计 3 组合存在明显启示的情况下，一般消费者将对比设计仅作细微变化即可得到涉案专利所示外观设计，且这种组合并未产生独特的视觉效果。综上所述，涉案专利与对比设计 1 至对比设计 3 的组合相比不具有明显区别，涉案专利不符合《专利法》第二十三条第二款的规定。"

2）北京知识产权法院（一审）

"根据各方当事人的诉辩主张，本案的争议焦点在于本专利是否违反《专利法》第二十三条第二款的规定。根据《专利法》第二十三条第二款的规定，授予专利权的外观设计与现有设计或者现有设计特征的组合相比，应当具有明显区别。在判断某外观设计相对于现有设计是否有明显区别时，应当基于相关产品的一般消费者的知识水平和认知能力进行评价。

"本院认为，如果涉案专利是由现有设计或现有设计特征组合得到的，所述现有设计与涉案专利的相应设计部分相同或者仅有细微差别，且该具体的组合手法在相同或相近种类产品的现有设计中存在启示，则涉案专利与现有设计或现有设计特征的组合相比不具有明显区别。

"本案中，对比设计 1、2 与 3 分别为手持式吸尘器的组成部分，依据一般消费者的常识，地板吸头顶部的管状结构、主机前侧凸起的管状吸头均是用于连接的，且对比设计 4 显示该手持式吸尘器由吸尘器主机、地板吸头和吸尘杆组成，与上述证据公开的部件相对应，因此存在将上述证据相组合形成完整手持式吸尘器的启示。

"对涉案专利与现有设计进行整体观察时，应当更关注使用时容易看到的部位，对于手持式吸尘器类产品，各组成部分的形状、相对位置关系、比例以及最终形成的整体视觉均是一般消费者关注的重点。本专利与各证据的组合均为主机与吸尘头位于吸尘杆两端的三段式构成，形成了两头重于中部的整体视觉效果。虽然主机部分为满足基本功能通常会包含集尘筒、动力装置、吸头、手柄等部分，但是各部分的具体形状及相对位置关系均不是由功能所唯一决定的。

"在本专利与对比设计 1 的主机的各组成部分、形状、相对位置关系、比例关系等均基本相同的情况下，二者存在的区别仅为局部细微变化，不足以对二者的整体视觉效果产生显著影响。吸尘杆两端连接处是直接卡接方式或是采用连接按键的方式均是该类产品的常见设计；而吸尘杆两端连接处的直管直径的变化，地板吸头管状部两侧凸起上的同心圆条纹的有无相对于整体而言均属于细微变化。就整体观察、综合判断，本专利与对比设计 1、2 与 3 的相应组成部分相比所存在的区别，在二者吸尘器整体均由两头重于中部的三段式设计，且各部分框架结构及具体设计均基本相同的情况下，其区别均未对整体视觉效果产生显著影响。因此，在将对比设计 1、2 与 3 组合存在明显启示的情况下，一般消费者将现有设计仅作细微变化即可得到本专利所示外观设计，且这种组合并未产生独特的视觉效果。综上所述，本专利与对比设计 1、2 与 3 的组合相比不具有明显区别，本专利不符合《专利法》第二十三条第二款的规定。"

3）北京市高级人民法院（二审）

"《专利法》第二十三条第二款规定：'授予专利权的外观设计与现有设计或者现有设计特征的组合相比，应当具有明显区别。'判断涉案专利与对比设计是否存在明显区别，应当采用整体观察、综合判断的方式，避免从外观设计的部分或局部出发得出判断结论。

"本案中，对比设计 4 公开了一种手持真空清洁器具，其由吸尘器主机、地板吸头和吸尘杆组成。对比设计 1、2 与 3 分别为手持式吸尘器的组成部分，依据一般消费者的常识，地板吸头顶部的管状结构、主机前侧凸起的管状吸头均是用于连接相关部件的，因此存在将上述证据公开的部件组合形成完整手持式吸尘器的启示。

"在本专利与对比设计 1 的主机的各具体组成部分、相对位置关系、比例关系、基本形状基本相同的情况下，本专利与对比设计 1 的区别仅为各个部分所作的细微变化，该细微变化不足以产生独特的视觉效果，亦未对整体外观产生显著影响，结合一般消费者的认知水平和认知能力，难以认定本专利与对比设计 1 就公开的外观设计存在明显区别，因此，原审判决认定事实清楚，适用法律正确，审理程序合法，北京市高级人民法院予以维持。"

3. 案例评析

该案的争议焦点在于无效宣告请求人提交的对比设计是否给出了吸尘器类产品三段式组合手法的启示。对此，专利复审委员会认为，依据一般消费者的常识，地板吸头顶部的管状结构、主机前侧凸起的管状吸头均是用于连接的，且对比设计 4 显示该手持式吸尘器由吸尘器主机、吸尘杆和地板吸头构成，因此存在通过对比设计 2 所示吸尘杆将对比设计 1 所示吸尘器主机与对比设计 3 所示地板吸头相组合形成一完整手持式吸尘器的启示。在组合存在明显启示的情况下，一般消费者将对比设计仅作细微变化即可得到涉案专利所示外观设计，且这种组合并未产生独特的视觉效果。基于上述事实和理由，专利复审委员会决定宣告本专利全部无效。

北京知识产权法院支持专利复审委员会的观点，认为依据一般消费者的常识，地板吸头顶部的管状结构、主机前侧凸起的管状吸头均是用于连接的，且对比设计 4 显示该手持式吸尘器由吸尘器主机、地板吸头和吸尘杆组成，与上述证据公开的部件相对应，因此存在将上述证据相组合形成完整手持式吸尘器的启示。

相对于其他案件，该案关于是否存在"组合手法的启示"的观点值得深思。

1）什么是启示？

《专利法》第二十三条第二款规定："授予专利权的外观设计与现有设计或者现有设计特征的组合相比，应当具有明显区别。"《专利审查指南 2010》进一步规定，所述组合相比不具有明显区别主要是指：现有设计与涉案专利的相应设计部分相同或者仅有细微差别，且该具体的组合手法在相同或者相近种类产品的现有设计中存在启示。

所谓组合手法的"启示"，其实就是提供一种设计思路。具体指的是，在涉案专利申请日前，受到何种启发从而想到通过拼合、替换等手法将不同现有设计中的设计特征进行组合，进而得到与涉案专利不具有明显区别的外观设计，以此来证明涉案专利不具有专利性。

那这种启示从何而来？一定程度上与判断者的设计能力有关。在外观设计专利确权判断中，《专利审查指南2010》较为明确地规定了判断主体应当具备的能力，即①对涉案专利申请日之前相同种类或者相近种类产品的外观设计及其常用设计手法具有常识性的了解。②对外观设计产品之间在形状、图案以及色彩上的区别具有一定的分辨力，但不会注意到产品的形状、图案以及色彩的微小变化。

2）如何运用"启示"？

虽然判断主体的站位是一般消费者，但是结合上述指南规定可以看出，在外观设计专利确权判断时，判断主体的站位与通常意义上的一般消费者又不完全相同。因此，对于设计特征的组合是否成立的判断，一方面要从判断主体本领域知识水平和认知能力出发，充分考虑涉案专利的现有设计情况；另一方面要综合考量具体某一设计特征在现有设计外观中的可分离性，各设计特征的组合可行性和难易程度，以及现有设计中是否存在组合手法的启示等情况，避免出现"事后诸葛亮"。组合手法不成立的，无法获得与涉案专利不具有明显区别的对比设计，应对涉案专利的专利性予以认可；组合手法成立的，还需结合具体外观设计的比对，从而确定涉案专利是否符合《专利法》的规定❶。

3）组合的手法

《专利审查指南2010》明确了以下几种类型的组合属于明显存在组合手法的启示的情形：① 将相同或者相近种类产品的多项现有设计原样或者作细

---

❶　袁婷. 外观设计专利确权判断中关于组合手法的启示的认定［J］. 装饰, 2016,（275）: 70-71.

微变化后进行直接拼合得到的外观设计。②将产品外观设计的设计特征用另一项相同或者相近种类产品的设计特征原样或者作细微变化后替换得到的外观设计。③ 将产品现有的形状设计与现有的图案、色彩或者其结合通过直接拼合得到该产品的外观设计；或者将现有设计中的图案、色彩或者其结合替换成其他现有设计的图案、色彩或者其结合得到的外观设计。上述情形中产生独特视觉效果的除外。除此之外，在进行无效宣告请求时，请求人应该针对需要组合的对比设计给出相应的组合手法启示。

那么，在运用组合手法对外观设计专利性进行评价时，我们需要注意区分设计要素和现有设计特征这两个概念。构成外观设计的是产品的外观设计要素或要素的结合，设计要素包括形状、图案或者其结合以及色彩与形状、图案的结合。现有设计特征是指现有设计的部分设计要素或者其结合，如现有设计的形状、图案、色彩要素或者其结合，或者现有设计的某组成部分的设计，如整体外观设计产品中的零部件的设计。在对组合手法进行判断时，一般应该关注的是对产品物理上可分离、视觉上可以区分出来的部分进行组合，而非对产品的点、线、面等任意要素进行拆分和组合。

第十章

大型家电类产品

　　大型家电类产品，主要涉及家庭及类似场所使用的较为大型的电器。随着社会经济的发展和人们生活水平的提高，近年来，大型家电产品领域外观设计申请量不断增长，领域活跃度较高。该领域产品的创新点主要集中在产品的外部形状、结构，以及产品重要零部件的形状、结构设计。涉及该领域产品的有关《专利法》第二十三条第一款、第二款的专利诉讼争议点主要集中在区别特征对整体视觉效果的影响、功能性设计特征的认定、惯常设计的认定和判断主体的认定四个方面。本章选取具有代表性的诉讼案例，针对判断主体的认定和功能性设计特征的认定两方面问题进行了详细解析。

第一节　产品领域概述

家用电器（household electrical appliance，HEA）主要指在家庭及类似场所中使用的各种电器和电子器具，又称民用电器、日用电器。家用电器为人类创造了更为舒适优美、更有利于身心健康的生活和工作环境，也提供了丰富多彩的文化娱乐条件，已成为现代家庭生活的必需品。[1] 家用电器包括大型家用电器和小型家用电器，通常简称为大家电和小家电。这里的大小，一般是指输出功率的大小。一般功率大的电器，体积也较大，所以有些电器也会结合体积来进行区分。但是，功率和体积的大小没有明确的规定和界限，一般而言是以功率 50W 为相对的界限。

家电行业是中国少数几个拥有国际竞争力的行业之一，也是中国制造业的代表。21 世纪以来，中国家电行业优秀企业辈出，格力、美的、海尔品牌享誉全球，产品远销世界各地。同时我们也培育出大量具有竞争力的本土品牌，老板、方太、小天鹅、海信、创维、康佳等在国内家喻户晓，新兴品牌如小米，正呈"后来者居上"的态势奋力追赶。家电行业既是过去 20 年中国"城镇化提速"的最大受益者，也是当前中国居民"消费升级"的最大承载者，未来有可能成为全球产业整合者。

根据工信部统计数据，2017 年家电行业产值超过 1.5 万亿元，实现利润总额超过 1100 亿元，2000—2017 年产值复合增速超过 15%，远超 GDP 增长速度。庞大的产业空间吸纳了众多参与者，各类品牌层出不穷，使产品技术能够长足进步。但相比于发达国家，我国居民在百户保有量、家电品类等方面仍存在较大差距。根据长江证券统计，日本空调、彩电、洗衣机、冰箱产

---

[1]　百度百科：https://baike.baidu.com/item/家用电器/3161846? fr = aladdin。

品百户保有量分别为 300、200、150、150 台，国内对应产品的百户保有量为 126、130、98、98 台，还有较大提升空间。另外，日本的空气净化器、吸尘器、洗碗机等小家电已经发展 30 年有余，国内相关产品才刚刚起步，处于普及的初级阶段。展望未来，中国城镇化仍在继续，人均消费支出持续提升，在消费升级的背景下，中国家电行业发展空间广阔。❶

　　本章内容主要集中在大型家用电器。大型家用电器主要包括白色家电和黑色家电。"白色家电"指的是早期外观以白色为主的家电，一般都是可以代替人们家务劳动的产品。虽然现在家电颜色丰富多彩，但人们还是习惯性地将其称为"白色家电"，主要有空调、冰箱、洗衣机、干衣机、热水器、酒柜、洗碗机等。"黑色家电"一般指可为人们提供休闲娱乐的家电，包括电视机、收音机、录像机、摄像机、音响、VCD 机、DVD 机等。❷

第二节　外观设计专利情况

（一）大型家电产品外观设计专利概况

　　在外观设计专利方面，大型家电类产品涉及《国际外观设计分类表》中的分类较多，如空调 23 - 04、洗衣机烘干机 15 - 05、冰箱 15 - 07、热水器 23 - 03、电视 14 - 03、录像机和 VCD 机 14 - 01、摄像机 16 - 01、音响则涉及 14 - 03 和 14 - 01 小类，等等。

　　本章统计了 2008—2019 年大型家电外观设计专利数量变化趋势，如图 10 - 1 所示。2008—2012 年，专利数量保持增长；2013 年，专利数量出现了下降；2014 年以后，专利数量又出现了较长时间的持续增长。其中，

---

❶　搜狐网：https：//www.sohu.com/a/254473631_99901867。

❷　百度知道：https：//zhidao.baidu.com/question/77574689.html。

2017—2019 年的增速略有加快。

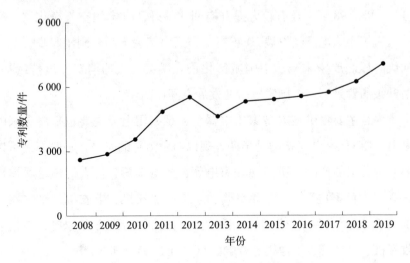

图 10－1　大型家电外观设计专利数量变化趋势

从地域分布来看（见图 10－2），广东省和浙江省的大型家电类专利领先其他省份较多。山东省、江苏省、安徽省和四川省处于第二集团。这与这些省份大型家电企业密集分布密切相关。

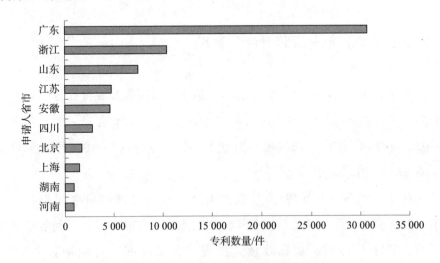

图 10－2　大型家电外观设计专利地域分布

如图 10－3，从专利数量排名来看，珠海格力电器股份有限公司排名第

一，其后为海尔集团公司和四川长虹电器股份有限公司。国外申请人中，LG
电子株式会社在中国专利数量较多。

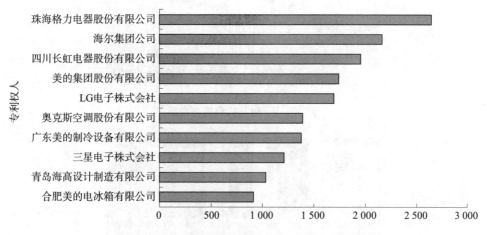

图 10 - 3　大型家电外观设计专利数量排名

在申请人构成方面，超过 75% 的
专利申请人为企业，个人申请约占
22%（见图 10 - 4），企业申请人占
比相对其他领域更高。这与大型家电
类产品的特点密切相关，大型家电对
生产技术、供应链等要求更高，一般
只有大型企业有实力进行生产和
创新。

图 10 - 5 至图 10 - 12 列出了近
十年我国大型家电中一些有代表性的
外观设计。通过对近十年我国大型家

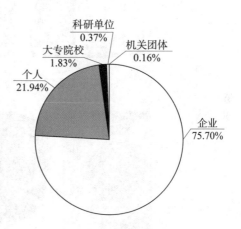

图 10 - 4　大型家电外观设计
专利申请人构成

电的设计进行分析，可以看出，空调的室内挂机和柜机、洗衣机、干衣机、
电视机、录像机、音响、收音机等设计变化相对较为多样，新款式层出不穷。
相对而言，冰箱、洗碗机等产品，可能由于消费者使用习惯和在家庭中的放
置位置等因素，设计变化相对较少，款式形状变化相对而言不是特别丰富。

图 10 – 5　壁挂式空调室内机

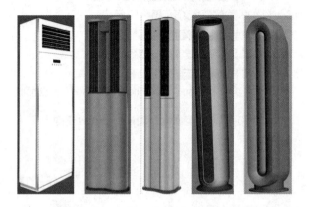

图 10 – 6　立式空调柜机

图 10 – 7　洗衣机

图 10 −8　干衣机

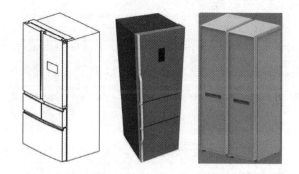

图 10 −9　冰箱

图 10 −10　洗碗机

图 10 −11　电视机

图 10 – 12　录像机、音响、收音机

（二）洗衣机及驱动构件设计分析

下面，对洗衣机以及洗衣机驱动部件的外观设计演进情况进行简单分析。

洗衣机工作基本原理比较成熟，基本可以满足人们日常生活的需要，没有必要对洗衣机进行大的革新改进。因此，近年来，外观也没有发生重大的革命性变化。

但随着自动化、智能化水平逐渐提高，以及人们对操作的便捷化、人性化的追求，洗衣机外观设计的变化主要集中在功能操作部分。从图 10 – 13 可以看出，2011 年的某款洗衣机，操作部分体积较为庞大，集中了多个尺寸较大的旋钮。2013 年的某款洗衣机，操作部分的体积已经明显缩小，小按钮和指示灯变多。而同时，不含物理按钮的触控型操作区域的洗衣机种类增多。到了 2019 年，操作区较好地融合在洗衣机的整体设计中，洗衣机的设计风格整体性更高，给人一种浑然一体的感觉。从洗衣机的整体形状来看，近年来，

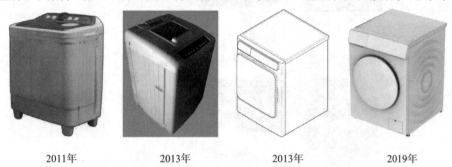

2011年　　　　　2013年　　　　　2013年　　　　　2019年

图 10 – 13　我国洗衣机外观设计变化示意

洗衣机逐渐从较为圆润向着线条更加硬朗、结构更加简洁、整体性更好的方向演进。

洗衣机驱动部分的工作基本原理也比较成熟，体积也基本满足小型化、轻量化的要求，因此，从近年的洗衣机驱动部分外观来看（见图 10 – 14），洗衣机驱动部分设计也比较稳定，无显著变化。根据具体机型空间的需要，洗衣机驱动部分的外形、固定架以及附属件的设计有所区别，驱动电机的主体设计并无明显革新性创新。

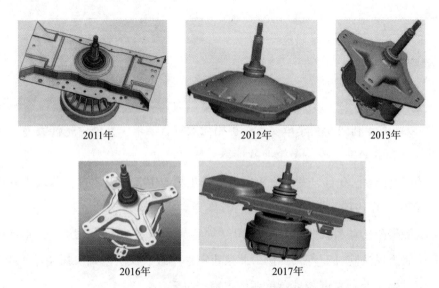

2011年　2012年　2013年

2016年　2017年

图 10 – 14　我国洗衣机驱动部分外观设计变化示意

但从具体形状、结构来看，洗衣机驱动部分的主体基本由电动机部分、输出轴部分和固定部分组成，但各部分的具体形状各不相同。洗衣机驱动部分的各部分形状、结构设计特征均可以成为该领域一般消费者所关注的设计特征。在确权和侵权判断中，上述设计特征都可能会成为关注的设计要点。

第三节 裁判思维解析

【案例 10-1】

"洗衣机驱动离合总成"外观设计专利无效行政纠纷案❶

---

1. 案情简述

2012 年 1 月 19 日，常州亚通杰威电机有限公司（简称"亚通杰威公司"）就涉案专利向专利复审委员会提出无效宣告请求。其理由是涉案专利不符合《专利法》第二十三条第一款、第二款的规定。

2012 年 8 月 20 日，专利复审委员会作出第 19192 号无效宣告请求审查决定（简称"第 19192 号决定"），宣告涉案专利权全部无效。

安徽聚隆传动科技股份有限公司（简称"聚隆公司"）不服，向北京市第一中级人民法院提起行政诉讼。北京市第一中级人民法院判决撤销第 19192 号决定，要求专利复审委员会重新作出审查决定。

亚通杰威公司不服原审判决，向北京市高级人民法院提起上诉，经审理，驳回上诉，维持原判。

在外观设计无效审理中，零件类产品的判断主体如何认定，以及产品中由功能性决定的设计在整体设计中如何考量，该案给出了一定的启示。具体情况参见表 10-1。

---

❶ 此案经过二审，具体参见判决书：北京市第一中级人民法院（2013）一中知行初字第 250 号行政判决书、北京市高级人民法院（2013）高行终字第 1551 号判决书。

表 10 −1 "洗衣机驱动离合总成"涉案专利与对比设计基本信息对比情况

	涉案专利	对比设计
图片	主视图 后视图 左视图 右视图 俯视图	证据1：

	涉案专利	对比设计
图片	仰视图 立体图	证据2： 证据3：

续表

	涉案专利	对比设计
基本信息	专利号为 ZL201130161441.7，涉案专利产品名称为洗衣机驱动离合总成，申请日为 2011 年 6 月 8 日，授权公告日为 2012 年 1 月 18 日，专利权人为安徽聚隆传动科技股份有限公司	证据 1：2011 年 3 月 16 日授权公告的 201030220626.6 号（即现有设计）中国外观设计专利授权公告文本复印件 2 页，其授权公告号为 CN301483929S。 证据 2：2011 年 11 月 9 日授权公告的 2011×××519.X 号中国实用新型专利授权公告文本复印件 7 页，其申请日为 2011 年 4 月 7 日，授权公告号为 CN202034849U。 证据 3：2000 年 1 月 31 日公开的第 1059230 号日本外观设计注册文本
相同点	①整体基本形状均近似陀螺状，各部件的位置关系相同；②各部件的基本轮廓形状大体相同	
不同点	①整体形状不同；②安装板的具体凹凸形状不同；③安装板上表面的纹路设计不同；④安装板下表面及以下部分的竖纹结构不同；⑤驱动轴是否贯通不同	
关注点	双方争议的焦点在于，上述不同点是否构成明显区别；在运用整体观察、综合判断原则的时候，一般消费者是站位最终消费者还是包含设计安装、维修人员；如何综合考虑不同点在设计整体视觉效果中所起到的作用	

2. 各方观点

1）专利复审委员会

"此类产品属于洗衣机内部的驱动总成，从洗衣机内部本身的功能需求和空间装配需求的成熟设计考虑，各部件的位置关系和整体构造属于此类产品功能必需的或者通常采用的设计，其中作为上承下接的体量最大的安装板部件的设计，在满足基本安装功能的前提下，其外轮廓为配合机体内部的空间需求也必然要作出与之相适应的常规凹凸变化，因此二者的相同设计特征①和区别设计特征②对整体视觉效果均不具有显著的影响。且区别设计特征③涉及的本专利和现有设计的安装板底面部分以及电机等部件相对而言均处于视觉不易看到的部位，安装板边缘折边的差别也属于局部细节变化，均不足以对二者的整体视觉效果产生显著的影响。而对于此类产品视觉瞩目的安装板正面及支撑凸台等部分的设计而言，安装板的基本形状可存在较多的变化，其上的安装孔可存在多种布局设计，且存在多种可变化的安装板的表面肌理设计，支撑凸台也具有一定的可进行变化设计的空间，等等。但是本专利和现有设计的支撑凸台设计如相同设计特征②所言大体相同，虽然存在区别设计特征②，但是此差别是因为本专利采用了常见的安装孔位的具体设计而导致的，并未如同对比设计一般进行独特的表面肌理设计，因此区别设计特征②对整体视觉效果也不具有显著的影响。综上，二者的差别对于产品外观设计的整体视觉效果均不具有显著的影响，因此本专利与现有设计相比不具有明显区别，不符合《专利法》第二十三条第二款的规定。

"专利复审委员会据此作出第 19192 号决定，宣告本专利权全部无效。"

2）北京市第一中级人民法院（一审）

"双方当事人均认可本专利与第 201030220626.6 号'洗衣机联动离合组件'的外观设计（简称'现有设计'）的主要区别设计特征为：（1）安装板的具体凹凸形状不同。（2）安装板上表面的纹路设计不同。（3）安装板下表面及以下部分的竖纹结构不同。聚隆公司另主张本专利与现有设计整体形状不同、安装板上下比例不同、驱动轴是否贯通不同。从视图观察，聚隆公司所主张的上述不同点予以认可。

"关于本专利与现有设计所存在的不同之处，是否使二者具有明显区别问题。首先，洗衣机内部驱动总成属于产品的内部构件，洗衣机的一般消费者在购买洗衣机时不会注意到，故该类产品的一般消费者并非普通公众，应为洗衣机生产厂家的设计安装、维修等相关人员，上述人员对安装板下表面是可以直接观察到的，并非如专利复审委员会所认为的安装板下表面处于不易看到的部位。其次，该类产品的外观设计受限于洗衣机内部本身的功能需求和空间装配需求，一般结构均有安装板、驱动轴、电机等，产品的特点决定了在其外观上不会存在很大差别。从视图上看，本专利安装板为圆形两侧内凹设计，现有设计安装板为圆形两侧外凸设计，两者凸凹方向相反；本专利安装板下表面没有竖纹，现有设计安装板下表面有竖纹设计；现有设计视图显示驱动轴为贯通设计，本专利驱动轴未贯通；本专利电机部分的宽度接近安装板宽度，现有设计电机部分的宽度接近安装板宽度的一半；从外观设计整体看，本专利给人感觉厚重，现有设计给人感觉轻巧。

"在本专利与现有设计整体形状、安装板、驱动轴均存差异的情况下，应当认定本专利与现有设计具有明显区别，进而未违反《专利法》第二十三条第二款的规定。

"判决撤销第 19192 号决定，要求专利复审委员会重新作出审查决定。"

3）北京市高级人民法院（二审）

"判断外观设计是否具有明显区别，应当基于涉案专利产品的一般消费者的知识水平和认知能力进行评价，不同种类的设计产品具有不同的消费群体，本专利属于洗衣机的内部构件，其一般消费者应为设计安装、维修、采购等相关人员，原审法院对此认定正确，亚通杰威公司相关主张缺乏依据，本院不予支持。

"本专利为功能性和装饰性特征兼具的设计，与现有设计相比，其主要相同设计特征为：（1）整体基本形状近似，各部件的位置关系一致；（2）各部件的基本轮廓形状大体相同。其主要的区别设计特征为：（1）安装板的具体凹凸形状不同；（2）安装板上表面的纹路设计不同；（3）安装板下表面及以下部分的竖纹结构不同。另外，聚隆公司在原审诉讼中主张本专利与现有设计的安装板上下比例不同、驱动轴是否贯通不同，本院经审查予以认可。

"针对二者的相同设计特征和区别设计特征，通过对产品可视部分的全部设计特征进行整体观察、综合判断，可见：相同设计特征①在受限于洗衣机内部本身的功能需求和空间装配需求的情况下，相比区别设计特征①、安装板上下比例不同、驱动轴是否贯通不同，后者对对整体视觉效果的影响更显著；相同设计特征②相比区别设计特征②③，由于现有设计的纹理结构突显且所占面积较大，其与本专利所产生的视觉差异不属于细微变化，整体上影响了基本轮廓的感观效果。此外，本专利的安装板与下边的倒梯形圆盘之间间隙有多出的支撑部件，而现有设计没有该部件；本专利电机部分的宽度接近安装板宽度，现有设计电机部分的宽度接近安装板宽度的一半；从整体看，本专利给人感觉厚重，现有设计给人感觉轻巧。综合考虑上述因素，本专利与现有设计之间视觉效果差异较大，具有明显区别，未违反《专利法》第二十三条第二款的规定。

"判决：驳回上诉，维持原判。"

3. 案例评析

通过该案，我们可以得到以下几个方面的启示。

1）判断主体的认定

在外观设计的对比判断中，一般消费者是一个虚拟的人，是为了使判断结论更为客观、准确而确立的抽象判断主体，其具有特定的知识水平和认知能力。

从世界各国的立法和执法实践来看，对于外观设计相近似的判断主体，并无统一认识。例如，欧盟在立法及执法实践中，确立了以见多识广的使用者作为外观设计相近似的判断主体，即主要是从使用者的角度进行判断。而美国在外观设计专利侵权诉讼中则是以普通观察者购买时是否误认作为判断标准。以使用者作为判断主体，相对更为关注外观设计产品的使用价值；而以普通观察者在购买时的判断作为依据，相对更加关注外观设计产品的交换价值和市场价值。欧美两种模式，实质上是从不同的角度对外观设计相近似进行考虑，二者各有自己的文化、法律背景和政策考量，难以评价孰优孰劣、谁对谁错。❶

我国《专利审查指南 2010》中规定，某类外观设计产品的一般消费者具有下列特点：①对申请日之前同种类或相近种类产品的外观设计和常用设计手法有常识性的了解。常用设计手法包括设计的转用、拼合、替换等类型。

---

❶ 中国法学网：http://iolaw.org.cn/showNews.aspx? id = 49212。

②对该类产品在形状、图案以及色彩上的区别具有一定分辨力，但不会注意到产品的形状、图案以及色彩的微小变化。

判断外观设计是否属于同样的外观设计、是否与现有设计具有明显区别，应当基于涉案专利产品的一般消费者的知识水平和认知能力进行评价。不同种类的设计产品具有不同的消费群体，对于洗衣机的内部零件，其判断主体应为洗衣机内部零件的消费群体，即为设计、安装、维修、采购等人员。

但应当注意，该案虽然对"一般消费者"的身份进行了一定的具体化，认为应以设计、安装、维修采购等人员为判断主体。但是，判断时应当注意，此时的设计、安装、维修采购等人员仍然是个虚拟的主体，他们所具有的判断能力仍然符合"一般消费者"的知识水平和认知能力，并不等价于某一特定的设计、安装、维修采购等人员的知识水平和认知能力。即上述的设计、安装、维修采购等人员，对申请日之前洗衣机驱动离合总成同种类或相近种类产品的外观设计和常用设计手法有常识性的了解；对该类产品在形状、图案以及色彩上的区别具有一定分辨力，但不会注意到产品的形状、图案以及色彩的微小变化。

上述具体化的意义是为了合理考虑外观设计产品的购买和使用状态，在整体观察、综合判断中，通过带入具体群体的认知水平和认知能力，考察外观设计产品的购买和使用状态，分析各设计特征对整体视觉效果的影响大小和程度，以此作为外观设计相同、实质相同、是否具有明显区别判断的基础。

综上，在确定一般消费者的认知水平和判断能力时，有必要根据产品所属领域对一般消费者进行一定的具体化，但应当注意，具体化过程中不要将一般消费者具有的认知水平和判断能力片面化。

2）关于功能性设计和装饰性设计的认识

《专利审查指南2010》中指出，由产品的功能唯一限定的特定形状对整体视觉效果通常不具有显著影响。❶

---

❶　中华人民共和国国家知识产权局. 专利审查指南2010 [M]. 北京：知识产权出版社，2010：147.

在产品的设计中，完全由功能唯一确定而不考虑美感的设计，几乎是不存在的，只不过我们忽视了产品中简约的美感设计。例如，电路板的设计，除了考虑实现功能、节省材料等，布线的整齐性、元件排布的合理性同样需要考虑和谐的美感，同时还要考虑维修方便、节约空间等，可能不好说哪一种更主要，但不能说电路板的设计没有考虑美感。再如，即使最简单的无图案的圆盘形轮子也是一种简约的美，轮子也可以设计有各种各样的图案，在部分人眼中，无图案的轮子可能比随意设计图案的更美。也不能说无图案的圆盘形轮子是功能唯一决定的，因为轮子的功能仅唯一限定了轮子的外缘是圆形，而不能限定其他维度的形状和其上的图案设计。

产品外观设计中的装饰性，不一定都具有艺术创作的高度。具有装饰性有时是一种客观存在的事实，与其设计初衷是否由功能决定并无必然联系。产品设计过程中，在实现产品功能的同时，最终呈现给人的外观设计是具有一定的美感，那它就具有装饰性。或者可以反向思考，如果有更"丑"的实现同样功能的设计，那么该设计就实现了美观，具有装饰性。"美"和"丑"都是相对而言的，所以某项设计只要不是唯一的，那么几乎可以肯定，各种可能的设计之间是相对具有"美""丑"的对比关系的。因此，各种设计之间可能相对而言都是具有美感的，也就是说，都是会相对具有一定装饰性的。

专利复审委员会认为："此类产品属于洗衣机内部的驱动总成，从洗衣机内部本身的功能需求和空间装配需求的成熟设计考虑，各部件的位置关系和整体构造属于此类产品功能必需的或者通常采用的设计，其中作为上承下接的体量最大的安装板部件的设计，在满足基本安装功能的前提下，其外轮廓为配合机体内部的空间需求也必然要作出与之相适应的常规凹凸变化，因此二者的相同设计特征①和区别设计特征①对整体视觉效果均不具有显著的影响。"客观分析不难看出，即使洗衣机内部再紧凑，位置关系再严苛，上述形状特征还是存在一定设计空间的，在一定的装配空间中，产品的部分形状结构都是可以自由设计的，而不是由产品的功能唯一限定的。因此，北京市高级人民法院的判决中，认为该专利为功能性和装饰性特征兼具的设计，同时认同了多处上诉人主张的区别特征。

排除了由功能唯一限定这一不准确的认识后，该专利与证据相对比，多处区别特征对产品整体的视觉效果都造成了显著的影响。

从这一分析过程我们还可以看出，进行整体观察、综合判断，也要尽量秉持客观的态度，避免先入为主，尽量避免先下结论，后找原因的做法。

第十一章

图形用户界面类

随着产品的电子化，图形用户界面类的设计已经由计算机领域扩展至各类生活产品，其申请量快速增长。因图形用户界面（Graphic User Interface，GUI）以电子形式存在，相对于传统的产品领域，具有极强的可移植性，因而在互联网时代成为电子产品设计的核心设计内容。图形用户界面的开发也有别于实体产品，在工程化过程中，不可避免地需要对其电子信息进行传递，在网络环境下，电子信息的保密更为困难，甚至会造成申请内容的公开，所以在此类设计的专利确权诉讼中，经常围绕证据展开，本章将结合典型案例进行分析。

第一节　产品领域概述

　　图形用户界面一般是指在产品显示装置上以图形方式显示的界面。图形用户界面应用领域包括计算机、手机、家用电器、仪器仪表、投影仪、相机、电子乐器等。从 2014 年 5 月 1 日起，我国正式将包括图形用户界面的产品外观设计纳入外观设计专利保护，现阶段外观设计专利申请的保护客体是指在产品显示装置上以图形方式显示的与人机交互和实现产品功能有关的界面。图形用户界面可以分为多种类型，如动态图形用户界面、静态图形用户界面；网页界面、软件界面、应用程序界面以及图标等。随着智能产品的增多，图形用户界面广泛应用到日常生活中的各种产品上（见图 11 – 1 至图 11 – 5）。

图 11 – 1　带图形用户界面的计算机、平板产品外观设计专利展示

图 11 – 2　带图形用户界面的手机产品外观设计专利展示

图 11 −3　带图形用户界面的电冰箱、洗衣机家用电器产品外观设计专利展示

图 11 −4　带图形用户界面的投影仪产品外观设计专利展示

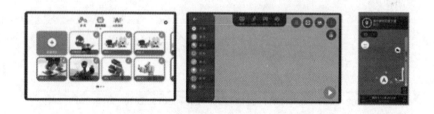

图 11 −5　带图形用户界面的显示屏幕面板产品外观设计专利展示

第二节　外观设计专利情况

根据《国际外观设计分类表》，14 −04 为显示界面和图标，包括属于其

他大类的产品的显示界面和图标。本节图形用户界面类产品申请数据分析主要以 14 - 04 小类专利数据为基础。

1. 专利数量及趋势

国家知识产权局于 2014 年 3 月修改了《专利审查指南》，从 2014 年 5 月 1 日起，国家知识产权局正式将包括图形用户界面的产品外观设计给予外观设计专利保护。从图 11 - 6 可以看出，从开始保护的那年，即 2014 年图形用户界面类产品外观设计专利申请授权公告数量大约 5000 件。2014—2019 年该类产品外观设计专利数量总体呈快速增长态势，到 2019 年已增长至接近 1.5 万件。随着科技的发展、智能产品的涌现，图形用户界面类产品创新设计将激增。

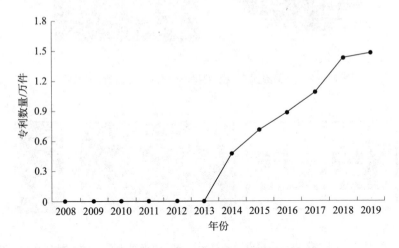

图 11 - 6　图形用户界面类产品外观设计专利数量及趋势

2. 地域分布

图形用户界面类产品外观设计专利主要集中在北京、广东、上海，其中北京、广东从数量上看绝对领先，分列第一位、第二位（见图 11 - 7）。

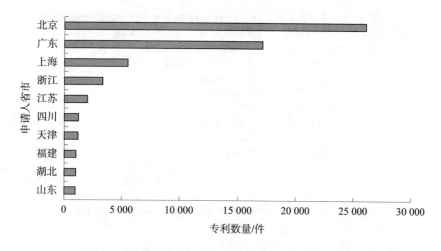

图 11 -7 图形用户界面类产品外观设计专利地域分布

3. 申请人类型以及排名

图形用户界面类产品外观设计专利申请人以企业为主，占整体的 96.41%，其次为个人、大专院校（见图 11 - 8）。从排名前十的申请人来看，北京奇艺世纪科技有限公司、百度在线网络技术（北京）有限公司、腾讯科技（深圳）有限公司、阿里巴巴集团控股有限公司、北京京东尚科信息技术有限公司等专利量较大（见图 11 - 9）。

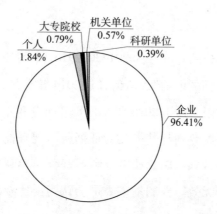

图 11 -8 图形用户界面类产品外观设计专利申请人类型

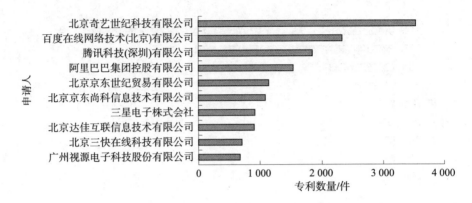

图 11 - 9   图形用户界面类产品外观设计专利申请人排名

第三节   裁判思维解析

【案例 11-1】

"带图形用户界面的电脑"外观设计专利无效行政纠纷案❶

1. 案情简述

该案涉及授权公告的专利号为 201430329167.3 的外观设计专利，产品名称为"带图形用户界面的电脑"，申请日是 2014 年 9 月 5 日，针对上述专利，北京江民新科技有限公司于 2016 年 8 月 8 日向专利复审委员会提出了无效宣告请求，理由是涉案专利与其提交的证据所示现有设计或现有设计特征的组合相比不具有明显区别，因此涉案专利不符合《专利法》第二十三条第二款的规定，应予宣告无效。专利复审委员会认为上述专利与请求人提交的证

---

❶ 此案具体参见：北京知识产权法院（2018）京 73 行初 3909 号行政判决书。

据 1 和证据 3 所示现有设计组合相比不具有明显区别，不符合《专利法》第二十三条第二款的规定，宣告 201430329167. 3 号外观设计专利权全部无效。

北京奇虎科技有限公司（简称"奇虎公司"和北京奇智商务咨询有限公司（简称"奇智公司"）不服专利复审委员会于 2018 年 3 月 8 日作出的第 35179 号无效宣告请求审查决定，依法向北京知识产权法院提起诉讼，北京知识产权法院判决驳回原告奇虎公司、奇智公司的诉讼请求。具体情况参见表 11 – 1。

表 11 – 1 "带图形用户界面的电脑"涉案专利与对比设计基本信息及对比情况

项目	详细信息
涉案专利图片	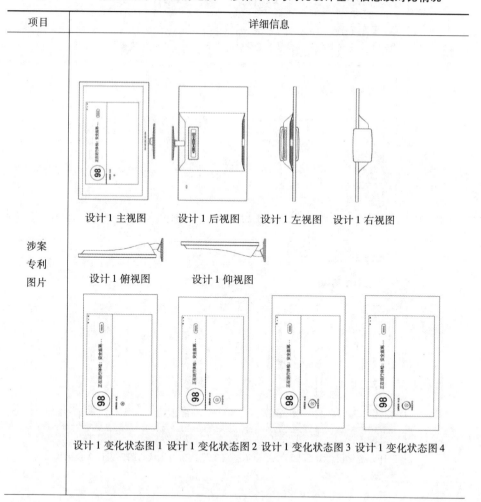

续表

项目	详细信息
涉案 专利 图片	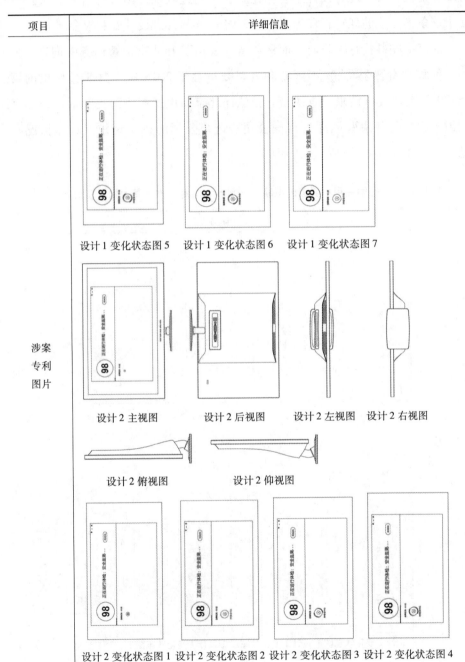

设计 1 变化状态图 5　　设计 1 变化状态图 6　　设计 1 变化状态图 7

设计 2 主视图　　　　设计 2 后视图　　　设计 2 左视图　　设计 2 右视图

设计 2 俯视图　　　　　　设计 2 仰视图

设计 2 变化状态图 1　设计 2 变化状态图 2　设计 2 变化状态图 3　设计 2 变化状态图 4

续表

项目	详细信息

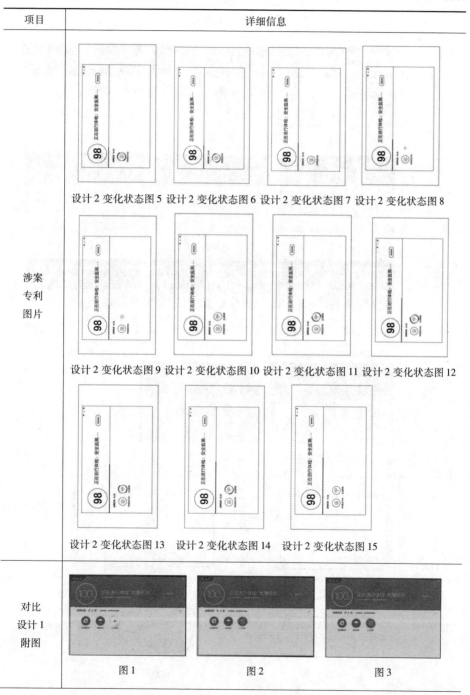

设计2变化状态图5 设计2变化状态图6 设计2变化状态图7 设计2变化状态图8

涉案
专利
图片

设计2变化状态图9 设计2变化状态图10 设计2变化状态图11 设计2变化状态图12

设计2变化状态图13　设计2变化状态图14　设计2变化状态图15

对比
设计1
附图

图1　　　　　　图2　　　　　　图3

续表

项目	详细信息

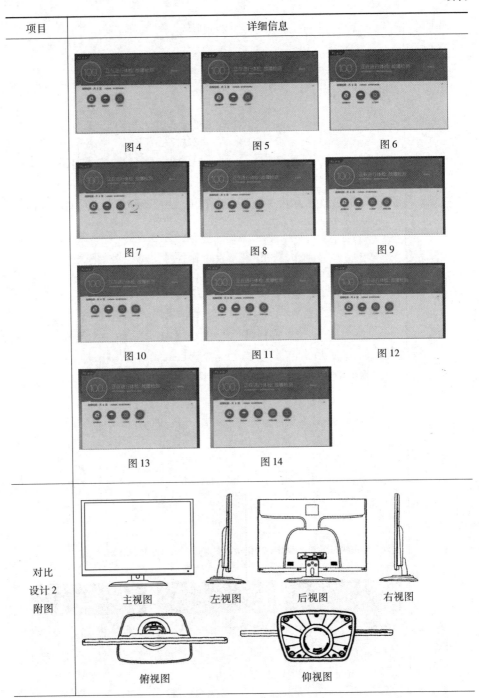

图 4 图 5 图 6

图 7 图 8 图 9

图 10 图 11 图 12

图 13 图 14

对比
设计 2
附图

主视图 左视图 后视图 右视图

俯视图 仰视图

续表

项目	详细信息
对比设计基本信息	北京江民新科技有限公司在无效宣告阶段提交的证据如下： 证据1：北京市长安公证处（2016）京长安内经证字第18612号公证书复印件； 证据2：北京市长安公证处（2016）京长安内经证字第18611号公证书复印件； 证据3：专利号为201030265411.6号中国外观设计专利公告文本复印件； 证据4：专利号为201330550172.2号中国外观设计专利公告文本复印件。 　对比设计1是江民新科技有限公司提交的证据1光盘视频35分40秒到36分35秒以及当庭演示的相应视频截图，将其呈现的涉及图形用户界面的现有设计作为对比设计。 　证据1是北京市长安公证处（2016）京长安内经证字第18612号公证书复印件，证据1公证书原件及所附经公证处加盖印章的密封袋封存的光盘。证据1公证事项为对互联网上浏览网页的过程及内容所作保全证据公证，具体涉及：通过百度搜索进入"卡饭论坛"，在该论坛"国内杀毒软件"栏中找到标题为"360安全卫士10下载地址"发帖，点击该帖子所列http：//down.360safe.com/setup_10_priv.exe链接地址，下载文件"setup_10_priv.exe"（下文中所述"所述下载软件"如无特别说明的均指该文件），通过百度搜索"7-zip"软件下载并安装，将"setup_10_priv.exe"文件通过安装好的"7-zip"软件提取到文件夹，点击所提取文件中的"360safe.exe"文件运行该软件，对相关运行界面作保全。 　对比设计2为江民新科技有限公司提交的证据3所示"液晶显示器背光一体机"的外观设计。证据3：专利号为201030265411.6号中国外观设计专利公告文本复印件，其简要说明记载该产品主要用作电脑显示设备或电视显示设备
专利权人提交的反证	专利权人针对无效宣告请求于2016年10月8日提交意见陈述书，提交如下反证证据。反证1：北京市方圆公证处（2016）京方圆内经证字第21382号公证书复印件； 　反证2：北京市方圆公证处（2016）京方圆内经证字第21511号公证书复印件； 　反证3：北京市方圆公证处（2016）京方圆内经证字第19020号公证书复印件； 　反证4：北京市方圆公证处（2016）京方圆内经证字第20045号公证书复印件； 　反证5：人民邮电出版社出版的《软件加密与解密》封面、出版信息、目录及相关页面复印件； 　反证6：专利权人在2014年5月1日申请的外观设计专利申请清单； 　反证7：请求人提交的证据1中的部分相关网页及其关联网页的打印件
涉案专利图片描述	涉案专利设计1、设计2电脑设计相同，包括机身和支座，机身正面为周边呈窄边框的长方形显示器，下边框中部有五个细条状按钮，机身背面中部区域凸起呈上薄下厚的曲面状，底座包括近似长方形薄底板和弯曲支柱，通过支柱与机身背面凸起区域底部相连。 　涉案专利设计1、设计2图形用户界面均呈现于电脑显示屏，呈长方形居中占据大部分显示区域，主视图示出初始界面，变化状态图示出界面变化过程

项目	详细信息
涉案专利图片描述	设计1主视图所示初始界面以横线进度条划分为上下两部分，上下高度比约2∶3，进度条靠左一段较粗；上部分的左端为带有数字的较大圆圈图标，中间为一行文字，右端为带有较小文字的长条跑道形图标，上部分右上角还有三个细小图形；下部分左上角有一行较小文字，其下为一较小圆形图标。变化状态图1示出与初始界面对应的进度条较粗段有所延长，下部分较小圆形图标有所变大；变化状态图2示出进度条较粗段进一步延长，下部分的圆形图标进一步变大，图标外周出现两段较浅、较细的弧线加速圈，图标下方出现一行较小文字；变化状态图3示出进度条较粗段进一步延长，下部分的圆形图标外周两段弧线加速圈变深、变粗；变化状态图4至变化状态图6示出进度条较粗段不断延长，下部分圆形图标外周的加速圈顺时针旋转；变化状态图7示出进度条延长至右端头，下部分圆形图标外周的加速圈消失。结合简要说明及视图所示相关图标、文字可见，设计1为电脑安全检测的软件界面，其上部分左端较大圆形图标中的数值表示检测状态数值，点击右侧长条跑道形图标实现停止检测功能，下部分圆形图标表示一个检测项，检测时当前检测项图标由小变大并在其外周出现加速圈且作旋转变化，进度条以粗线从左至右逐渐延长示出相应检测进度，当前检测项结束则对应图标加速圈消失。 设计2图形用户界面设计相较设计1，其主视图和变化状态图1至变化状态图7相对应且基本相同，仅进度条延长变化进度有所不同；设计2变化状态图8至变化状态图15示出在第一个检测项图标右侧出现第二个检测项图标及动态变化过程，其动态变化过程与第一个检测项图标变化相同，相应地进度条继续作延长变化
对比设计图片描述	对比设计1界面设计为长方形，所示初始界面（详见对比设计1附图图1）以横线进度条划分为上下两部分，上下高度比约2∶3，进度条靠左一段较粗并带有类似螺旋式花纹；上部分的左端为带有数字的较大圆圈图标，中间为一行较大文字及并排一行细小文字，右端为一短行较小文字，上部分右上角还有两个细小图形，左上角有返回图标；下部分左上角有一行较小文字，其下排列一行三个圆形检测项图标，每个图标下方分别附有较小文字，其中第三个圆形图标较小并在外周有两段弧线加速圈；下部分右上角还有一较小展开操作箭头符号。初始界面之后的动态变化中，所述第三个图标由较小变大，其外周加速圈不断顺时针旋转，进度条较粗段相应不断延长（详见对比设计1附图图2至图6）；之后第三个检测项图标外周加速圈消失，在其右侧出现第四个较小圆形检测项图标且外周有两段弧线加速圈（详见对比设计1附图图7），再之后界面动态变化与前述图2至图6对应一致，即第四个图标由较小变大，其外周加速圈不断顺时针旋转，进度条较粗段相应不断延长（详见对比设计1附图图8至图13）；再接下来第四个检测项图标加速圈消失，在其右侧出现第五个检测项图标（详见对比设计1附图图14）。结合视频及界面中相关图标、文字可见，对比设计1为电脑安全检测的软件界面，其上部分左端较大圆形图标中的数值表示检测状态数值，点击右端"取消体检"短行较小文字实现停止检测功能，下部分每个圆形图标表示一个检测项，检测时当前检测项图标由小变大并在其外周出现加速圈且作旋转变化，进度条以粗线从左至右逐渐延长示出相应检测进度，当前检测项结束则对应图标加速圈消失，并进入下一个检测项出现相应的图标，其动态变化过程与前一个检测项图标变化相同，进度条继续作延长变化

项目	详细信息
对比设计图片描述	对比设计 2 由六面正投影视图表示，包括机身和支座，机身正面为周边呈窄边框的长方形显示器，机身背面上部、中部有类似倒工字形不规则区域加厚设计，底座包括近似梯形的带圆形凸起部分的薄底板和弯曲的长椭圆形支柱，通过支柱与机身背面凸起区域底部相连
相同点	将对比设计 1 所示软件界面在对比设计 2 显示屏中部以通常的非全屏形式显示，即得到一项二者组合设计。该组合设计的软件界面、显示设备设计分别与对比设计 1、对比设计 2 相同，软件界面位于显示屏中部，距离显示屏边界区域上下较窄、左右较宽。 将涉案专利设计 1 与对比设计相比较，鉴于涉案专利设计 1 软件界面设计与对比设计对应的软件界面仅涉及对比设计 1 附图图 1 至图 7 所示界面及相关视频，故不考虑对比设计 1 附图图 8 至图 14 所示界面及相关视频。二者相同设计主要在于：软件界面设计上初始界面整体划分布局、主要图标及文字展示排列、主要图标整体外形及比例关系均基本相同；界面动态设计上均包含有下部分检测项圆形图标的变化，检测时当前检测项图标由小变大并在其外周出现加速圈且作旋转变化，当前检测项结束则对应图标加速圈消失，进度条以粗线从左至右逐渐延长示出相应检测进度，均设有相应变化的检测状态数值；电脑或显示设备均包括机身和支座且其位置比例关系基本相同，机身正面显示器外形及边框设计基本相同，机身背面均有凸出设计，底座均包括薄底板和弯曲支柱设计；软件界面在显示屏上的位置、比例关系基本相同
不同点	将涉案专利设计 1 与对比设计相比较，软件界面设计上的不同之处在于①进度条设计涉案专利以粗直线条、对比设计以螺旋式花纹粗线条表示进度，二者进度变化快慢也有所不同；②图标和图形文字设计上，涉案专利"取消体检"图标有类似跑道形外框，对比设计无，检测项图标数量、具体图形有所不同，对比设计在上部分左上角有返回图标、下部分右上角有展开操作箭头符号，涉案专利无相应设计，对比设计在上部分中间一行较大文字下并排一行细小文字，涉案专利无该行细小文字；③动态设计上，二者图标下方文字、加速圈出现的顺序不同，对比设计未体现出与涉案专利对应的多个阶段及加速圈从无到有的渐变过程。显示设备上的不同包括①机身正面涉案专利有按钮设计，对比设计无；②机身背面凸出设计区域和具体形状不同；③底座的薄底板和弯曲支柱具体形状不同
关注点	证据 1 中所述下载软件呈现的图形用户界面设计是否属于本专利申请日之前公开的现有设计；涉案专利是否属于《专利法》第二十四条第一款第（三）项所规定的不丧失新颖性宽限期的情形

2. 各方观点

1）专利复审委员会

"一、证据及相关事实认定

"（一）关于证据1

"1. 关于帖子真实性

"该帖子所显示的发帖时间2014年8月19日即为其真实发帖日期，帖子中记载的下载软件链接、跟帖人的发言内容亦为真实存在。

"2. 关于能否在本专利申请日之前下载相关软件

"通过证据1可认定任何人通过所述帖子列出的下载地址链接，即可在本专利申请日之前下载链接所指向的相关软件。反证2不能否定前述结论。

"3. 公证日所下载软件与本专利申请日之前所下载软件是否一致

"本案中，在公证日2016年7月7日之前，该软件下载链接从未更新过2014年8月19日之后修改版本的软件。本案证据1帖子中列出的软件下载链接采用的是以同一下载地址结合不同文件名指向唯一对应的软件这一通行做法。在无相反证据证明，特别是该软件下载指向的服务器为专利权人公司的服务器，专利权人未提交证据证明其主张的情况下，应推定证据1帖子中列出的软件下载地址和文件名指向的软件为唯一对应的同一版本软件。反证2不能证明证据1中下载链接所指向的软件存在不同版本。

"4. 对所下载软件是否任何人都能正常安装使用

"普通公众通过帖子链接下载'setup_10_priv. exe'软件后，按照该帖中网友提示的方法，通过安装通用的7－Zip压缩解压软件，并按常规操作方法对'setup_10_priv. exe'提取解压，即可安装成功并正常使用该软件，该过程并未利用特别软件或采用特殊手段，即任何非特定人对所述下载软件借助通用软件的通常操作都能实现正常安装使用。针对双方对此争议的几方面焦点问题合议组进一步认定如下：

"（1）7－Zip软件作为一款通用的压缩解压软件，压缩和解压是其基本功能，任何版本都应当会具备，不同版本通常情况下其压缩文件的基本格式不会出现实质性改变，特别是从 2016 年版本号为 16. XX 及 2014 年版本号为专利权人所述 9. XX 来看，应均为成熟版本，可解压缩的文件类型应基本固定。虽然其版本差异可能会在压缩和运行效率、附加功能、运行稳定性等方面有所不同，但本案中采用的'提取到 setup_10_priv \ '实质为基本的解压功能，通常情况下所解压提取的文件不会因所述版本不同而不同。而且证据 1 所述发帖中以及专利权人提交的反证 7 所示该发帖中网友回复发言，均未见反映不能解压的情形。

"（2）虽然以自解压形式直接点击安装在没有体验码情况下确不能安装使用，但本案前述帖子中提示了另一种以 7 - Zip 软件解压的安装方法，按照该方法，任何非特定人如前述借助通用软件的通常操作都能实现正常安装；通过解压和压缩软件进行解压提取文件，所采用的也是解压和压缩软件普通的解压缩功能的操作，而不涉及密码破解等特殊操作；在无证据证明情况下应认为所下载的 7 - Zip 软件为未经过第三方改编过的 7 - Zip 普通解压和压缩软件，不涉及密码破解等特殊功能，因此应认为通过其解压可以实现正常安装使用所述 '360 安全卫士 10. 0' 安装软件。

"5. 关于通过 7 - Zip 软件解压缩安装所述下载软件是否违法，由此取得的相关证据是否能够作为定案依据

"公众通过 7 - Zip 软件解压缩安装所述下载软件是否违反上述法规规定，并不影响相关软件界面设计是否构成现有设计的认定。本案中公证机构通过相关解压缩方法安装所述下载软件之后，仅依法定职责对所述下载软件运行过程作保全证明，不属于通过严重侵害他人合法权益、违反法律禁止性规定或者严重违背公序良俗的方法形成或者获取的证据，可以作为认定案件事实的根据。

"6. 专利权人主张所述下载软件是内测的保密软件、下载使用所述软件的体验用户需要高级别并承担保密义务，因而不构成向公众公开。

"原专利复审委员会认为，本案中所述下载软件客观上已处于任何人可下

载安装使用而为公众所知的事实状态,因此无论所述软件是否为保密软件、所称保密义务是否成立均不影响是否构成现有设计的认定。

"综上所述,所述下载软件呈现的图形用户界面设计属于本专利申请日之前公开的现有设计。

"(二)关于证据2

"发帖中分别贴出多幅相关软件的图形用户界面设计贴图,相关发帖内容已处于能够为公众得知的状态,所述发帖时间或最后编辑时间均早于本专利申请日,因此帖子中贴图所示图形用户界面设计属于本专利申请日之前公开的现有设计。

"(三)关于证据3、证据4

"证据3、证据4所示设计属于本专利申请日之前公开的现有设计。

"(四)关于专利权人提交的反证证据

关于专利权人提交反证用于证明不构成现有设计,其具体欲证明的事实及相关主张是否成立已在前述证据认定中相结合作认定,不再赘述。其中关于专利权人通过反证证明和主张的前述下载软件为内测软件具有保密要求、安装使用具有保密义务,其是否成立与专利权人主张的不丧失新颖性的宽限期直接相关,故见以下认定。

"二、关于是否属于不丧失新颖性宽限期的情形

"本案中证据1前述卡饭论坛帖子及下载链接页面均未见任何关于保密要求的信息,专利权人提交的证据也不足以证明所述下载软件的使用具有明示或默示的保密要求,理由如下:所述下载软件本身并未明示保密要求,相关证据也不足以证明对体验用户具有保密约定;设置体验码不能证明对软件试用具有保密要求;专利权人提交的证据不足以证明体验试用软件的用户负有保密义务,也不足以证明其为行业惯例。

"综上所述,专利权人提交的证据不足以证明本专利申请日之前试用者对本案所述下载软件的体验试用负有保密义务,因此所述下载软件的公开不属于《专利法》第二十四条规定的'他人未经申请人同意而泄露其内容的'不

丧失新颖性的宽限期情形。

"三、关于《专利法》第二十三条第二款

"本专利所示设计 1、设计 2 与证据 1 和证据 3 所示现有设计组合相比不具有明显区别，不符合《专利法》第二十三条第二款的规定。

"据此，原专利复审委员会宣告本外观设计专利权全部无效。"

2）北京市第一中级人民法院（一审）

"一、关于证据 1 中所述下载软件呈现的图形用户界面设计是否属于本专利申请日之前公开的现有设计

"《专利法》第二十三条第二款规定：'授予专利权的外观设计与现有设计或者现有设计特征的组合相比，应当具有明显区别。'

"（一）公证日所下载软件版本与发帖日可下载软件版本是否一致

"软件的数字签名时间表示软件的完成时间，根据证据 1 所述下载软件的数字签名时间，可以确定该软件的完成时间为 2014 年 8 月 19 日。至于反证 2 中卡饭论坛标题为'360 安全卫士 10.0 抢先体验 P5 版【转帖】'的发帖，其与证据 1 中的帖子并非同一发帖，两个帖子中界面控制和显示状态不同可以说明二者非同一版本，但不能证明证据 1 中所述下载软件存在不同版本，不能用于否定公证日所下载软件与本专利申请日之前所下载软件的一致性。故根据在案证据，可以认定在证据 1 公证日之前证据 1 的下载链接未对该版本进行过更新。

"（二）2016 年版本的 7 - Zip 软件和 2014 年版本的 7 - Zip 软件是否均能对 exe 文件解压并正常安装

"不同版本的软件在其界面、运行效果等方面可能会存在一定差异，但对于该款软件的最基本功能，先后版本都应当具备，否则将失去其存在的基本价值。就 7 - Zip 压缩解压软件而言，相较于 2014 年版本，2016 年版本因升级优化在运行方面应更为成熟，但就二者共同应具有的基本功能——解压缩而言不会发生实质性改变，即对于 2016 年版本能够解压的文件，2014 年版本通常也能实现解压功能，且证据 1 中所述发帖的大部分跟帖回复中未见反馈

不能解压的情形，故针对所述下载软件，2016 年版本 7 – Zip 软件和 2014 年版本 7 – Zip 软件均应能解压并正常安装。此外，虽然个别网友评论出现了卡顿问题，但考虑到所用设备与网络环境的不同，在缺乏其他证据予以印证的情况下，尚不足以认定 2014 年版本的 7 – Zip 软件不能对所述下载软件解压和安装；同时，即便如个别网友评论所言下载软件存在不完善之处，这与图形用户界面的公开亦不具有直接关联性。

"（三）通过 7 – Zip 软件对所述下载软件进行安装是否为破解行为，是否导致不能适用《专利法》第二十三条第二款的规定

"7 – Zip 软件是一款通用的压缩解压软件，虽然为开源软件可以被修改，但是根据证据 1 下载、运行和操作 7 – Zip 软件的公证过程可见，其未经过他人修改且没有证据表明涉及密码破解等特殊操作；虽然通过自解压形式对所述下载软件进行安装需要输入体验码，但因体验码与软件保密并不直接相关，故 7 – Zip 软件不需要体验码即可实现相关操作并不能说明其为软件破解行为；普通公众通过帖子链接下载所述软件后，按照该帖中网友提示的方法，通过安装通用的 7 – Zip 压缩解压软件，并按常规操作方法对所述下载软件提取解压，均能正常安装使用，现有证据不足以证明所述下载软件的功能被破坏且无法正常使用；并且，不同类型的解压缩软件支持的文件格式并不相同，winrar 和 winzip 软件不能对 exe 格式的自解压文件进行提取并不意味着其他软件如 7 – Zip 软件无法提取，也不意味着 7 – Zip 软件提取文件的行为是破解行为。综上所述，应当认定通过 7 – Zip 软件对所述下载软件进行安装采用的是普通的解压缩操作。

"现有设计指的是申请日以前在国内外为公众所知的设计，如果所述下载软件客观上处于任何人可下载安装使用而为公众所知的事实状态，即可基于该事实状态直接认定相关设计构成现有设计。本案中，既然任何非特定人通过 7 – Zip 软件可以正常安装使用所述下载软件，则证据 1 不仅仅是公开了一种安装方式，在按照提示安装运行所述下载软件的过程中，相关的界面设计内容亦为公众所获知，亦即该软件的界面设计实际上已处于为公众所知的状

态，在此情况下，所述软件是否为保密软件、通过 7 - Zip 软件解压缩安装所述下载软件是否违反法律规定，均不影响现有设计的认定。

"（四）对通过 7 - Zip 软件解压缩的行为进行公证而形成的证据，能否作为定案依据

"证据 1 是公证机关工作人员依据法定职责对所述软件的下载、解压、安装及运行过程进行的保全操作及证明，是借助通用软件的常规操作对软件运行情况进行的记录，不违背司法部门关于公证程序的相关规则；公证机关工作人员不存在侵犯著作权的主观意图和客观行为，证据 1 也不属于原告所述的严重侵害他人合法权益、违反法律禁止性规定或者严重违背公序良俗的方法形成或者获取的证据，可以作为认定案件事实的根据，被诉决定并未违反证据采信规则。

"综上，证据 1 中所述下载软件呈现的图形用户界面处设计于能够为公众得知的状态，且其时间早于本专利的申请时间，故属于本专利申请日之前公开的现有设计。

"二、关于本专利是否属于《专利法》第二十四条第一款第（三）项所规定的不丧失新颖性宽限期的情形

"根据《专利法》第二十四条第一款第（三）项的规定，申请专利的发明创造在申请日以前六个月内，他人未经申请人同意而泄漏其内容的，不丧失新颖性。他人未经申请人同意而泄露其内容所造成的公开，包括他人未遵守明示或者默示的保密信约而将发明创造的内容公开，也包括他人用威胁、欺诈或者间谍活动等手段从发明人或者申请人那里得知发明创造的内容而后造成的公开。本案中，本专利申请日之前体验用户对本案证据 1 中所述下载软件的体验试用是否负有保密义务，是判断本专利是否属于该款项所述情形的核心，此处的保密义务既包含明示的保密义务，也包含默示的保密义务。

"一方面，所述下载软件并未明确要求体验用户遵守保密规定。对所述下载软件以自解压形式进行安装时，其安装界面提示的是'仅供获得优先体验资格的用户试用'并要求输入体验码。可见，所述下载软件意在供具有资格

的用户试用、体验，而体验码一般是对试用者资格的限制，其本身与保密要求并不具有直接的关联性。况且，在案证据也不能证明具有资格的用户的标准和人员范围。至于反证 2 发帖中所列的进入 360 体验中心的相关链接，与点击该链接所实际进入的 360 体验中心的网址并不相符，其实际指向的均是 2016 年公证当时的 360 体验中心网页，在该网页受控于原告自身服务器的情况下，不能确定 2016 年公证时显示的体验中心网页是否经过了修改；另，在相关论坛已经出现大量发帖、跟帖回复的情况下，没有证据证明原告对此进行了禁止性的声明或者采取了哪些积极补救措施。因此，根据在案证据，不能说明原告在 2014 年针对所述下载软件采取了必要的防止泄露的措施，亦不能直接证明或间接推定出 2014 年发帖之时体验中心页面对领取体验码的用户存在保密承诺的要求，故所述下载软件对于体验用户是否具有保密义务未予以明示。

"另一方面，所述下载软件并未默示体验用户具有保密义务。根据所述下载软件自解压时安装界面以及 2016 年 360 体验中心网页所示内容，可以认为体验用户对于尚未发布的产品拥有优先体验权和意见建议权，但并不能直接说明所述下载软件处于内测阶段；而网友评论具有较强的主观性，在缺乏其他证据予以印证的情况下，依据个别网友的评论无法直接认定所述下载软件在督导内测，且对督导的内测保密要求亦不能视为对体验用户的保密要求。此外，不同类型的内测软件根据其所处的行业领域、市场地位、开发程度等对是否需要保密以及保密程度会有不同的要求，退一步而言，即便是软件处于内测阶段，根据原告列举的江民、小米、金山毒霸、搜狗输入法等不同类型内测软件的要求，亦不足以说明对于内测阶段的软件进行保密构成软件行业的通常观念和商业习惯。

"综上，在案证据不足以证明在本专利申请日之前体验用户负有明示或默示的保密义务，所述下载软件不属于《专利法》第二十四条第一款第（三）项所规定的不丧失新颖性宽限期的情形。

"综上所述，被诉决定认定事实清楚、适用法律及结论正确，作出程序合法，奇虎公司、奇智公司的诉讼请求缺乏事实和法律依据，依照《行政诉讼法》第六十九条之规定，判决如下：

"驳回原告奇虎公司、奇智公司的诉讼请求。"

3. 案例评析

1）外观设计专利确权判断的证据公开的客观性

图形用户界面的证据一般以电子形式为主，此类证据类型是"以电子形式存在的、用作证据使用的一切材料及其派生物；或者说，借助信息技术或电子设备而形成的一些证据"。[●] 电子证据可以作为传统证据类型的延展，革新的类型形式，但是因为存在方式具有独特性，因而在我国的诉讼领域独立为一种证据类型。电子证据存储于存储设备容易被损毁，另外，其作为数据信号也容易被篡改或删除，因而容易灭失。但是从另外一个角度来看，因其电子形式容易被传播，且电子证据在篡改或删除的过程中伴随着新的电子证据的出现，因此在以高度盖然性为证明标准的行政诉讼中，电子证据被广泛应用。

证据的可采性表现在关联性、合法性、真实性，在满足上述要求的情况下，对于客观上已处于任何人可下载安装使用而为公众所知的事实状态，无论所述软件是否为保密软件、所称保密义务是否成立均不影响构成现有设计的认定。至于其是否属于"未经申请人同意而泄漏"，则需要针对泄露的具体情况进行分析。

2）新颖性宽限期情形三中的"保密义务"

根据《专利法》第二十四条第一款第（三）项的规定，申请专利的发明创造在申请日以前六个月内，他人未经申请人同意而泄露其内容的，不丧失新颖性。他人未经申请人同意而泄露其内容所造成的公开，包括他人未遵守明示或者默示的保密信约而将发明创造的内容公开，也包括他人用威胁、欺

● 何家弘. 电子证据法研究［M］. 北京：法律出版社，2002：5.

诈或者间谍活动等手段从发明人或者申请人那里得知发明创造的内容而后造成的公开。

需要征得申请人同意的前提则是相对人具有保密义务。该案中的相对人具有群体性，其需要通过区分标准进而明确人员范围，如果没有标准界限的门槛，则意味着任意人员都在同一范围内，则不存在保密的基础。特别是针对所谓的测试，需要通过明示或者默示的方式告知参与测试人员，否则不能仅通过所谓的内测阶段的软件进行保密构成软件行业的通常观念和商业习惯说明此次内测具有保密要求，从而使测试人员承担保密义务。

第十二章

交通工具类产品

　　交通工具类产品主要涉及汽车、摩托车，还包括船艇及航空器，特别是汽车产品，随着消费升级，其外观设计逐步成为关注点，所以相应的申请数量呈增长态势，且专利申请的质量较高，属于外观设计的热点创新领域。在确权诉讼中，此类产品结构复杂，设计特征较为丰富，如何在关注创新要点的同时遵循"整体观察、综合判断"的原则，成为争辩的焦点。本章将在汽车领域中结合典型案例对其外观设计进行重点分析。

第一节　产品领域概述

随着社会的发展以及人们生活水平的不断提高，汽车已经成为非常普遍的交通工具。汽车是指动力驱动，具有四个或四个以上车轮的非轨道承载的车辆，主要用于载运人员和（或）货物；牵引载运人员和（或）货物的车辆以及特殊用途。主要分为轿车类、跑车类、面包车类、越野车类、卡货车类以及其他类（包括救护车、公共汽车等）（见图 12 -2 至图 12 -6）。

图 12 -1　轿车类产品外观设计专利展示

图 12 -2　跑车类产品外观设计专利展示

图12-3　面包车类产品外观设计专利展示

图12-4　越野车类产品外观设计专利展示

图12-5　卡货车类产品外观设计专利展示

图12-6　其他类产品外观设计专利展示

随着汽车品牌的增多，汽车市场竞争压力增加，汽车外观设计是汽车产品竞争的有力手段之一，汽车外观已然成为消费者选择购买的首要考虑因素。汽车产品外观设计包括方式设计、改进设计和概念设计，其中方式设计是一种创新思维指导下的设计形式，通过对人的行为方式的研究和再发现，以产品的工作方式或人与产品发生关系的方式为出发点，对产品进行改良或创造全新的产品；产品改进设计是对原有传统的产品进行优化、充实和改进的再开发设计；概念设计即是利用设计概念并以其为主线贯穿全部设计过程的设计方法。在汽车外观设计中改进设计和概念设计应用较多。此外，汽车外观设计对于品牌的塑造非常重要，同一品牌汽车的外观设计一般都有一定的延续性，其通过采用品牌独有的造型设计元素使不同车型呈现家族化设计。

第二节　外观设计专利情况

根据《国际外观设计分类表》，12-08 小类主要涉及汽车、公共汽车和货车类别，其包括救护车和冷藏货车。本小节汽车类产品专利数据分析主要以 12-08 小类专利申请授权公告数据为基础。

1. 专利数量及趋势

2008—2019 年，根据公开的专利数据显示，汽车类产品（不包括零部件）的外观设计专利申请授权公告数量约为 1.1 万件，从图 12-7 可以看出，汽车类产品外观设计专利数量 2008—2013 年基本保持平稳，从 2014 开始小幅上扬，2015 年略有下降，2015—2017 年外观设计专利数量激增，呈上扬态势，2017 年专利数量达到约 1717 件，2018 年专利数量略有下调，到 2019 年小幅上扬。总体看，汽车类产品外观设计专利数量虽然从 2014—2019 年有所波动，但从总体看，近年来该类产品外观设计专利数量总体呈上扬态势。

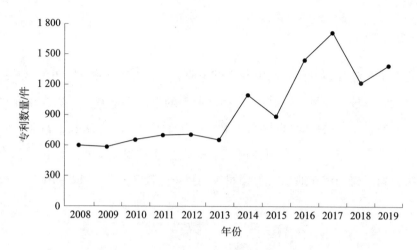

图 12 – 7　汽车类产品外观设计专利数量及趋势

2. 地域分布

　　汽车类产品外观设计专利主要集中在浙江、江苏、广东、山东，其次为重庆、北京、上海等（见图 12 – 8）。

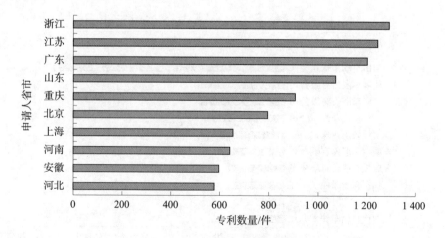

图 12 – 8　汽车类产品外观设计专利地域分布

3. 申请人排名

　　汽车类产品外观设计专利申请人以企业为主，占整体的 81.16%，其次为个人、大专院校（见图 12－9）。从排名前十的申请人来看，丰田自动车株式会社专利数量排名第一，郑州宇通客车股份有限公司、重庆长安汽车股份有限公司、大众汽车公司、本田技研工业株式会社专利数量相近，长城汽车股份有限公司、奇瑞汽车股份有限公司专利数量也较多（见图 12－10）。

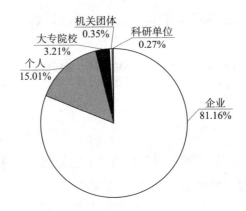

图 12－9　汽车类产品外观设计专利申请人类型

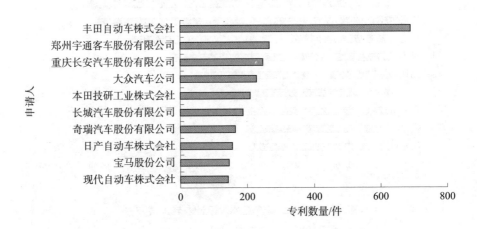

图 12－10　汽车类产品外观设计专利申请人排名

第三节　裁判思维解析

> **【案例 12-1】**
>
> "越野车（陆风 E32 车型）"外观设计专利无效行政纠纷案❶

1. 案情简述

该案涉及专利号为 ZL201330528226.5、名称为"越野车（陆风 E32 车型）"的外观设计专利，其专利权人为江铃控股有限公司（简称"江铃公司"）。针对上述专利，捷豹路虎有限公司（简称"路虎公司"）、Gerard Gabriel McGovern（杰拉德·加布里埃尔·麦戈文）向专利复审委员会提出了无效宣告请求，专利复审委员会基于路虎公司提供的对比文件，认为上述专利不符合《专利法》第二十三条第二款的规定，宣告外观设计专利权全部无效。

江铃控股有限公司不服专利复审委员会作出的第 29146 号无效宣告请求审查决定，依法向北京知识产权法院提起诉讼，北京知识产权法院判决撤销专利复审委员会作出的第 29146 号无效宣告请求审查决定。一审判决后，专利复审委员会、路虎公司、麦戈文均不服，向北京市高级人民法院提出上诉，北京市高级人民法院认为专利复审委员会、路虎公司和麦戈文的上诉理由部分成立，足以支持其上诉主张，对其上诉请求均予以支持，判决撤销一审判决，驳回江铃公司的诉讼请求。江铃公司不服北京市高级人民法院（2018）

---

❶ 具体参见：北京知识产权法院（2016）京 73 行初 4497 号行政判决书、北京市高级人民法院（2018）京行终 4169 号行政判决书、最高人民法院（2019）最高法行申 7406 号行政裁定书。

京行终 4169 号行政判决，向最高人民法院申请再审，最高人民法院裁定驳回江铃公司的再审申请。具体情况参见表 12 - 1。

表 12 - 1 "越野车（陆风 E32 车型）"涉案专利与对比设计基本信息及对比情况

	涉案专利	对比设计
图片	主视图 后视图 左视图 右视图 俯视图	

续表

	涉案专利	对比设计
基本信息	涉案专利为 ZL201330528226.5、名称为"越野车（陆风 E32 车型）"的外观设计专利，其申请日为 2013 年 11 月 6 日，授权公告日为 2014 年 4 月 23 日，专利权人为江铃控股有限公司	路虎公司提交的证据 4 的文件 4－6 于公证员见证下拍摄的"京 N0EV03"揽胜极光汽车的外观照片。文件 4－1 和文件 4－2 相互关联能够证明"京 N0EV03"揽胜极光汽车于 2013 年 9 月 25 日通过销售而被公众所知，其销售日早于涉案专利申请日
相同点	①车比例基本相同，包括：侧面整体比例（轴距与车高的比例，轴距与车长的比例）、前后比例（前悬或后悬与车长的比例）和上下比例（侧窗下沿线划分的上下区域的比例），前面轮距与车宽的比例、前窗高度与车身高度的比例，后面轮廓与车宽的比例、后窗高度与车身高度的比例。②车上半部分侧面外轮廓相同，即侧面车身腰线以上位置的外轮廓线条相同，且 A、B、C、D 柱的倾斜角度相同以及侧面车窗的外轮廓和分割比例相同。③侧面线条或主要特征线相同，包括车顶线、侧车窗上沿线和下沿线、肩线、腰线、裙线、轮拱线、轮眉线。④前面或后面观察时，前面的外轮廓基本相同，后脸或车尾的外轮廓基本相同，且均在车轮上方采用鼓起的轮拱设计，轮拱的拱起弧度相同。⑤前脸的各个部件和后脸（即车尾后窗以下的部分）的各个部件的相对位置关系相同，其中前脸由上而下均是发动机罩、并排相邻的车灯和进气格栅、细长进气口、位于车灯与雾灯之间的前保险杠、位于左右两侧并与上方的前灯上下基本对齐的雾灯、下方的辅助进气口、辅助进气口下方的护板，车牌置于细长进气口和辅助进气口之间；后脸由上而下均是左右两侧的车灯、车灯之间的行李厢盖及车牌区域、车灯与回复反射器或小灯之间区域的后保险杠、位于左右两侧的回复反射器或小灯、包围排气筒的倒 U 形板、最下方居中的护板。⑥前面和后面的主要线条分割相同，均在前后采用基本平直的分割线，其中，前面的主要分割线条分成的三个区域的高度比例基本相同，且三个区域内的装饰件的布局位置相同；后面的主要分割线条分成的三个区域的高度比例基本相同，且三个区域内的装饰件的布局位置相同。⑦一部分主要装饰件的外形相同，包括发动机罩的外形均为贝壳形且其表面的车鼻线的位置和走向相同，进气格栅的外轮廓均呈 U 形，进气格栅旁边的前车灯的外形基本相同，行李厢盖两侧后车灯的外形基本相同，行李厢盖的外轮廓均为矩形，所在后背门均为倒凸字形，下方回复反射器或小灯的外形也均是接近 U 形的四边形。⑧顶面的轮廓相同，且均有全景天窗。⑨一些细节之处相同，包括前车门前方即翼子板上的侧面装饰条形状和位置相同，发动机罩前边沿居中均有标记类英文字母，进气格栅表面均有椭圆形车标，排气筒数量和口部形状相同

	涉案专利	对比设计
不同点	①侧面看腰线以下的下部整车轮廓略有不同，涉案专利车头车尾轮廓略有内凹和斜面转折，对比设计车头轮廓和车尾轮廓为平直和圆滑线条相接，基本无转折。②侧面车门护板处的线面差异，涉案专利车门护板有内凹面、上沿线条略有转折，对比设计车门护板无内凹面，上沿线条为直线条。③前面中部区域车灯内部构造设计不同。具体地，涉案专利车灯内部构造为圆形灯泡加 L 形排列的 LED 好的形式，横倒的 Y 形内罩包围圆形灯泡，对比设计采用两个圆形灯的形式，内部无 Y 形内罩。④前面中部区域进气格栅内部栅条的不同，以及贯穿车灯和进气格栅的金属条的有无。具体地，涉案专利格栅的栅条为菱形网格，藏于内侧，中间有横向金属饰条，该金属条同车灯内部 Y 形内罩的横向部分形成连续一体的视觉效果，对比设计格栅类似蜂窝形式，为三角形网格，在中间无横向金属饰条。⑤前面下部区域的不同，包括进气格栅下方细长进气口的形状，设置雾灯的贯通槽的形状，辅助进气口的大小和形状，前雾灯的位置和形状，倒 U 形板、护板、围板的形状。具体地，涉案专利的细长进气口为 U 形廓，贯通槽连通整个下部，尺寸较大，涉案专利前雾灯位于贯通槽左右两侧的非闭合的矩形内，为竖向灯条加横向 LED 灯构成的 L 形设计，对比设计细长进气口为长方形，无贯通槽，前雾灯位于左右两侧的闭合矩形槽内，为横向一字形。同时，辅助进气口、倒 U 形板、护板、围板也有形状上的差异。⑥后面中部区域的不同，包括车尾灯内部构造设计、后车灯之间的装饰板或者细长装饰条的形状、车牌区域的形状、尾部紧邻车牌下边沿的棱边的长度以及该棱边上下所在面的曲直或斜度大小。具体地，涉案专利车尾灯内部为点网状，对比设计为圆形灯泡，大灯周围环绕小灯，涉案专利的装饰板比对比设计的装饰条要宽，涉案专利车牌区域为扁长的六边形，对比设计的车牌区域为梯形，涉案专利尾部紧邻车牌下边沿的棱边延伸到车体两侧，该棱边上下有斜面，而对比设计尾部紧邻车牌下边沿的棱边只延伸到行李厢盖边缘，在该棱边处形成一个细小的台阶，上下面均基本垂直。⑦后面下部区域的不同，包括回复反射器或小灯的形状和内部构造设计、倒 U 形板上边沿的直或下凹。具体地，涉案专利的回复反射器或小灯比对比设计短，内部反射板或灯占据的面积不同，本专利倒 U 形板的上边沿为直边，对比设计的上边沿为略下凹。⑧一些零部件的有无或者形状差异，包括车顶行李架的有无，后窗雨刷器的有无，后视镜的形状不同以及后视镜上摄像头有无，车轮轮辐的形状不同，扰流板的大小不同。⑨细节设计不同，包括前面和后面英文字母（LAND ROVER 与 RANGE ROVER）的内容差异、进气格栅上椭圆形车标的位置不同、后面车牌左右英文字母 EVOQUE 和车标的有无、车把手上下位置的差异、侧面装饰条的长短、轮眉上的锯齿形缺口的有无（涉案专利没有）、前面底端左右角位置的围板表面凸起的有无（涉案专利没有）、环绕车玻璃的嵌条的材料不同，扰流板中部凸起的有无（涉案专利没有）。另外，涉案专利进气格栅下方的细长进气口内集成有前视摄像头，对比设计没有
关注点	一般消费者的知识水平和认知能力的界定；设计空间对于涉案专利与对比设计是否具有明显区别判断的影响；"整体观察、综合判断"方法如何适用	

2. 各方观点

1）专利复审委员会

"（一）一般消费者的知识水平和认知能力

"作为汽车领域的判断主体，一般消费者应当知晓某类汽车产品的功能和用途、汽车产品的结构组成或布局、主要部件的功能和设计特点以及影响整体视觉效果的各种因素，如该类产品的设计空间，并对不同设计特征对整体视觉效果的影响权重有一定的认知能力。具体而言，在汽车领域，一般消费者应当具有如下常识性的知识。

"汽车设计可以分成车身（即'白车身'）和装饰件两大方面。白车身是指完成焊接但未涂装之前的车身，不包括车门、引擎盖等可移动部件及装饰件等。汽车的装饰件，又称外饰件，是指车身外部可见的装于车身本体的功能件，这些件除应满足本身功能外，还应起到装饰作用。装饰件所包含的具体部件，一般来说主要有：前部的散热器面罩、前照灯及其他灯具，后部的尾灯、车牌、前后保险杠；侧面的防擦条、后视镜、门把手、车轮罩以及车周围的装饰物、车型标志等。汽车灯具通常由照明灯和信号灯组成，安装在车辆的前面、侧面、后面，有时在车辆的顶部。散热器面罩通常俗称为进气格栅，其功能主要是保护散热器，给发动机进入冷却空气。

"车身作为承载乘客和发动机等汽车部件的主体，在造型中所占比重最大，汽车车身的形状往往决定了汽车的整体形状。车身各个面是技术与美学的综合。汽车设计是从侧面开始的，而且汽车侧面是反映车身形状（指三维立体形状）或者汽车整体形状的极其重要的面。汽车前面、后面的设计包括前脸各个部件的布局、车尾各个部件的布局以及所述部件的具体外形和内部构造的设计，而其中因为其位置和标示性作用而引人注目的装饰件，包括车灯、格栅、发动机罩、保险杠等则是在统一的风格之下配合车身的形状进行设计。故汽车的白车身结构是最不容易改变的，相对而言装饰件是容易改变的。

"因此，从设计的顺序、难易和视觉关注程度综合考虑，汽车各个面对整体视觉效果的影响权重由高至低顺序依次是侧面、前面、后面、顶面。根据两个设计之间的差异位于哪个面，以及考虑相同特征或者不同特征在现有设计中公开的频率、是否在现有设计中已经公开或者现有设计是否存在相应的设计手法，侧面、前面、后面、顶面在整体视觉效果中的权重可能会升高或者降低。

"汽车外形的设计由两个基本元素组合而成，即线条与比例。无论汽车的哪个部分，其形状产生于线条的相交、相切，汽车的外形就是由一组组经过排列组合的线条构成的。在汽车外形越来越整体化的今天，线条的运用对于造型愈发重要。线条往往决定了车身表面的起伏，决定了整个车型的设计风格，对于整车的整体视觉效果存在一定的影响。汽车车身造型中各个部分和构件之间受到技术因素（如引擎的布置）和装饰因素（如黄金比例等美学法则）的限制，在设计过程中形成一定的比例关系。汽车的比例关系反映在汽车的基本尺寸上，这些基本尺寸有：轴距、轮距、总长、总宽、总高、前后悬长度以及车身的各部分尺寸等。通过这些基本尺寸的各种变化形成不同的汽车造型设计，达到不同的视觉效果。因此，比例关系反映了汽车的使用性能、造型效果和市场定位。

"如果把汽车前脸看作一张脸，那么汽车的前灯就是脸上的眼睛。车灯既是照明工具也具有传达信息的功能，为驾驶人提供安全驾驶的环境，如夜间照明、显示车辆的位置、大小、行驶方向以及驾驶人的意图等。车灯设计集实用性和装饰性于一体，在与整车设计风格保持一致的同时，体现汽车的品质和个性。进气格栅处于汽车的最前端，处于视觉焦点位置，是汽车整体设计的画龙点睛之处。发动机罩是前面和侧面能够观察到的醒目的车身构件，是买车者经常要查看的部件之一。汽车的保险杠除了保持保护、防撞功能，还追求与车体造型的和谐与统一，从而成为整体造型的组成部分，与车身有机地融合成一个整体。因此，在各个装饰件中，出于功能和装饰因素方面的考虑，前后车灯、进气格栅、发动机罩以及前后保险杠的外形设计相对于其他装饰件的外形设计而言处于比较重要的地位，在整体视觉效果中占比更大。

"（二）设计空间及现有设计的状况

"一般消费者在对现代汽车的造型或外观设计的发展以及现有设计状况有常识性了解的基础上，会认为汽车外观设计的设计空间比较大，理由如下。

"首先，汽车的整体立体形状设计空间比较大。汽车白车身决定的三维立体形状主要由侧面的设计体现。汽车为左右对称的产品，对于侧面设计来说，侧面的设计由于与汽车运动过程中的风阻、主体框架结构（A、B和C柱）以及车型都有着较为密切的关系，是汽车外形设计中最重要也是最难设计的部分。车身侧面的线条设计不仅仅是基于技术和实现车身基本功能和性能的产物，同时也蕴含了车身侧面风格的装饰性考虑。由于现在技术的发展已经远远能够满足城市交通和一般的野外行驶的需求，对于车身侧面外观设计的限制越来越小。基于人们对于汽车个性化需求的多种多样，以及各个车商对于自身品牌特征塑造的重视，车身侧面的设计仍然存在较大的设计变化。以现有设计为例证，路虎公司和江铃公司举证的补充证据1～3、7、9和附件1～8、24～26均是SUV车，由上述现有设计可以看出SUV车的（由白车身决定的）立体形状存在很多变化。

"其次，各个组成部件的布局，包括相互位置关系和尺寸比例关系的设计空间较大。各个组成部件是指装饰件。装饰件的布局和相互位置关系集中在前脸和后脸的设计。纵观路虎公司提交的补充证据和江铃公司提交的附件可以看出，各个组成部件的布局并不是固定不变的，而是存在很多变化。尽管汽车发展至今已经形成了车灯和格栅在上、保险杠在下的相对固定位置，但是前车灯同进气格栅的相对位置并不是固定的，如补充证据1和10中前车灯在上，进气格栅相对在下，补充证据2和3中前车灯和进气格栅基本在同一水平位置。又如进气格栅通常处于左右前车灯的中间，但前车灯同进气格栅的关系包括分开的（如补充证据1）和紧密相邻的（如补充证据2）。再如前保险杠、辅助进气口和雾灯相对于前车灯和进气格栅而言通常处于前脸下部区域，但是辅助进气口或者雾灯的位置相对于前保险杠的位置而言也存在很多变化，如处于水平关系或者上下关系。对于后脸而言，尽管后车灯在上、后保险杠在下是相对固定的位置关系，但是后车灯的位置、形状和尺寸存在很多变化，如补充证据3和7，附件6~8等。因此，后脸中装饰件的尺寸比例关系也存在较大变化。

"各个组成部件布局的变化决定了汽车前面和后面的设计存在较大的设计空间。对于前面来说，设计集中在汽车前脸装饰件的布局和装饰件本身的设计，相对于汽车侧面作出设计变化更为容易，因而汽车前面相对于汽车侧面有更多变化的可能性。

"甚至在车身侧面设计体现的整体立体形状相同的情况下，可以对汽车前脸的装饰件作出不同的设计而得到不同的前脸，比如江铃公司提交的附件2中的设计1和设计2。汽车的车尾主要承担防撞击和指示作用，汽车后面的设计集中在车尾装饰件的布局和装饰件本身的设计，主要的装饰件是位于两侧的照明灯以及位于汽车下部的保险杠，由于车灯造型技术的发展，也为其变化提供了更多的可能性。

"最后，设计空间较大的情况决定了局部细节设计对于整体视觉效果的影响较小。依据前面所述，衡量汽车设计空间大小的因素是整体立体形状和各个组成部件的布局，因为这两个方面对应汽车设计的两大部分即白车身和装饰件的设计，各家存在竞争关系的汽车车商或汽车设计企业对汽车造型作出创新而将彼此产品区分也体现在前述两个方面。汽车外观设计的创新包括全面创新和改进设计。全面创新是指从技术到外形的全新平台式开发，从而白车身决定的三维立体形状以及所有装饰件的设计均作出不同以往的设计；改进设计是指车身改进和局部改型，从而三维立体形状作出局部改变和/或部分装饰件（尤其是主要的装饰件）的设计作出改变，最终达到整体视觉效果上不同于以往的设计。而江铃公司陈述的'汽车整体基本形状、各个组成部件的布局和相互位置关系都是基本相同的，各个部分在整体上的相对位置关系和尺寸比例方面基本上没有太多变化的空间'，这时，对于汽车造型的设计则集中在局部细节或内部构造的设计上，既不属于全面创新也不属于改进设计。

依据整体观察的判断原则，局部细节或内部构造设计对于整车造型的视觉效果的影响很小，用其为依据衡量设计空间，不利于评判和保护整车造型的创新。

"（三）惯常设计或独特设计特征

"1. 悬浮式车顶

"双方当事人对于下沉式设计或者悬浮式车顶设计是惯常设计抑或对比设计的独特设计特征存在争议。江铃公司认为对比设计的悬浮式车顶属于惯常设计，已为附件9、10或附件22～26公开，并非对比设计的独特设计特征。但如前所述，附件9、10中的设计不能作为现有设计。

"悬浮式车顶是通过设计或者对立柱配色将车顶与车身区隔开来，给人以车顶与车身分离的视觉错误。悬浮式车顶可以让汽车看起来更运动，让人产生车身更低的视觉错觉。专利复审委员会认为，本案中的'下沉式设计'和'悬浮式车顶'是对对比设计车上半部分立体形状的不同表达。'下沉式设计'指对比设计车顶线前高后低直线倾斜、同时侧窗下沿线由前向后略微上扬的设计，形成视觉上车顶倾斜下降的视觉效果。而'悬浮式车顶'是对比设计中车顶与车身一部分（即侧窗下沿线以上的ABCD柱构成的部分）构成的立体形状，形成车顶与车身分离的视觉效果。

"20世纪50年代，在雪铁龙DS19上已经使用了悬浮式设计。发展至今，悬浮式车顶设计已存在很多变化，如江铃公司举证的附件22～24。尽管在本专利申请日之前存在悬浮式车顶的设计，但就具体的线条和ABC柱角度以及比例关系形成的整体而言，附件22～24中悬浮式车顶的设计与本案中对比设计的悬浮式车顶的设计并不相同，且在视觉效果上有明显区分。与对比设计相比，附件22、23没有D柱，所示的mini车的车顶线和侧窗下沿线的倾斜度均较小，相对平缓，A、B、C柱的倾斜也明显不同；附件24侧窗下沿线相对平缓，C柱的角度明显不同。附件25、26采用了车顶下沉式设计，但没有车顶悬浮的视觉效果。与对比设计相比，附件25的车顶为曲线线条，A柱与车顶交接处和C柱的角度明显不同；附件26的侧窗下沿线比较水平，基本无倾斜角度，车顶线倾斜角度更大，C 柱和后车窗的角度也明显不同。因此，附件 22～26 均没有公开与对比设计的线条和比例关系相同的侧窗下沿线以上部位的悬浮式车顶设计。故江铃公司的举证不足以证明对比设计的悬浮式车顶为惯常设计，且除路虎公司提交的证据 1 外，该设计未曾在现有设计中出现，故对比设计所示悬浮式车顶为其独特设计特征。

"2. 贝壳形发动机罩

"双方当事人对于对比设计的贝壳形发动机罩是否为惯常设计或已为大量现有设计公开存在争议。江铃公司提交了附件 7、8 用于证明对比设计的贝壳形发动机罩已为现有设计所公开。专利复审委员会认为，从汽车前面观察，附件 7、8 的发动机罩确实有类似对比设计发动机罩的向下方延伸的弧面，但从侧面观察，其下边沿比较平直，没有对比设计所示发动机罩下沿在翼子板位置同轮拱重合的弧线线条。且依据发动机罩的宽度同车身宽度的比例以及发动机罩长度同车身长度方向的比例，附件 7、8 的比例与对比设计的比例不同。因此，在发动机罩的立体形状上，附件 7、8 没有公开对比设计这种造型的发动机罩。故江铃公司的举证不足以证明对比设计的贝壳形发动机罩属于惯常设计或是已为大量现有设计公开。

"3. 侧面腰线、前大灯上扬的线条

"双方当事人对于对比设计的侧面腰线、前大灯上扬的线条是否属于惯常设计存在争议。

"江铃公司提交了附件 13～17 用于证明对比设计的腰线为惯常设计。专利复审委员会认为，大量的现有设计，如补充证据 3、6、8、10、11 以及附件 1～8、24、25，均表明车身腰线可长可短，可为直线，也可以为稍微弯曲的曲线，可平直，也可由车尾向车头倾斜。因此，对比设计的腰线不是一个单独的线条，而是融合在车身侧面设计中的线条，即腰线的曲直、在高度方向的位置、在车长度方向的始终位置和长度都是应当考虑在内的特征。如前所述，附件 13～17 中的设计不能作为现有设计，故江铃公司的举证不足以证明与对比设计所示相同的腰线设计在现有设计中大量出现，而导致一般消费者对其司空见惯，成为惯常设计。

"江铃公司认为，前大灯的尾部上扬属于惯常设计，前大灯的尾部上扬后必然会与前翼子板的弧形隆起合拢交汇，属于设计人员容易想到并作出的设计。专利复审委员会认为，尽管前大灯尾部上扬的设计很多，但从车灯的整个轮廓进行观察，前灯上扬的截至位置没有必然性，如补充证据2、11、附件1、2所示，汽车大灯的尾部上扬后并不必然与翼子板的线条重合。且对比设计的前翼子板的弧形隆起线条既是发动机盖的边界线条，也是前翼子板的边界线条，这个边界线条的设计同前车灯轮廓的设计没有功能和装饰上的必然联系，更没有因果关系。因此，江铃公司的举证不足以证明前大灯的尾部上扬为惯常设计，依据一般消费者的常识，其该设计亦不是容易想到并作出的设计。

"4. 车窗的形状、前脸中部的位置

"双方当事人对于呈等腰梯形的前窗是否为惯常设计存在争议。专利复审委员会认为，依据一般消费者的常识，等腰梯形形状的前窗属于常见设计，但从汽车前面观察，梯形两个斜边的斜率会有所不同，所占据面积不同，如对比设计的前窗和补充证据3的前窗，因为这取决于整车设计决定的车的高度、车的宽度等基本尺寸，从而影响前窗在汽车前面观察时的比例关系。因此，前窗的形状不能孤立看待，而应当整体观察，将其同整车布置和尺寸比例结合起来。即，即使其为常见设计甚至达到惯常设计的程度，也不能影响具体车的设计的整体视觉效果的评判。

"双方当事人对于前脸中部设置前车灯组、前车灯组之间是散热器面罩、散热器面罩下方是保险杠的设计特征是否为惯常设计存在争议。专利复审委员会认为，依据一般消费者的常识和其对于现有设计状况的了解，汽车前面观察时，中部设置前大灯、前大灯之间是散热器面罩、散热器面罩下方是保险杠的位置设计属于惯常设计，因为这个位置关系是由发动机舱内部布局决定，并且是长期沿袭下来的设计。但如前所述，这三个部件的位置关系只是比较模糊的相对位置关系，尚不能决定具体装饰件（车灯、格栅和保险杠）

的外形、比例关系和具体位置。依照整体观察的原则，即使江铃公司所述的这些设计特征达到惯常设计的程度，亦不能得出对比设计前脸中车灯、格栅、保险杠的整体设计为惯常设计，更不会因为本专利与对比设计在前脸存在相同点，而使得二者的相同点在整体视觉效果中的权重必然下降。

"（四）相同点和不同点对于整体视觉效果的影响

"由本专利与对比设计的相同点和不同点可见，二者的比例相同，二者在设计变化比较难的侧面轮廓上非常接近，侧面主要特征线和前后脸的主要分割线相同，前脸和后脸的布局基本相同，主要装饰件如发动机罩、进气格栅、前后车灯组的外轮廓相同，还有一些细节设计相同。这些相同点决定了车的整体造型和三维立体轮廓，由此，从整体上观察，二者的相同点决定了二者具有基本相同的车身立体形状和设计风格，包括都为对比设计所示的悬浮式车顶设计，侧面腰线和裙线等线条凸显硬朗的线条风格，前脸车灯和格栅的一体化设计同贝壳形发动机罩相结合，后脸车灯线条同前脸车灯线条相呼应，倒凸字形的后背门与车灯的直线条分隔等。

"从整体上观察，本专利与对比设计的不同点在于前脸下部、车尾中部的设计以及其他一些细节设计的不同。虽然车身表面的零部件的细节配置以及外表面轮廓的具体结构也是至关重要的设计，但这些设计的难度要低于整体车身外形和车身框架结构的设计难度。依据一般消费者的知识水平和认知能力，综合考虑本案中本专利与对比设计的相同点和不同点在汽车设计中的先后、难易、现有设计中出现的概率、是否容易被关注、所占据的体量比例或面积大小，二者的相同点对整体视觉效果更有显著影响，而不同点属于局部细节设计，且多数特征是现有设计或现有设计中已经给出了设计手法，从而对整体视觉效果的影响较小。而相同点不是现有设计中的常见设计，更不是惯常设计，因此，二者相同点对于整体视觉效果应具有显著影响。

"1. 关于相同点的具体评述

"线条和比例方面。相同点①涉及车的比例，江铃公司对该相同点亦表示认可。相同点③⑥涉及侧面、前面和后面的线条的设计，而比例和线条均反映了汽车设计的装饰效果。相同点③是包含在立体形状设计内容中的侧面主要线条，车顶线、侧窗上下沿线是体现悬浮式车顶设计的主要线条，肩线是反应发动机罩侧面形状的主要线条，腰线和裙线是体现车侧面风格的主要装饰线条，轮拱线和轮眉线是体现轮拱风格设计的主要线条，本专利与对比设计在这些主要线条上的相同点说明了二者采用了相同风格的线条。在车的设计的两大元素线条和比例方面，本专利与对比设计的比例基本相同，主要线条设计相同。因此，车的比例关系、线条走向和线条曲直给人的视觉感受相同。

　　"车身立体形状方面。相同点②涉及侧面上半部分外形轮廓的设计，说明二者具有相同的悬浮式车顶设计（包括相同的 A、B、C、D 柱角度、相同的车窗分割比例），而悬浮式车顶设计如前所述是对比设计的独特设计特征，该特征也是更容易为人注目的体现设计风格的立体设计。相同点④涉及前面和后面观察时反映的汽车外形轮廓设计，说明二者在汽车正面和后面具有基本相同的外形轮廓，包括前窗在正面的比例以及轮拱的设计，轮拱鼓起的弧度相同，该轮拱设计是复古的风格体现。因此，相同点②④以及顶面轮廓的相同点⑧共同体现了前面、侧面、后面、顶面围成的车立体形状的相同点，即本专利与对比设计在车立体形状上除前脸下部和后脸下部位置的形状外都相同，体现的车身设计风格相同。

　　"装饰件方面。相同点⑤⑥涉及汽车前面、后面的布局，包括相对位置和比例关系，相同点⑦涉及装饰件的外形设计，且江铃公司认可对比设计的'格栅形状、鹰眼的大灯、左中右布局以及硬朗的风格、以及侧面 A 柱下方的装饰条'属于对比设计的独特设计特征。基于相同点①~④决定的二者的立体形状上的相同之处，本专利与对比设计的比例相同和前面轮廓、后面轮廓相同。一方面，在前面部件包括车前灯、进气格栅、前保险杠、雾灯、细长进气口、辅助进气口、倒 U 形板的相对位置关系相同时，在前面观察时，这些部件在本专利与对比设计中的具体位置相同，且二者发动机罩、前车灯和进气格栅的外形相同，则二者的发动机罩、前车灯和进气格栅在前面的尺寸比例关系分别相同。另一方面，在后面部件的后车灯、后背门、后保险杠的相对位置关系相同时，二者的后车灯、后背门、后保险杠的具体位置相同，且后车灯、后背门的外形分别相同，则二者的后车灯、后背门在后面的尺寸比例关系分别相同。此外，二者均是前车灯和格栅紧密相邻的一体化设计与贝壳形发动机罩相结合，后车灯线条同前脸车灯线条相呼应，加之对比设计的贝壳式引擎盖不属于惯常设计。如上所述，本专利与对比设计在前面和后面的布局以及装饰件的设计方面存在如此多的共同之处，二者在汽车前面和后面具有相近似的视觉效果。

"局部细节方面。相同点⑨涉及一些功能和装饰性局部细节，前翼子板的侧面装饰条是对比设计的独特设计特征，尽管各家车企都会在车前面或后面设计一些标记，但在发动机罩上设置英文字母标记的并不常见，排气筒数量体现的是车的使用性能，排气筒口部形状是排气筒的装饰性设计，相同点⑨的细节进一步加深了一般消费者对于本专利与对比设计在整体视觉效果上相同的视觉印象。

"2. 关于不同点的具体评述

"对于不同点①，侧面观察到的车头、车尾下部轮廓尽管有差异，但差异比较小，侧面看腰线以下车头轮廓的不同是由车前脸贯通槽的有无导致的差异，车尾轮廓的差异是因为车尾中部区域的斜面导致的差异，车头、车尾下部所述差异并不影响整体车型风格，在车身上部轮廓相同、下部轮廓非常接近的情况下，该差异属于一般注意力不易察觉的细微差异。

"对于不同点②侧面车门护板处的线面差异，防擦条或者在车门下端设计凹凸面均是实现防止擦碰目的的设计，同时，凹凸面可以具有一定的装饰效果，结合现有设计状况看，大量的现有设计已经采用凹面造型的手法，如补充证据1、3、5、7、8、10~12以及附件1~8、24~26所示。其中，补充证据10、附件2、5、7、8、24均采用类似之字形线条的设计，补充证据10的视觉效果与本专利车门下端的内凹造型的视觉效果很接近。

"对于不同点③前面中部区域车灯内部构造设计，尽管车灯内部构造设计有较大设计空间，且可以做出品牌风格的特定设计，但内部构造设计是在外形轮廓确定后才能作出的后续设计，购买汽车的消费者也不会特别留意内部构造，且在行使状态车灯被点亮下，消费者才能清楚辨别车灯内部排列和灯具的差异。因此，相对于车身和主要装饰件的设计而言，其设计难度相对较小，在整车观察时，不易为人关注，对于一般消费者而言，内部构造设计对整体视觉效果的影响很小。

"对于不同点④前面中部区域进气格栅内部栅条的不同，以及贯穿车灯和进气格栅的金属条的有无，依据一般消费者的常识，运动车型采用网格状格栅是很常见的设计，格栅镂空形状因具体车型不同而不同，且变化越来越多。因此，本专利格栅内部栅条的设计属于常见设计的一种选择。本专利贯穿车灯和进气格栅的金属条实际上是由进气格栅中间的金属条与车灯内金属罩板组成，进气格栅上设计金属条是比较常见的装饰性设计手法，如附件1~4、补充证据1~3，格栅中间设计一条金属饰条的设计也已经被公开，如补充证据1、3所示。尽管本专利的金属饰条同左右两侧车灯内金属内罩板水平对齐，形成一体的视觉效果是现有设计中不曾出现的，但相对于汽车前面的相同特征即前述相同点④~⑦而言，该视觉效果相对于整车所有设计特征形成的整体视觉效果而言，权重很小。

"对于不同点⑤前面下部区域的不同，补充证据4~8有贯穿前脸下部左右方向的贯通槽，在贯通槽的左右两侧设置雾灯等灯具，其中补充证据8贯通槽的左右两竖边和上边的线条走向与本专利的很接近，尽管这些证据的贯通槽外形与本专利有些差异，但现有设计确实给出过前脸下部设置贯通槽的设计手法，在此基础上，汽车前面下部区域的设计难度就降低很多。至于其他差异，包括辅助进气口、前雾灯、倒U形板、护板、围板等，相对于整体布局、进气格栅和车灯外轮廓而言，均处于视觉关注的次要地位，且本专利与对比设计前雾灯的设置位置在车高度上都是和上部的车灯基本对齐的，加之护板和围板基本在视觉上不被关注，故考虑各面体现的整体设计而言，该不同点⑤不具有显著影响。

"对于不同点⑥后面中部区域的不同，车尾灯内部构造设计的差异同前脸车灯构造的评述。关于后车灯之间的装饰板或者细长装饰条的形状，在车牌上方设计装饰条或装饰板属于常见的设计手法，如补充证据4、6、10、12、附件26所示。其中，补充证据12的装饰板上沿同左右车灯平齐，左右同车灯对齐，下沿对应车牌区域的多边形的三条边，与本专利装饰条的设计极为近似。关于车牌区域多个特征的差异，本专利由棱边区分的上下斜面的斜度较小，相对于后面的整体轮廓、上部车灯的设计而言处于次要地位，且现有设计中也出现过类似的设计，如补充证据9、10的行李厢盖中下部设计有棱边，补充证据10~12的车牌区域为六边形，补充证据10的形状与本专利的车牌区域形状相近似。

"对于不同点⑦后面下部区域的不同，回复反射器或小灯的形状差异较小，且二者的位置相同，其内部构造评述同前，二者倒U形板的位置相同，相对于车身宽度、高度的比例基本相等的情况下，上沿曲直的差异很微小，且本专利的直线上沿为现有设计，如补充证据7、10以及附件5、6。

"对于不同点⑧一些零部件的有无或者形状差异，行李架是SUV车上的常见设计。雨刷器不是为装饰性目的的设计，对比设计中扰流板尺寸较大，在流动气流下也能起到防尘防水的作用，而本专利的扰流板尺寸较小，故而雨刷器是除尘、除水用的必备设计，即使本专利后窗雨刷器形状与现有设计不同，相对于整体设计而言，也属于一般注意力不能察觉的细微差异。对于本专利的后视镜，不论其是否为新颖的设计，作为车身上体积很小的附件或附属装置，其对整体视觉效果无显著影响，而且根据汽车领域的常识，后视镜上设置摄像头属于现有设计中已经应用过的设计，即使摄像头的具体形状可能不同，但因其比例小，在整体视觉效果上的影响也极小。车轮为可容易更换的附件，即使本专利的车轮辐条为新设计，其对整体视觉效果的影响也很小，扰流板为运动类型汽车上的常见设计，其大小尺寸差异对整体视觉效果影响很小。

"对于不同点⑨细节设计不同，车门、车标的差异均属于标记类设计的差异，一方面字母和车标文字及符号的内容不属于外观设计保护的范围，另一方面标记类设计经常设置在消费者容易看到的位置，比如车正面进气格栅、后面行李厢盖、车身等，车把手的位置差异较小，相对于侧面的整体轮廓、车架结构、腰线裙线的设计而言，属于一般注意力不能察觉的细微差异。至于侧面装饰条的长短，由于在发动机罩线条和轮拱线重合是现有设计中极少出现过的设计，且江铃公司认可对比设计的侧面装饰条是对比设计独特设计特征，在二者均采用基本一致的平直线条组合弧形线条的情形下，装饰条的长短就不为人关注，而装饰条上具体设计灯条还是散热孔是现有设计中已经出现的设计手法。江铃公司认可轮眉上没有缺口是惯常设计，故本专利没有缺口是采用了惯常设计，对于前面底端左右角位置围板表面有凸起的有无，本专利没有凸起是更常见的设计形式，且该区别位于视觉不为人关注的最下端。环绕车玻璃的嵌条的材料不同，仅是从常用材料中作的一种选择，对于整体视觉效果的影响极小。本专利扰流板中部没有凸起则是更常见的扰流板表面的形式，该区别位于视觉相对不为人关注的顶面，对整体视觉效果的影响极小。对于本专利进气格栅下方的细长进气口内集成有前视摄像头，由于摄像头体积很小，位置不引人关注，属于肉眼仔细观察才能发现的局部细微差异。

"综上所述，相对于本专利与对比设计相同的车身立体形状、装饰件的设计而言，上述不同点均属于局部细节的改进，且基本上所有区别特征都被现有设计公开或者现有设计给出相同的设计手法，故相对于二者的相同点而言，二者的不同点对整体视觉效果都没有显著影响。综合考虑本专利与对比设计的相同点和不同点对于整体视觉效果的影响，从整体上观察，本专利与对比设计在整体视觉效果上没有明显区别，因此，本专利不符合 2008 年《专利法》第二十三条第二款的规定。在此基础上，专利复审委员会对路虎公司提出的其他证据以及其他无效理由、麦戈文提出的无效理由和证据不予评述。

"因此，专利复审委员会作出被诉决定，宣告本专利专利权全部无效。"

2）北京知识产权法院（一审）

"一、判断本专利与对比设计是否具有明显区别时的考量因素

"根据 2008 年《专利法》第二十三条第二款的规定，判断本专利与对比

设计是否具有明显区别，应当以一般消费者为判断主体，对本专利与对比设计进行整体观察、综合判断。本案中，各方当事人在能够影响产品外观设计整体视觉效果的考量因素上的争议主要有三：（1）一般消费者的知识水平和认知能力的界定；（2）涉案专利产品的设计空间的界定；（3）判断本专利与对比设计是否具有明显区别的原则及方法的确定。分别阐述如下：

"（一）关于一般消费者的知识水平和认知能力

"判断外观设计是否符合 2008 年《专利法》第二十三条第二款的规定时，应当基于涉案专利产品的一般消费者的知识水平和认知能力进行评价。不同种类的产品具有不同的消费者群体。本案中，本专利与对比设计产品均为 SUV 类型的汽车。参照《专利审查指南 2010》第四部分第五章第 4 节的规定，作为某种类外观设计产品的一般消费者，应当对本专利申请日之前相同种类或者相近种类产品的外观设计及其常用设计手法具有常识性的了解，并对外观设计产品之间在形状、图案以及色彩上的区别具有一定的分辨力，但不会注意到产品的形状、图案以及色彩的微小变化。同时，参照最高人民法院在（2010）行提字第 3 号本田技研工业株式会社诉专利复审委员会外观设计无效宣告再审案件［简称'（2010）行提字第 3 号案件'］的认定，前述"常识性的了解"是指通晓相关产品的外观设计状况而不具备设计的能力，但并非局限于基础性、简单性的了解。可见，SUV 类型汽车的一般消费者，应为具有上述知识水平和认知能力的群体。该群体应对市场上销售的该类型汽车以及诸如大众媒体中常见的该类型汽车广告中所披露的信息有所了解，但不应具备设计的能力。汽车设计的顺序及难易程度等属于判断设计能力的考量因素，通常不宜作为判断一般消费者知识水平和认知能力的基础信息。基于此，作为 SUV 类型汽车的一般消费者，其更应关注该类型汽车的基本造型轮廓、主体结构以及主要部件的布局所带来的美感。故被诉决定从设计的顺序、难易和视觉关注程度考虑，认定汽车各个面对整体视觉效果的影响权重由高至低顺序依次是侧面、前面、后面、顶面确有不当，在此予以纠正。江铃公司关于被诉决定所归纳的一般消费者应当具有的常识性知识存在错误的主张具备事实和法律依据，应予支持。

"（二）关于本专利产品的设计空间

"设计空间是指设计者在创作特定产品外观设计时的自由度。设计空间的大小是一个相对的概念，设计者在特定产品领域中的创作自由度通常要受到现有设计、技术、法律以及观念等多种因素的制约和影响。涉案专利产品的设计空间的大小，在一定程度上会对该类型产品的一般消费者的认知能力产生影响。在对涉案专利与现有设计是否具有明显区别进行判断时，考虑设计空间的意义主要在于，防止在该专利产品的设计空间较小时，仍然以涉案专利与现有设计的区别点较小为由，而否定该区别点对产品外观的整体视觉效果所产生的影响。

"本案中，本专利与对比设计产品均为 SUV 类型的汽车。从江铃公司提交的附件 1～8、24～26 以及路虎公司提交的补充证据 1～3、5、7～10 来看，一方面，即使 SUV 类型汽车的主体框架结构较为类似，且会受到如汽车运动过程中的风阻等功能性需求的限制，但车身肩线、腰线、车顶线、侧窗上下沿线、裙线等的尺寸、比例、布局和相互位置关系的不同，亦会使得 SUV 类型汽车车身的立体形状存在诸多变化。另一方面，即使 SUV 类型汽车通常均设置有车灯、进气格栅、保险杠等组成部件，且受到设定功能和观念的限制，汽车前面已形成了前车灯和进气格栅在上、前保险杠在下的相对固定位置，汽车尾部已形成了后车灯在上、后保险杠在下的相对固定位置，但车灯、进气格栅、保险杠本身的形状、尺寸、比例、布局和相互位置关系的不同，亦会使得 SUV 类型汽车的前面和尾部存在诸多设计变化。因此，在当事人提交的在案证据的基础上，被诉决定认定 SUV 类型汽车的设计空间较大并无不当。江铃公司关于该类型汽车的设计空间较小的主张缺乏事实依据，不予支持。

"另外，关于江铃公司依据最高人民法院在（2010）行提字第 3 号案件中已作出了 SUV 类型汽车的外形轮廓都比较接近的认定，主张该类型汽车的设计空间较小一节，如前所述，设计空间的大小是一个相对的概念，随着现有设计增多、技术进步、法律变迁以及观念变化等，设计空间既可能由大变小，亦可能由小变大。因此，在专利无效宣告程序中考量外观设计产品的设计空间，应以涉案专利申请日时的状态为准。鉴于最高人民法院作出上述认定的时间为 2010 年 11 月 26 日，而本专利的申请日为 2013 年 11 月 6 日，故在充分考虑当事人提交在案的证明现有设计状态的证据的基础上，就本专利产品的设计空间作出如上认定并无不当，与最高人民法院在先判决中的认定亦无相违之处。江铃公司的上述主张不能成立，不予支持。

"（三）关于本专利与对比设计是否具有明显区别的判断原则和方法

"根据 2008 年《专利法》第二十三条第二款的规定，判断本专利与对比设计是否具有明显区别，应当遵循整体观察、综合判断的原则。在对本专利与对比设计进行比对时，本专利应以其授权文本中的图片或者照片表示的外观设计为准，对比设计公开的信息应通过其图片或者照片公开的内容来确定，且应分别对二者进行直接观察，对其各自所具有的设计特征进行客观描述。基于此，在对本专利与对比设计进行直接观察时，应观察二者可视部分的全部设计特征，包括二者的相同点和不同点，进而权衡该相同点和不同点对产品外观的整体视觉效果产生的影响，方可作出二者的差别对于产品外观设计的整体视觉效果是否具有显著影响的判断。可见，被诉决定先列举本专利与对比设计的相同点及不同点，再评述上述相同点及不同点对汽车整体视觉效果的影响的判断方法，正是遵循整体观察、综合判断原则的体现，并无不当。

"同时，考虑到对于 SUV 类型的汽车而言，汽车的顶面和底面属于在使用时不容易看到或看不到的部位，故在对本专利与对比设计进行整体观察时，应当更关注使用时容易看到的部位，即汽车的基本外形轮廓、各部分的相互比例关系以及车身的前面、侧面和后面等，并在综合判断时，根据该类型汽车的特点，权衡各部分对汽车外观设计整体视觉效果的影响。被诉决定虽然侧重于侧面对汽车外观设计整体视觉效果的影响，但其系在对本专利与对比设计进行整体观察，并对二者的设计特征进行客观描述的基础上作出的认定，在判断方法上并未有违整体观察、综合判断原则。

"另外，虽然在确定本专利相对于对比设计的相同点和不同点时，被诉决定为表述方便而将汽车前面与后面分割为三个区域并进行分别比对，但其仍然系针对本专利与对比设计的具体设计特征进行阐述并作出认定的，在判断方法上亦未有违整体观察、综合判断原则。

"综上，江铃公司关于被诉决定认定本专利与对比设计不具有明显区别违反了整体观察、综合判断原则的主张不能成立，不予支持。

"二、关于被诉决定是否遗漏了本专利相对于对比设计的同点

"本案中，对比设计由七张照片组成，从图中清晰可见，对比设计侧面车顶线前高后低、直线倾斜，且侧面车窗下沿线由前向后略微上扬。虽然江铃公司主张对比设计的车顶为悬浮式设计，而本专利车顶不存在悬浮式设计，但考虑到车顶的悬浮式设计是指通过设计或者立柱配色将车顶与车身区隔开来，给人以车顶与车身分离的视觉错误，而本专利未指定保护颜色，故在进行车身侧面上半部分的比对时，不应考虑车顶、车身及立柱的配色对视觉效果的影响。在此基础上，将本专利与对比设计进行比对可见，二者侧面肩线、车顶线的轮廓基本相同；车窗上下沿线及腰线的位置，A、B、C、D柱的倾斜角度，车窗的外轮廓及分割的比例亦基本相同，即本专利侧面车顶线亦前高后低、直线倾斜，侧面车窗下沿线亦由前向后略微上扬。因此，本专利相对于对比设计并不存在江铃公司所主张的车顶是否为悬浮式设计的不同点。

"另外，关于江铃公司主张对比设计的尾部包括后车窗、中护板、尾气口三个层次，而本专利的尾部包括后车窗、上护板、标牌板、中护板、尾气口五个层次一节，如前所述，在对本专利与对比设计进行比对时，应当分别对二者进行直接观察，并对其所具有的设计特征进行客观描述。虽然被诉决定为表述方便而将本专利与对比设计的尾部均分割为三个区域，但无论本专利尾部应包括三个区域抑或五个层次，在对其与对比设计之间的相同点与不同点进行认定时，针对的均应为其具体的设计特征。考虑到被诉决定已在对本专利与对比设计尾部的具体设计特征进行客观描述的基础上，作出了本专利与对比设计尾部存在如后车灯内部构造设计、后车灯之间的装饰板或者细长装饰条的形状、车牌区域的形状、尾部紧邻车牌下边沿的棱边的长度、该棱

边上下所在面的曲直或斜度大小、回复反射器或小灯的形状和内部构造设计、倒 U 形板上边沿平直或下凹等不同点的认定，若如江铃公司所述，再行对本专利与对比设计尾部的层次进行区分，既无实质影响，亦无必要。故本专利与对比设计不存在江铃公司所主张的尾部层次上的不同点。

"综上，江铃公司关于被诉决定遗漏了本专利相对于对比设计的不同点的主张缺乏事实依据，不予支持。

"三、关于本专利与对比设计是否具有明显区别

"本案中，鉴于各方当事人均明确表示对被诉决定认定的本专利与对比设计存在的相同点及不同点没有异议，经审查，亦予以确认。将本专利与对比设计进行比对可见：二者的车身比例基本相同，前面车身的外轮廓及发动机罩、前车灯、进气格栅、前保险杠、雾灯、细长进气口、辅助进气口等主要部件的相互位置关系基本相同，侧面车身肩线和车顶线的轮廓、车窗上下沿线及腰线、裙线、轮拱线、轮眉线的位置、立柱的倾斜角度、车窗的外轮廓及分割的比例基本相同，后面车身的外轮廓及后车灯、行李厢盖、后背门、后保险杠、回复反射器或小灯、排气筒等主要部件的相互位置关系基本相同，且前面与后面部分部件的形状亦较为类似，如前后车灯的外形基本相同、翼子板上装饰条的形状基本相同、进气格栅的外轮廓均呈 U 形、行李厢盖的外轮廓均呈矩形、所在后背门均呈倒'凸'字形、回复反射器或小灯的外形均呈类似 U 形的四边形、排气筒的口部形状均呈平行四边形等。二者的不同点主要在于：（1）从前面观察，前车灯内部构造设计不同，本专利为圆形灯加 L 形排列的 LED 灯，并有横倒的 Y 形内罩包围圆形灯，对比设计为圆形灯，且内部无 Y 形内罩；进气格栅的栅条形状不同，本专利的栅条为藏于内侧的菱形网格，中间有横向贯穿车灯和进气格栅的金属条，该金属条与车灯内部 Y 形内罩的横向部分形成连续一体的视觉效果，对比设计的栅条为三角形网格，类似蜂窝形式，中间无横向金属条；进气格栅下方细长进气口的形状不同，本专利为 U 形轮廓，对比设计为矩形；雾灯及设置雾灯的贯通槽的形状不同，本专利雾灯为竖向灯条加横向 LED 灯构成的 L 形设计，贯通槽尺寸较

大，连通左右两侧的雾灯，对比设计无贯通槽，雾灯为横向'一'字形，位于左右两侧的闭合矩形槽内；辅助进气口、倒 U 形板、护板、围板的大小和形状亦有不同。（2）从侧面观察，腰线以下的车身外轮廓略有不同，本专利车头、车尾略有内凹和斜面转折，对比设计车头、车尾轮廓为平直和圆滑线条相接，基本无转折；翼子板上装饰条的长度不同，本专利的装饰条较对比设计为短；车把手的设置位置不同，本专利车把手较对比设计更贴近腰线；车门护板处的设计不同，本专利有内凹面且上沿线条略有转折，对比设计无内凹面，上沿线条为直线条。（3）从后面观察，后车灯内部构造设计不同，本专利为点网状，对比设计为圆形灯，大灯周围环绕小灯；后车灯之间的装饰板或装饰条的形状不同，本专利的装饰板较宽，其上有英文字母 LANDWIND，对比设计的装饰条较窄，英文字母 RANGEROVER 设计在行李厢盖上；车牌区域的设计不同，本专利车牌区域为扁长的六边形，紧邻车牌下边沿的棱边延伸到车体两侧，且该棱边上下有斜面，对比设计车牌区域为梯形，紧邻车牌下边沿的棱边只延伸到行李厢盖边缘，在该棱边处形成一个细小的台阶，上下面均基本垂直；回复反射器或小灯的形状和内部构造设计不同，本专利的回复反射器或小灯比对比设计短，内部反射板或灯占据的面积不同；包围排气筒的倒 U 形板的形状不同，本专利倒 U 形板的上边沿较为平直，对比设计倒 U 形板的上边沿略向下凹。（4）其他零部件的有无或设计差异，如车顶行李架的有无、细长进气口内集成摄像头的有无、后窗雨刷器的有无、后视镜的形状不同及其上摄像头的有无、车轮轮辐的形状不同、扰流板的大小不同、发动机罩上英文字母的内容差异、进气格栅上车标的位置不同、尾部车牌左右英文字母及车标的有无等。

"如前所述，在对涉案专利与现有设计是否具有明显区别进行判断时，考虑设计空间的意义主要在于，防止在该专利产品的设计空间较小时，仍然以涉案专利与现有设计的区别点较小为由，而否定该区别点对产品外观的整体视觉效果所产生的影响。本案中，鉴于认可被诉决定中关于 SUV 类型汽车的设计空间较大的认定，故在权衡本专利与对比设计的相同点和不同点对产品外观的整体视觉效果所产生的影响时，设计空间要素即不会对判断本专利与对比设计是否具有明显区别产生实质影响。在此基础上，依据 SUV 类型汽车的一般消费者的知识水平和认知能力、视觉关注程度以及现有设计的状况，综合考虑本专利与对比设计的相同点和不同点在汽车的使用状态下是否容易被关注、所占据的体量比例或面积大小、以及各设计特征组合后所形成的视觉效果：

"对于不同点①，本专利与对比设计前车灯的外形基本相同，而车灯的内部构造和设计通常系在汽车行驶状态下车灯被点亮时方可被清楚识别，故相比于车灯的外形，一般消费者对于车灯内部构造的关注度较低。同时，本专利与对比设计进气格栅的外轮廓均呈 U 形，菱形网格状的栅条又藏于进气格栅内侧，在使用状态下通常不易被一般消费者所关注，且江铃公司提交的附件 1~4 以及路虎公司提交的补充证据 1、3 均给出了在进气格栅上设置金属条的设计方案。但是，本专利前车灯为圆形灯加 L 形排列的 LED 灯，并为横倒的 Y 形内罩所包围，使得该车灯外观整体呈现出狭长的视觉效果，加之该 Y 形内罩的横向部分与进气格栅中部设置的单根金属条相连，形成了左右贯穿的一体化效果。而设置在细长进气口下方的雾灯、大尺寸贯通槽、辅助进气口、倒 U 形护板等设计相辅相成，亦形成了类似张口龇牙的视觉效果。在此基础上，虽然本专利与对比设计的发动机罩、前车灯、进气格栅、前保险杠、雾灯、细长进气口、辅助进气口等主要部件的相互位置关系基本相同，但由于各部件在形状、大小上的设计差异，使得其组合后形成了较强的视觉冲击力，足以引起一般消费者的注意。

"对于不同点②，虽然本专利与对比设计在腰线以下车头、车尾处的外轮廓存在差异，但该车头处的差异系汽车前面贯通槽的有无导致的差异，车尾处的差异系汽车后面车牌区域的斜面设置所导致的差异，故在本专利与对比设计车身比例基本相同，车身侧面肩线和车顶线的轮廓、车身前面及尾部的外轮廓均基本相同的情况下，该车头、车尾处外轮廓的差异属于一般消费者施以一般注意力不易察觉到的细微差异。根据江铃公司提交的附件 1~8、

24～26 以及路虎公司提交的补充证据 1、3、5、7、8、10 所示，为防止擦碰而在车身侧面车门下端设计内凹面系 SUV 类型汽车的惯常设计。在本专利与对比设计侧面车窗上下沿线及腰线、裙线、轮拱线、轮眉线的位置、立柱的倾斜角度、车窗的外轮廓及分割的比例基本相同的情况下，二者车门护板上沿线条是否有转折、翼子板上装饰条的长短以及车把手是否贴近腰线，均属于一般消费者施以一般注意力不易察觉到的细微差异。

　　"对于不同点③，本专利与对比设计排气筒的口部形状均呈平行四边形，包围排气筒均设置有倒 U 形板，虽然该倒 U 形板的形状有所不同，但在其相对于车身宽度、高度的比例基本相同的情况下，其上沿曲直的差异属于一般消费者施以一般注意力不易察觉到的细微差异。虽然江铃公司提交的附件 26 和路虎公司提交的补充证据 10 提供了在车牌上方设置装饰条的设计方案，路虎公司提交的补充证据 10 提供了车牌区域呈扁长六边形的设计方案，路虎公司提交的补充证据 9、10 提供了在车牌区域下方设置棱边，且棱边延伸至车体两侧的设计方案，但上述证据尚不足以证明将车牌区域设置为扁长的六边形，并在车牌区域上方设置装饰板，下方设置延伸至车体两侧的棱边，属于 SUV 类型汽车的惯常设计。虽然本专利与对比设计后车灯、行李厢盖、后背门、后保险杠、回复反射器或小灯、排气筒等主要部件的相互位置关系基本相同，且二者行李厢盖的外轮廓、后背门、后车灯、回复反射器或小灯的外形基本相同，但本专利后车灯呈点网状设计，与中间的装饰板相连接，形成了左右贯通、两端宽中间窄的一体化视觉效果，加之本专利在车牌区域上方设置较宽的装饰板，下方设置延伸至车体两侧的棱边，并通过棱边上下斜面的设置，增强了汽车尾部的立体感，足以引起一般消费者的注意。

　　"对于不同点④，由江铃公司提交的附件 1、2、5、6 以及路虎公司提交的补充证据 3、5、7、9、10 可见，车顶行李架系 SUV 类型汽车的惯常设计，即便本专利的行李架与现有设计不同，其亦属于一般消费者在使用时不容易观察到的部位。本专利前面细长进气口内集成的摄像头所占体积较小且位置较为隐蔽，属于一般消费者施以一般注意力不易察觉到的细微差异。由江铃公司提交的附件 1、26 以及路虎公司提交的补充证据 1、3、9 可见，为除尘、除水的目的而在后窗处设置雨刷器系 SUV 类型汽车的惯常设计，即便本专利的雨刷器与现有设计不同，相对于汽车整体视觉效果而言，其亦属于一般消费者施以一般注意力不易察觉到的细微差异。后视镜及其上的摄像头所占体积较小，其形状对汽车的整体视觉效果不具有显著影响。车轮轮辐的形状差异、扰流板的尺寸差异、进气格栅上车标的不同位置、发动机罩上英文字母的内容差异、汽车尾部车牌左右英文字母及车标的有无等对于汽车的整体视觉效果亦影响较小。

"可见，虽然本专利与对比设计车身比例基本相同，侧面主要线条的位置、立柱的倾斜角度、车窗的外轮廓及分割的比例基本相同，前后面车身的外轮廓及主要部件的相互位置关系亦基本相同，但本专利与对比设计在前车灯、进气格栅、细长进气口、雾灯、贯通槽、辅助进气口、倒 U 形护板、后车灯、装饰板、车牌区域及棱边等部位存在不同的设计特征，其组合后形成的视觉差异对 SUV 类型汽车的整体外观产生了显著的影响，足以使一般消费者将本专利与对比设计的整体视觉效果相区分。即相比于相同点，上述不同点对于本专利与对比设计的整体视觉效果更具有显著影响。故本专利与对比设计具有明显区别，符合 2008 年《专利法》第二十三条第二款的规定。

"综上所述，江铃公司的诉讼理由部分具备事实及法律依据，其诉讼请求应予支持。被诉决定认定事实不清，适用法律错误，应予撤销。

"北京知识产权法院依照《中华人民共和国行政诉讼法》第七十条第一款第（一）项、第（二）项之规定，判决：一、撤销专利复审委员会作出的被诉决定；二、专利复审委员会针对路虎公司、麦戈文提出的无效宣告请求重新作出决定。"

3）北京市高级人民法院（二审）

"一、关于一般消费者的知识水平和认知能力的界定

"本专利的申请日为 2013 年 11 月 6 日，应当适用 2008 年《专利法》。2008 年《专利法》第二十三条第二款规定，授予专利权的外观设计与现有设

计或者现有设计特征的组合相比，应当具有明显区别。

"关于 2008 年《专利法》第二十三条第二款适用时的判断主体，专利法及其实施细则均未予以明确规定。中华人民共和国国家知识产权局（简称'国家知识产权局'）制定的《专利审查指南 2010》第四部分第五章第 4 节规定：'在判断外观设计是否符合《专利法》第二十三条第一款、第二款规定时，应当基于涉案专利产品的一般消费者的知识水平和认知能力进行评价。不同种类的产品具有不同的消费者群体。作为某种类外观设计产品的一般消费者应当具备下列特点：（1）对涉案专利申请日之前相同种类或者相近种类产品的外观设计及其常用设计手法具有常识性的了解。例如，对于汽车，其一般消费者应当对市场上销售的汽车以及诸如大众媒体中常见的汽车广告中所披露的信息等有所了解。常用设计手法包括设计的转用、拼合、替换等类型。（2）对外观设计产品之间在形状、图案以及色彩上的区别具有一定的分辨力，但不会注意到产品的形状、图案以及色彩的微小变化。'《专利审查指南 2010》属于国家知识产权局制定的部门规章，不违反法律法规的规定，且上述规定将判断主体限定为'一般消费者'，并从知识水平和认知能力两个角度对'一般消费者'进行界定，有利于裁判的客观化及法律适用标准的统一，已为司法实践长期接受。2010 年 1 月 1 日起施行的《最高人民法院关于审理侵犯专利权纠纷案件应用法律若干问题的解释》第十条即规定：'人民法院应当以外观设计专利产品的一般消费者的知识水平和认知能力，判断外观设计是否相同或者近似。'本案是外观设计专利确权案件，对上述规定可以参照适用。

"参照《专利审查指南 2010》的规定，一般消费者是一个具有特定知识水平和认知能力的抽象的人，但在具体案件中，判断涉案专利与对比设计是否具有明显区别，必须结合涉案专利产品所属的种类，将一般消费者这一抽象概念具体化为与该产品相关的消费者群体。在具体案件中，应从以下三方面进行把握。

"第一，一般消费者是涉案专利产品所属种类的消费者群体。此处的产品种类是指在功能、用途、使用环境等方面具有众多共性的产品类别；消费者群体意在强调对一般消费者的具体化并不等同于具体到日常生活中的消费者，而是能够从涉案专利产品所属种类的消费者群体中抽象出其共同的知识水平和认知能力特征，进而提炼出该类产品一般消费者的理性认知。

"第二，一般消费者了解的内容是外观设计及其常用设计手法。外观设计是申请日前与外观设计专利产品的相同或者相近种类产品的外观设计状况，包括申请日前申请的专利、市场上已经销售的产品、广告或出版物中在先公开的产品外观设计等。关于常用的设计手法，《专利审查指南2010》规定包括设计的转用、拼合、替换等类型，但并未作穷尽性规定，一般认为，常用的设计手法还包括使用功能、技术功能所限定的设计手法以及装饰性的比例、对称等方面的设计手法。

"第三，一般消费者的能力水平达到'常识性的了解'的程度。正如最高人民法院（2010）行提字第3号案件所认定，就外观设计状况而言，'常识性的了解'是指通晓相关产品的外观设计状况，而并非局限于基础性、简单性的了解。但需要注意的是，最高人民法院（2010）行提字第3号案件适用的是2000年《专利法》，同时参照《专利审查指南2006》的相关规定，而2000年《专利法》关于外观设计专利授权条件、《专利审查指南2006》关于一般消费者知识水平和认知能力的界定，均有别于2008年《专利法》和《专利审查指南2010》的相应规定。与《专利审查指南2006》相比，《专利审查指南2010》规定，一般消费者不仅对'涉案专利申请日之前相同种类或者相近种类产品的外观设计'有常识性的了解，还对'其常用设计手法'有常识性的了解，从而提高了一般消费者的认知能力。尽管一般消费者的认知能力不是专业设计师或专家的水平，但至少对涉案专利产品外观设计常见、常用的设计知识有所了解，并且关注该类产品的发展。因此，专利复审委员会本案关于原审判决在一般消费者知识水平和认知能力的认定上错误援引最高人民法院在先判决的主张成立，本院予以支持。

"就本案而言，本专利与对比设计的产品均是SUV（全称为Sport Utility

Vehicle），即运动型多用途汽车，该类汽车是将轿车的舒适性与越野车的通过性相结合的一类汽车，属于在功能、用途等方面存在共性的、相对独立的汽车类型。由于汽车设计是一项复杂的整体工程，汽车外形的确定要结合汽车的功能设定和审美需求，同时涉及机械工程学、人机工程学、空气动力学以及电子学等多个领域。作为 SUV 外观设计判断主体的一般消费者，基于其对申请日前申请的专利、市场上销售的汽车、汽车广告中披露的信息以及汽车类书籍中公开的在先计等现有设计状况和对该类汽车常用设计手法的了解，一般消费者应当知晓该类汽车的产品结构组成、主要部件的功能和设计特点，以及车身三维立体形状、各组成部分的比例和位置关系以及车身表面装饰件的形状、布局等均对整体视觉效果产生不同程度的影响。

"本案中，被诉决定根据对汽车设计顺序、难易和视觉关注程度的考虑，作出了汽车各个面对整体视觉效果的影响权重由高至低顺序依次为侧面、前面、后面、顶面的认定。对此，本院认为，就汽车外观设计而言，汽车的整体造型以及前、侧、后等各个面的设计特征均对整体视觉效果产生影响，至于不同面对整体视觉效果的影响权重，应当根据涉案专利产品所属汽车类型的特点，在划分设计特征以及将涉案专利与对比设计的相应特征进行对比的基础上，结合设计空间和现有设计状况，权衡车身各个面对整体视觉效果的影响权重，而不能仅依据设计顺序、难易程度即当然地断定汽车各个面对整体视觉效果的影响权重顺序。因此，原审判决对被诉决定的上述认定结论予以纠正，并无不当，本院予以确认。

"二、设计空间对于本专利与对比设计是否具有明显区别判断的影响

"最高人民法院（2010）行提字第 5 号行政判决指出，设计空间是指设计者在创作特定产品外观设计时的自由度。在判断两外观设计是否具有明显区别时，考虑设计空间或者说设计者的创作自由度，有利于准确确定一般消费者的知识水平和认知能力。通常而言，设计空间较大的，一般消费者不容易注意到不同设计之间的细微差异；设计空间较小的，一般消费者更容易注意到不同设计之间的细微差异。

"由于设计空间的大小是一个相对的概念，一般受限于产品的技术功能、采用该类产品常见特征的必要性、现有设计的拥挤程度等因素，在权衡相关设计特征的设计空间时，应当从上述几个方面予以考虑，尤其要注意考察现有设计的状况。现有设计状况通常是指在外观设计专利申请日之前在国内外为公众所知的相同或相近种类产品的外观设计的整体状况以及各设计特征的具体状况。就某一设计特征而言，其对应的现有设计越多，对该特征设计空间挤占越显著，其设计空间越小，替代性设计方案越少，细微差异会对整体视觉效果产生较大的影响；反之，现有设计越少，对该特征设计空间挤占越轻微，其设计空间越大，替代性设计方案越多，细微差异不会对整体视觉效果产生明显的影响。

"本案中，原审判决及被诉决定根据路虎公司和江铃公司对现有设计的举证情况，同时考虑汽车功能性要求的限制，认定汽车的整体立体形状和各个组成部件的布局均存在较大的设计空间。上述认定具有充分的事实依据，本院予以确认。但原审判决在肯定 SUV 设计空间较大的前提下，得出在权衡本专利与对比设计的相同点和不同点对产品外观的整体视觉效果所产生的影响时，设计空间要素不会对判断本专利与对比设计是否具有明显区别产生实质影响的结论，有所不当，本院对此予以纠正。

"三、'整体观察、综合判断'方法如何适用

"'整体观察、综合判断'是外观设计专利确权以及侵权判断的基本方法。'整体观察'是从外观设计的整体出发，对其全部设计特征进行整体观察，而不能仅从外观设计的局部出发；'综合判断'是在考察各设计特征对外观设计整体视觉效果影响程度的基础上，对能够影响整体视觉效果的所有因素进行综合考量，而不能把外观设计的不同部分割裂开来予以判断。

"在外观设计专利确权案件中，判断涉案专利与对比设计是否具有明显区别，通常的做法是将两外观设计划分为相互对应的具体设计特征，并就每项设计特征分别进行对比，从而确定两外观设计的相同点和不同点，在此基础上，逐一判断各相同点、不同点对整体视觉效果造成影响的显著程度，最终

通过综合分析得出认定结论。但需要注意的是，一项设计往往是表达不同信息的设计特征的组合体，设计人员在一项设计中运用不同的设计特征向消费者传递不同的信息。因此，在判断具体特征对整体视觉效果的影响权重时，不能仅根据直观的视觉感知或者根据该特征在外观设计整体中所占比例的大小就贸然得出结论，而是应当以一般消费者对设计空间的认知为基础，结合相应设计特征在外观设计整体中所处的位置、是否容易为一般消费者观察到，并结合该设计特征在现有设计中出现的频率以及该设计特征是否受到功能、美感或技术方面的限制等因素，确定各个设计特征在整体视觉效果中的权重。

"就设计特征在现有设计中出现的频率而言，存在两种特殊情形，一种特殊情形是在现有设计中从未出现过的设计特征，另一种特殊情形是存在于申请日以前的该类产品中各个相互独立的产品制造商均采用的产品共性特征。属于前一种情形的设计特征称为独特设计特征或创新性设计特征，是指设计人对某产品外观率先作出的明显区别于现有设计的设计特征；属于后一种情形的设计特征称为惯常设计，是指现有设计中一般消费者所熟知的、只要提到产品名称就能想到的相应设计。一般来讲，独特设计特征能够对一般消费者的视觉效果产生显著影响，惯常设计则对外观设计整体视觉效果不具有显著影响。除独特设计特征、惯常设计外的设计特征，是位于两种情形之间的设计，即在现有设计中出现过，但不属于罕见，也不是很常见的设计特征。对于某项设计特征在现有设计中出现频率的界定，应当结合现有设计状况予以确定。通常情况下，如果有证据证明现有设计具有与某项设计特征相同或基本相同的设计的，则该设计特征对产品整体视觉效果的显著性影响将会降低。

"就某项设计特征是否受到功能、美感或技术方面的限制而言，由于产品的外观设计通常由功能、美学两个基本因素构成，尤其是汽车的外观设计更是要求美学与功能、技术的完美结合。最高人民法院（2012）行提字第 14 号行政判决指出，就某一外观设计产品的具体某一设计特征而言，需要同时考虑功能性和美感的双重需求，是技术性与装饰性妥协和平衡的产物。产品的设计特征的功能性或者装饰性通常是相对而言的，绝对区分功能性设计特征和装饰性设计特征在大多数情况下是不现实的。只有在特殊情形下，某种产品的某项设计特征才可能完全由装饰性或者功能性所决定。因此，至少存在三种不同类型的设计特征：功能性设计特征、装饰性设计特征以及功能性与装饰性兼具的设计特征。一般而言，功能性设计特征是指那些在该外观设计产品的一般消费者看来，由所要实现的特定功能所唯一决定而并不考虑美学因素的设计特征。从对外观设计产品整体视觉效果的影响程度来看，不同类型的设计特征存在差异，一般来讲，功能性设计特征对于外观设计的整体视觉效果不具有显著影响；装饰性特征对于外观设计的整体视觉效果具有影响；功能性与装饰性兼具的设计特征对整体视觉效果的影响则需要考虑其装饰性的强弱。

"具体的案件中，在考虑某一项设计特征对于外观设计整体视觉效果的影响权重时，应当从外观设计的整体出发，根据各方当事人的主张、举证情况以及说理的充分程度予以确定。2008 年专利法及其实施细则和《专利审查指南 2010》均未对现有设计状况的举证问题或设计特征的属性界定问题加以规定，一般情况下，应结合当事人的举证能力，根据'谁主张，谁举证'的举证责任分配规则予以确定。由于惯常设计和功能性设计特征，属于作为判断主体的一般消费者本身应当具备的知识水平。因此，惯常设计和功能性设计特征可以通过当事人提供证据予以证明，也可以在考虑一般消费者的知识水平和能力的情况下通过充分说理予以认定。

"就汽车外观设计而言，'整体观察'就是要观察汽车整体造型、各组成部分的比例位置关系以及各个面经由具体设计特征形成的视觉效果，'综合判断'就是要从一般消费者的知识水平和认知能力出发，考虑涉案专利与对比设计之间的相同点、不同点对整体视觉效果的影响权重，进而得出涉案专利与对比设计是否具有明显区别的结论。本案中，考虑到 SUV 的顶面和底面属于在正常使用时不容易看到或看不到的部位，原审判决认为在对本专利与对比设计进行整体观察时，应当更关注使用时容易看到的部位，即汽车的基本外形轮廓、各部分的相互比例关系以及车身的前面、侧面和后面等，在综合判断时应当根据 SUV 的特点，权衡各部分对汽车外观设计整体视觉效果的影响。鉴于各方当事人在二审诉讼中对原审判决的上述认定不持异议，本院予以确认。

"如前所述，基于外观设计整体保护的原则，在适用'整体观察、综合判断'方法时，应当以一般消费者的知识水平和认知能力为基础，结合现有设计状况和相关设计特征是否受功能限制等因素，逐一判断各相同点、不同点对整体视觉效果的影响程度，在此基础上，再通过综合分析得出认定结论。本案中，对于被诉决定关于涉案汽车的整体立体形状和各个组成部件的布局存在较大的设计空间，本专利与对比设计在车身比例、侧面主要线条的位置及立柱的倾斜角度、车窗的外轮廓及分割的比例、前后面车身的外轮廓及主要部件的相互位置关系等方面均基本相同的认定，原审判决均予以认同，但在此基础上，原审判决并未对上述各相同点对整体视觉效果的影响程度进行具体分析，而在仅对不同点进行分类概括、评述后，即认为不同点组合后形成的视觉差异对整体外观产生了显著影响，足以使一般消费者将本专利与对比设计的整体视觉效果相区分，进而得出两者具有明显区别的认定结论，原审判决的上述认定系对'整体观察、综合判断'方法的不当适用，本院予以纠正。

"四、本专利与对比设计是否具有明显区别

"《中华人民共和国行政诉讼法》第六条规定：'人民法院审理行政案件，对行政行为是否合法进行审查。'本案二审诉讼中，各方当事人均认可被诉决定关于本专利与对比设计之间相同点、不同点的认定，本院经审查予以确认，本案二审的主要分歧在于如何权衡两者之间的相同点、不同点对整体视觉效果的影响权重，故本院将基于被诉决定对两者相同点、不同点的认定，重点围绕当事人之间存在的争议，根据相关设计特征所处的位置、是否容易引起一般消费者的注意，结合当事人的举证、陈述及一般消费者的通常认知及相关设计特征受功能、美学等因素的限制，对两者的相同点、不同点对整体视觉效果的影响权重进行分析与对比权衡，在此基础上，综合作出判断。

"首先，关于本专利与对比设计之间的相同点对整体视觉效果的影响。其一，两者的整体造型和三维立体轮廓基本相同。由于两者在车身比例，车身上半部分侧面外轮廓，侧面线条及主要特征线，以及前、后面外轮廓，各个部件的位置关系及主要线条的分割等方面均基本相同，使得两者呈现的三维立体形状基本相同。尽管江铃公司援引在先案例主张SUV的外形轮廓比较接近，但由于本专利的申请日与其援引的在先案例中涉案专利的申请日不同，前案的认定结论不能当然适用于本案。同时，根据路虎公司和江铃公司本案中对现有设计的举证情况，SUV的立体形状存在较大设计空间，江铃公司也未能举证证明上述设计特征在现有设计中已经大量出现，故其关于SUV的外形轮廓比较接近的主张在本案中不能成立。对于双方当事人存在较大争议的悬浮式车顶设计（即'下沉式设计'），是对比设计中车顶与车身一部分（即侧窗下沿线以上的A、B、C、D柱构成的部分）构成的立体形状，系将车顶线前高后低直线倾斜，同时侧窗下沿线由前向后略微上扬的设计，形成视觉上车顶倾斜下降的视觉效果，尽管该设计在一定程度上牺牲了汽车后排的空间，但使得汽车外形在整体上更具运动感，属于对比设计中极为醒目的设计特征。根据双方当事人的举证情况，现有设计中并没有出现过与对比设计的线条和比例关系相同的侧窗下沿线以上部位的悬浮式车顶设计，故被诉决定认定对比设计所示悬浮式车顶构成其独特设计特征，并无不当。而本专利所采用的悬浮式车顶设计与对比设计在A、B、C、D柱角度、车窗分割比例等方面均相同，表明本专利采用了与对比设计相同的悬浮式车顶设计，故该设计特征更容易引起一般消费者的注意。对于双方当事人存在争议的侧面腰线及前大灯上扬的设计，江铃公司虽主张上述设计属于惯常设计，但未能提供证据予以证明或进行充分说理，故本院不予采信。因此，本专利与对比设计之间存在的上述相同点对整体视觉效果具有显著影响。其二，两者主要装饰件的布局及位置关系、部分装饰件外形及比例关系相同。从前面观察，车前灯、进气格栅、前保险杠、雾灯、细长进气口、辅助进气口、倒U形板的相对位置关系相同；从后面观察，后车灯、后背门、后保险杠的相对位置关系相同；并且，前面部件中的发动机罩、前车灯和进气格栅的外形和后面部件中的后车灯、后背门外形及与之相关的比例关系均相同。本案中，在无法认定上述设计特征属于惯常设计的情况下，其对于整体视觉效果均具有影响，尤其是对比设计中采取的贝壳形发动机盖、前车灯和格栅紧密相邻的一体化设计以及二者之间的结合，在从前面进行观察时，容易引起一般消费者的注意。其三，在局部细节的处理上存在多处相同，包括前翼子板上的侧面装饰条形状和位置，在发动机罩上相同位置和进气格栅表面以相同形式展示品牌标识，以及排气筒数量设置和口部形状设计相同。根据被诉决定的认定，前翼子板上的侧面装饰条系对比设计的独特设计特征，在发动机罩上设置英文字母标记并非常用设计特征，排气筒的口部形状并非属于功能性设计特征，在一定程度上亦追求排气筒的美学视觉效果。鉴于江铃公司对于被诉决定的上述认定未提出相反证据，本院经审查予以确认。由于上述设计特征属于产品正常使用时，能够为一般消费者观察到，故对于整体视觉效果具有一定影响。

"其次，关于本专利与对比设计之间的不同点对整体视觉效果的影响。本案中，原审判决按照观察角度的不同将被诉决定关于本专利与对比设计之间存在的九个不同点归纳为前面、侧面、后面及其他零部件设计等四个方面。其一，本专利与对比设计从侧面观察和其他零部件设计上呈现的不同设计特征，或为惯常设计，或为一般消费者不易观察到的部位，对整体视觉效果的影响较小，原审判决和被诉决定对此认定结论相同，且各方当事人在二审诉讼中对此不存在争议，本院予以确认。其二，关于本专利与对比设计从前面、后面观察到的不同设计特征对整体视觉效果的影响，各方当事人存在分歧，本院对此分别进行评述。就从车身前面观察到的不同设计特征而言，具体包括前车灯内部构造设计、进气格栅的栅条形状以及贯穿车灯和进气格栅的金属条的有无、雾灯及设置雾灯的贯通槽的形状，以及辅助进气口、倒U形板等其他差异。其中，前车灯的内部构造通常在车灯处于启动状态且车灯被打开情况下才能为一般消费者所清楚识别，且本专利所采取的圆形灯加 L 形排列的 LED 灯并为横倒的 Y 形内罩所包围的设计，并不属于本专利的独特设计特征，该设计特征对于车身前面的视觉效果不当然具有显著影响；关于进气格栅的栅条形状，被诉决定认定在运动车型采用进气格栅采取网格状情况下，对于镂空形状的选择属于常见设计的范畴，原审判决则认定栅条被隐藏在进气格栅内侧，不容易为一般消费者所察觉，虽然理由有所不同，但均可得出该设计特征对整体视觉效果影响较小的结论，因各方当事人对此不持异议，本院予以确认；关于贯穿车灯和进气格栅的金属条的有无，原审判决及被诉决定均根据路虎公司和江铃公司提交的相应证据认定进气格栅上设置金属条的设计已经为现有设计所公开，故该设计对于整体设计效果亦不具有显著影响；关于雾灯及设置雾灯的贯通槽的形状，雾灯的外形属于 LED 灯的常见形状，且所处位置在车身前面下部区域，在车灯未打开状态下，不易引起一般消费者的注意，且路虎公司提交的补充证据 4 ~ 8 显示现有设计已经给出了在前脸下部设置贯通槽的设计手法，该项设计特征对于整体视觉效果的影响权重应当有所降低；关于辅助进气口、倒 U 形板等其他差异部件，上述部件从所处位置上不易引起一般消费者的关注，且根据路虎公司提交的相应证据，贯通槽下方设有辅助进气口和倒 U 形护板也已经为现有设计所公开，故该设计对整体视觉效果不具有显著影响。原审判决未逐一考察上述各不同设计特征对整体视觉效果的影响，仅笼统地认定本专利前车灯、进气格栅中部设置的金属条与车灯 Y 形内罩以及其他差异部件各自形成的视觉效果组合后具有较强视觉冲击力，依据不足，缺乏足够的说服力。同理，对于从车身后面观察到的不同设计特征，根据路虎公司提交的证据，本专利中采用的车牌区域为六边形、车牌区域上方设置装饰板以及后车灯和中间装饰板左右贯通的设计均已经为现有设计所公开或在现有设计中大量出现过，在此情况下，原审判决笼统地认定本专利后车灯、中间的装饰板以及车牌区域上方和下方的设计相结合增强了汽车尾部的立体感并足以引起一般消费者的注意，亦缺乏充分的依据，故本院予以纠正。

"最后，关于本专利与对比设计之间的相同点、不同点对整体视觉效果影响权重的对比分析与权衡。其一，从车身整体而言，整体造型和三维立体轮廓最易引起一般消费者的注意，在江铃公司关于 SUV 的外形轮廓比较接近的主张不能成立，SUV 的立体形状存在较大设计空间的情况下，两者在整体造型和三维立体轮廓方面的相同点对整体视觉效果具有显著影响，且影响权重较高。其二，从车身侧面而言，对比设计侧面的悬浮式车顶设计构成其独特设计特征，加之侧面腰线等线条的设计，凸显了对比设计极为硬朗、颇具运动感的外形风格。而本专利与对比设计在侧面的不同点均属于不易为一般消费者所察觉的细微差异，二者的相同点呈现高度的相似或近乎相同，故侧面在整体视觉效果中的影响权重应明显高于前面及后面。其三，就车身前面而言，贝壳形发动机罩、前大灯上扬式线条设计，前车灯和格栅紧密相邻的一体化设计，进气格栅的外形以及车前灯、进气格栅、前保险杠、雾灯、细长进气口、辅助进气口、倒 U 形板等主要装饰件的相对位置关系，均属于一般消费者容易观察到的、较为显著的设计特征，考虑到车身前面的装饰件最为集中，装饰件的布局具有较大的设计空间，同时结合上述相同点和不同点相关的现有设计证据情况，上述相同点在车身前面视觉效果中所占的权重应当高于前车灯、进气格栅中部设置的金属条及其他差异部件等不同点所产生的视觉效果，上述不同点对整体视觉效果的影响难以达到较高的权重。其四，就车身后面而言，在后车灯、后背门、后保险杠的相对位置关系以及后面部件中的后车灯、后背门外形及与之相关的比例关系均相同的情况下，尽管本专利在后车灯、中间的装饰板以及车牌区域上方和下方等方面的设计与对比设计存在差别，但由于部分不同点已经为现有设计所公开或在现有设计中大量出现过，故不足以导致本专利车身后面的视觉效果明显有别于对比设计，且车身后面对整体视觉效果的影响权重明显弱于侧面和前面的影响权重，故上述不同点对整体视觉效果的影响权重明显较小。

"通过对本专利与对比设计之间的相同点、不同点对整体视觉效果影响权重的分析和对比，可以认定在涉案 SUV 的车身三维立体形状和主要装饰件布局存在较大设计空间的情况下，本专利与对比设计在上述两方面同时存在的相同点尤其是车身侧面和前面的相同及相似之处对整体视觉效果的影响权重最高，其他不容易为一般消费者注意到的较小区别对整体视觉效果的影响权重则明显较小。尽管本专利与对比设计在车身前面和层面存在的主要不同点使两者在视觉效果上呈现出一定的差异，但由于导致视觉效果差异的区别设计特征，多数为现有设计所公开或由现有设计给出了相同设计手法，其对整体视觉效果的影响权重显著降低，从整体上观察 SUV 整车的全部设计特征形成的整体视觉效果，本专利与对比设计在车身前面和后面形成的视觉效果差异在整体视觉效果中所占的权重要明显低于两者之间相同点所产生的趋同性视觉效果的权重。

"此外，从外观设计专利制度的目的以及 2008 年《专利法》第三十三条第二款对设计创新高度的要求来讲，外观设计专利制度的目的是对产品外观设计创新活动提供保护，通过专利权的赋予，回报对产品外观真正作出创新设计的设计人。但专利法对创新设计赋予专利权是有要求的，即该外观设计不但是新的设计，还必须达到一定的创造高度，而不能是对现有设计的简单变化。就汽车的外观设计而言，正如被诉决定根据创新程度的不同，将汽车外观设计的创新划分为全面创新和改进设计，前者是指从技术到外形的全新平台式开发，由白车身决定的三维立体形状以及所有装饰件的设计均不同于以往的设计；后者是指车身改进和局部改型，即对三维立体形状作出局部改变和/或部分装饰件（尤其是主要装饰件）的设计作出改变，最终达到整体视觉效果上不同于以往的设计。就本案而言，本专利相对于对比设计的不同点即改进之处，既不涉及对三维立体形状的改变，也不涉及对主要装饰部件布局及显著设计特征的改进，而主要是对前车灯、后车灯及与之相关的局部细节进行了改动，且上述改进之处并未使本专利的整体视觉效果明显不同于对比设计，因此，其既不属于应受专利权保护的全面创新，也不属于应受专利权保护的改进设计。

"综上所述，本专利与对比设计相比，二者之间的差异未达到'具有明显区别'的程度，本专利不符合 2008 年《专利法》第二十三条第二款规定的授权条件，应当予以宣告无效。原审判决对于本专利与对比设计具有明显区别的认定有误，以致法律适用错误，本院予以纠正。专利复审委员会、路虎公司和麦戈文的上诉理由部分成立，足以支持其上诉主张，本院对其上诉请求均予以支持。依照《中华人民共和国行政诉讼法》第六十九条、第八十九条第一款第（二）项、第三款之规定，判决如下：

"一、撤销中华人民共和国北京知识产权法院（2016）京 73 行初 4497 号行政判决；

"二、驳回江铃控股有限公司的诉讼请求。"

4）最高人民法院（再审）

"一、二审判决关于外观设计相同或者近似的判断主体认定是否正确

"《最高人民法院关于审理侵犯专利权纠纷案件应用法律若干问题的解释》第十条规定：'人民法院应当以外观设计专利产品的一般消费者的知识水平和认知能力，判断外观设计是否相同或者近似。'《专利审查指南 2010》第四部分第五章第四节规定：'在判断外观设计是否符合《专利法》第二十三条第一款、第二款规定时，应当基于涉案专利产品的一般消费者的知识水平和认知能力进行评价。不同种类的产品具有不同的消费者群体。作为某种类外观设计产品的一般消费者应当具备下列特点：（1）对涉案专利申请日之前相同种类或者相近种类产品的外观设计及其常用设计手法具有常识性的了解。例如，对于汽车，其一般消费者应当对市场上销售的汽车以及诸如大众媒体中常见的汽车广告中所披露的信息等有所了解。常用设计手法包括设计的转用、拼合、替换等类型。（2）对外观设计产品之间在形状、图案以及色彩上的区别具有一定的分辨力，但不会注意到产品的形状、图案以及色彩的微小变化。'

"本案中，本专利与对比设计的产品均是 SUV 类型汽车，是一种在功能、用途等方面存在共性的、相对独立的汽车类型。由于汽车设计是一项复杂的整体工程，汽车外形的确定要结合汽车的功能设定和审美需求，同时涉及机械工程学、人机工程学、空气动力学以及电子学等多个领域。二审判决认为，

作为SUV外观设计判断主体的一般消费者，基于其对申请日前申请的专利、市场上销售的汽车、汽车广告中披露的信息以及汽车类书籍中公开的在先设计等现有设计状况和对该类汽车常用设计手法的了解，应当知晓该类汽车的产品结构组成、主要部件的功能和设计特点，以及车身三维立体形状、各组成部分的比例和位置关系以及车身表面装饰件的形状、布局等均对整体视觉效果产生不同程度的影响。上述内容系结合本专利产品所属种类，而对一般消费者知识水平和认知能力作出的具体化，符合《最高人民法院关于审理侵犯专利权纠纷案件应用法律若干问题的解释》和《专利审查指南2010》确定的标准，江铃公司关于二审判决将属于汽车专业设计师了解的内容纳入常识性了解范围的申请再审理由不能成立。在先判决即本院（2010）行提字第3号判决系参照《专利审查指南2006》的相关规定对一般消费者进行认定，而《专利审查指南2010》提高了一般消费者的认知能力，不仅规定一般消费者对'涉案专利申请日之前相同种类或者相近种类产品的外观设计'有常识性了解，还规定对'其常用设计手法'有常识性的了解，故二审判决关于外观设计判断主体即一般消费者的知识水平和认知能力的认定，并无不当。

"二、路虎公司提交的证据4中所显示的汽车外观能否作为对比设计

"2008年《专利法》第二十三条第二款规定的'现有设计或者现有设计特征的组合'，是指申请日以前在国内外为公众所知的设计。据此，判断路虎公司提交的证据4能否作为对比设计，关键在于该证据4所显示的汽车外观在本专利申请日即2013年11月6日之前是否在国内外为公众所知。

"本案中，根据查明的事实，证据4附件1系登记编号为'京N×××××'的机动车登记证书，该证书显示的机动车系车架号为'SALVA2BG6DH788274'、车辆品牌为'揽胜极光'的小型越野客车；附件2、3系中进汽贸服务有限公司购买厂牌型号为'揽胜极光'、车架号为'SALVA2BG6DH788274'的越野车的机动车销售统一发票及相应的税收通用缴款书，该发票的开具日期为2013年9月25日；附件4系中进汽贸服务有限公司购买'揽胜极光'汽车所

签订的销售合同，该合同落款处盖有出卖人北京惠通陆华汽车服务有限公司的销售合同专用章并有买受人中进汽贸服务有限公司授权代表'王学磊'的签字。综合上述证据4附件1～4，可以认定中进汽贸服务有限公司至迟已于2013年9月25日购买了车架号为'SALVA2BG6DH788274'的揽胜极光汽车，并在北京市公安局公安交通管理局进行了注册登记，登记编号为'京N×××××'。附件6所显示的系车牌号为'京N×××××'的汽车的外观照片及机动车行驶证照片，上述照片拍摄于2014年8月12日，晚于本专利申请日，但是，附件6显示的汽车外观可以认定为中进汽贸服务有限公司至迟于2013年9月25日购买时的汽车外观并在国内外为公众所知。理由如下：其一，附件6照片所显示的发动机号、车架号等汽车的具体信息与附件1、2中记载的信息一致；其二，麦戈文于内蒙古自治区赤峰市公安局交通警察支队车辆管理所调取的'机动车注册、转移、注销登记/转入申请表'附有车辆识别号为'SALVA2BG6DH788274'的揽胜极光汽车在2013年9月29日及2015年2月6日的外观照片，该外观照片所显示汽车的整体外形以及正面和侧面的设计特征均可被清楚识别，江铃公司未指明上述照片所显示的汽车外观与附件6照片所显示的汽车外观具有任何区别，也未提交证据证明该汽车自被购买时起至附件6照片拍摄时止已进行了改装。故二审判决将该证据4中所显示的汽车外观作为对比设计，并无不当。江铃公司该项申请再审理由依据不足，本院不予支持。

"三、二审判决认定本专利与对比设计不具有明显区别是否正确

"（一）二审法院适用的对比方法是否正确

"江铃公司主张，最高人民法院在《最高人民法院关于审理侵犯专利权纠纷案件应用法律若干问题的解释》及在先判决［即本院（2012）行提字第9号］中确立的判断外观设计是否具有明显区别的方法，是仅考虑两者区别特征对于整体视觉效果是否具有显著影响，二审判决适用的对比方法违反了上述规则。对此，本院认为，首先，基于本专利产品及对比设计产品的一般消费者的知识水平和认知能力，对本专利外观设计与对比设计进行整体观察、

综合判断两者的差别对于产品外观设计的整体视觉效果是否具有显著影响，是专利审查指南规定的判断外观设计是否具有明显区别的基本方法。'整体观察'是指从外观设计的整体出发，对其全部设计特征进行整体观察，而不能仅从外观设计的局部出发；'综合判断'是指在考察各设计特征对外观设计整体视觉效果影响程度的基础上，对能够影响整体视觉效果的所有因素进行综合考量，而不能把外观设计的不同部分割裂开来予以判断。据此，在判断本专利与对比设计是否具有明显区别时，两者的全部设计特征均应被考虑。其次，《最高人民法院关于审理侵犯专利权纠纷案件应用法律若干问题的解释》第十一条明确了授权外观设计区别于现有设计的设计特征相对于授权外观设计的其他设计特征，通常对外观设计的整体视觉效果更具有影响，但是并没有否定在具体判断时要考虑授权外观设计与现有设计的相同点。最高人民法院在先判决虽然侧重于评述授权外观设计与现有设计的不同点对两者整体视觉效果是否具有显著影响，但是实际上也同时考虑了两者的相同点。最后，对本专利外观设计与对比设计的全部设计特征进行整体观察，这必然包含对两者相同点和不同点的考察。故二审法院在判断本专利与对比设计是否具有明显区别中适用的对比方法并无不当，江铃公司的相应申请再审理由不能成立，本院不予支持。

"江铃公司还主张，对于改进型设计，重要的是看区别特征是否使得整体外观与对比设计形成明显区别，如果仍然对比相同点和不同点的权重，将使得任何基于对比设计进行的改进无法进行。本院认为，本专利相对于对比设计的不同点主要是对前车灯、后车灯及与之相关的局部细节进行的改动，并不涉及对三维立体形状和对主要装饰部件布局及显著设计特征的改进，不能使本专利的整体视觉效果明显区别于对比设计，故二审法院的判断方法并无不当，江铃公司该项申请再审理由亦不能成立。

"（二）本专利与对比设计是否具有明显区别

"2008 年《专利法》第二十三条第二款规定：'授予专利权的外观设计与现有设计或者现有设计特征的组合相比，应当具有明显区别。'《最高人民法院关于审理侵犯专利权纠纷案件应用法律若干问题的解释》第十一条第一、第二款规定：'人民法院认定外观设计是否相同或者近似时，应当根据授权外观设计、被诉侵权设计的设计特征，以外观设计的整体视觉效果进行综合判断；对于主要由技术功能决定的设计特征以及对整体视觉效果不产生影响的产品的材料、内部结构等特征，应当不予考虑。下列情形，通常对外观设计的整体视觉效果更具有影响：（一）产品正常使用时容易被直接观察到的部位相对于其他部位；（二）授权外观设计区别于现有设计的设计特征相对于授权外观设计的其他设计特征。'

"江铃公司主张，本专利的前脸与对比设计的前脸相比，两者具有明显区别，上述明显区别已构成 2008 年《专利法》要求的明显区别。且一般消费者对汽车前脸的关注度远高于汽车侧面，汽车前脸在外观显著性识别方面具有优先地位。对此，本院认为，首先，如前所述，二审判决的判断方法是先确定相同点和不同点，然后逐一判断各相同点、不同点对整体视觉效果的影响程度，在此基础上，再通过综合分析得出结论，并无不当。其次，对于汽车各个面对整体视觉效果的影响权重，二审判决认为，就汽车外观设计而言，汽车的整体造型以及前、侧、后等各个面的设计特征均对整体视觉效果产生影响，至于不同面对整体视觉效果的影响权重，应当根据本专利产品所属汽车类型的特点，在划分设计特征以及将本专利与对比设计的相应特征进行对比的基础上，结合设计空间和现有设计状况，权衡车身各个面对整体视觉效果的影响权重。再次，二审判决进一步认为，通过对本专利与对比设计之间的相同点、不同点对整体视觉效果影响权重的分析和对比，可以认定在涉案 SUV 的车身三维立体形状和主要装饰件布局存在较大设计空间的情况下，本专利与对比设计在上述两方面同时存在的相同点，尤其是车身侧面和前面的相同及相似之处对整体视觉效果的影响权重最高，其他不容易为一般消费者注意到的较小区别对整体视觉效果的影响权重则明显较小。二审判决的认定体现了'整体观察、综合判断'的原则，符合上述司法解释的相关规定。最后，关于本专利与对比设计从前面观察存在的不同点。从车身前面观察，本专利与对比设计存在的不同设计特征具体包括前车灯内部构造设计、进气格栅的栅条形状以及贯穿车灯和进气格栅的金属条的有无、雾灯及设置雾灯的贯通槽的形状，以及辅助进气口、倒 U 形板等其他差异。其中，前车灯的内部构造通常在车灯处于启动状态且车灯被打开时才能为一般消费者所清楚识别，且本专利所采用的圆形灯加 L 形排列的 LED 灯并为横倒的 Y 形内罩所包围的设计，并不属于本专利的独特设计特征，该设计特征对于车身前面的视觉效果不当然具有显著影响；进气格栅的栅条形状对整体视觉效果影响较小，各方当事人对此并无异议；关于贯穿车灯和进气格栅的金属条的有无，根据路虎公司和江铃公司提交的相应证据，可以认定进气格栅上设置金属条的设计已经为现有设计所公开，该设计特征对于整体视觉效果亦不具有显著影响；关于雾灯及设置雾灯的贯通槽的形状，雾灯的外形属于 LED 灯的常见形状，且所处位置在车身前面下部区域，在车灯未打开状态下，不易引起一般消费者的注意，且路虎公司于复审阶段提交的补充证据 4 ~ 8 显示现有设计已经给出了在前脸下部设置贯通槽的设计手法，该设计特征对于整体视觉效果的影响权重应当有所降低；关于辅助进气口、倒 U 形板等其他差异部件，上述部件从所处位置上不易引起一般消费者的关注，且根据路虎公司提交的相应证据，贯通槽下方设有辅助进气口和倒 U 形护板也已经为现有设计所公开，故该设计对整体视觉效果不具有显著影响。因此，尽管本专利与对比设计在车身前面的不同点使两者在视觉效果上呈现出一定差异，但由于导致视觉效果差异的区别设计特征，或为现有设计所公开或现有设计给出了相同设计手法或一般消费者不易观察到，因此，其对整体视觉效果的影响权重降低。综上，江铃公司关于本专利的前脸与对比设计的前脸相比，两者具有明显区别，上述明显区别已构成 2008 年《专利法》要求的明显区别的申请再审理由依据不足，本院不予支持。

"江铃公司还主张，'悬浮式车顶设计'并非路虎公司汽车的独特设计，被诉决定和二审判决将'悬浮式车顶'与'下沉式车顶'混为一谈，系认定事实错误。对此，本院认为，首先，'悬浮式车顶设计'是对比设计中车顶与车身一部分（即侧窗下沿线以上的 A、B、C、D 柱构成的部分）构成的立体形状，系将车顶线前高后低直线倾斜，同时侧窗下沿线由前向后略微上扬的设计，形成视觉上车顶倾斜下降的视觉效果，尽管该设计在一定程度上牺牲了汽车后排的空间，但使得汽车外形在整体上更具运动感，构成对比设计中极为醒目的设计特征。江铃公司主张'悬浮式车顶设计'系惯常设计，但是其提交的证据并不足以证明现有设计中存在与对比设计的线条和比例关系相同的侧窗下沿线以上部位的'悬浮式车顶设计'，故被诉决定和二审判决认定对比设计所示悬浮式车顶构成其独特设计特征，并无不当。其次，根据被诉决定的认定，'悬浮式车顶设计'是通过设计或者对立柱配色将车顶与车身区隔开来，给人以车顶与车身分离的视觉错误；'下沉式设计'是指对比设计车顶线前高后低直线倾斜，同时侧窗下沿线由前向后略微上扬的设计，形成视觉上车顶倾斜下降的视觉效果。江铃公司对此认定并未提出异议。由此，'悬浮式车顶设计'与'下沉式设计'相比，两者是对对比设计车体上半部分立体形状的不同表达。江铃公司关于被诉决定和二审判决将'悬浮式车顶'与'下沉式车顶'混为一谈，系认定事实错误的申请再审理由亦不能成立，本院不予支持。

"此外，江铃公司关于二审判决就'本专利与对比设计在发动机罩上相同位置和进气格栅表面以相同形式展示品牌标识，以及排气筒数量设置和口部形状设计相同'的事实认定错误的申请再审理由亦不能成立。

"另外，江铃公司关于二审判决应当裁定专利复审委员会按照正确的方法重新审理，不应以司法审查代替行政审查的理由无法律依据，本院不予支持。

"综上，江铃公司的再审申请不符合《中华人民共和国行政诉讼法》第九十一条规定的情形。依照《最高人民法院关于适用〈中华人民共和国行政诉讼法〉的解释》第一百一十六条第二款规定，裁定如下：

"驳回江铃控股有限公司的再审申请。"

3. 案例评析

1) 确认判断主体的法律渊源

终审判决根据《专利审查指南 2010》第四部分第五章第 4 节的相关规定，明确判断主体为一般消费者，并进一步说明，虽然《专利审查指南 2010》属于部门规章，但其中的相应规定并不违反法律法规，特别是通过判断主体的界定，有助于法律适用标准的统一，可以作为确权判断的大前提。另外需要关注的是，判决中根据 2010 年 1 月 1 日起施行的《最高人民法院关于审理侵犯专利权纠纷案件应用法律若干问题的解释》第十条的规定，认为虽然该案为确权判断，但可以参照适用其中的侵权判断主体，同样为一般消费者。《专利审查指南 2010》是专利确权的正式法律渊源，在司法实践过程中也得到了确认，参照适用侵权判断主体，其原因在于专利确权最终是为了明晰侵权边界，确权则需要审慎地预见对后续阶段的影响，所以针对再审申请的裁定也对上述判决思路表示了支持。

2) 设计特征对整体视觉效果的影响权重

判决中还明确了一般消费者对其常用设计手法有常识性的了解，所以其水平和认知能力，虽然不是专业设计师或专家的水平，但至少对涉案专利产品外观设计常见、常用的设计知识有所了解，并且关注该类产品的发展。鉴于此，判决中认为判断主体应当知晓相应产品结构组成、主要部件的功能和设计特点，以及产品的整体和各部分对整体视觉效果产生的不同程度的影响。所以判断主体需要通过划分设计特征以及将涉案专利与对比设计的相应特征进行"对比"的基础上，结合设计空间和现有设计状况，权衡产品各个面对整体视觉效果的影响权重。

3) 设计空间的核心关注在于"替代性"考察

设计空间是指设计者在创作特定产品外观设计时的自由度，并且具有相对性，终审判决中特别强调了其一般受限于产品的技术功能、采用该类产品常见特征的必要性、现有设计的拥挤程度等因素，在权衡相关设计特征的设计空间时，应从上述几个方面予以考虑，尤其注意考察现有设计的状况。

就某一设计特征而言，其对应的现有设计越多，对该特征设计空间挤占越显著，其设计空间越小，替代性设计方案越少，细微差异会对整体视觉效果产生较大的影响；反之，现有设计越少，对该特征设计空间挤占越轻微，其设计空间越大，替代性设计方案越多，细微差异不会对整体视觉效果产生明显的影响。

具体到该案而言，根据各方举证情况，专利复审委员会、北京知识产权法院以及北京市高级人民法院对于设计空间的认知基本一致，均认为 SUV 设计空间较大。

4）"逐一化"观察与"整体观察、综合判断"原则的统一

"整体观察、综合判断"要实现的法律效果是避免从外观设计的部分或者局部出发得出判断结果，但是一般消费者不可能将大量复杂设计特征同时全然掌握，而"逐一化"的方式符合判断主体对此类产品的认知实际。对于汽车类这种设计特征较多的产品而言，如果观察产品过于笼统，容易忽略那些引人注目，并且独具匠心的设计特征，由此推演的结论必将面临无法实现立法宗旨的诘问。终审判决中逐一判断各相同点、不同点对整体视觉效果造成影响的显著程度，这并非等同采纳松散孤立的判断法则，而是综合上述异同点分析得出认定结论，与"整体观察、综合判断"的整体保护原则并不相悖。

5）外观设计专利确权判断为多元因素平衡之结果

对于明显区别的判断，江铃公司主张根据《最高人民法院关于审理侵犯专利权纠纷案件应用法律若干问题的解释》第十一条规定，在侵权判断认定外观设计是否相同或者近似时，情形二"授权外观设计区别于现有设计的设计特征相对于授权外观设计的其他设计特征"更具影响。需要注意的是，将上述侵权的法律逻辑投射在专利确权过程中，不能过于片面地仅关注涉案专利与现有设计不同的设计特征，该情形存在适用前提"以外观设计的整体视觉效果进行综合判断"，也就是与现有设计相同的设计特征并非不产生影响，此外，更具影响的表述是相对概念，仅说明区别于现有设计的设计特征影响

的比重更大，与前述的法律逻辑并不冲突。由于在侵权判断中，与现有设计相同的设计特征不可避免地成为需要考量的一部分，所以需要平衡涉案专利与对比设计的相同点与不同点对于确权的影响。

续接前述理论，在确权过程中，需要权衡涉案专利与对比设计的相同点、不同点对整体视觉效果的影响的权重，此外，结果还受相关设计特征所处的位置，是否容易引起一般消费者的注意，以及当事人的举证、陈述，一般消费者的通常认知及相关设计特征受功能、美学等因素的影响。在现行外观设计专利确权的框架下，"以外观设计的整体视觉效果进行综合判断"为前提同最新司法解释的精神相契合，2020 年 9 月 12 日起施行的《最高人民法院关于审理专利授权确权行政案件适用法律若干问题的规定（一）》中的第十七条至二十条则明确，对于外观设计的确权判断，应均从"整体视觉效果"的角度进行观察。

这一判断体系对于汽车类产品，甚至推广及交通工具类的判断具有重要意义。此类产品的特点在于产品结构复杂、设计特征较为丰富，如果缺少保护创新的底层逻辑，任何判断法则将成为无源之水、无本之木，难以得到法理的支持。而该案基于立法宗旨，呈现了在既有的法律框架下对设计创新的理性关注。当然该案对于改进型设计的讨论，同样值得更深入的思考。专利法将部分设计制度纳入，有助于创新与再创新之间关系的再平衡，以适应我国创新发展的需求。

第十三章

婴幼儿推车类产品

　　婴幼儿推车是儿童生长发育过程中有很高需求的产品，其设计特征紧密依托于消费群体的需求，呈现较明显的设计差异。婴儿推车领域产品的设计创新点主要集中在产品的外部形状、结构、图案、色彩上，造型及图案的设计趣味性会更强，色彩搭配会更艳丽多彩；而对于幼儿、儿童使用的便携式推车的设计创新则更集中在产品的形状上，虽然图案以及色彩的设计仍保留一定的趣味性，但相较于婴儿类推车更轻便、更简洁。

　　该类产品涉及《专利法》第二十三条第二款的专利诉讼的争议主要集中在产品设计特征差异对整体视觉效果的影响、惯常设计以及功能性设计特征的认定三个方面。本章选取具有代表性的诉讼案例，针对功能性设计的考量以及对整体设计特征认定的影响的权重问题进行阐述解析。

第一节　产品领域概况

在《国际外观设计分类表》中，12 大类产品为运输或提升工具，包含陆、海、空、太空等所有交通工具。其中的 12 - 12 小类，包括婴儿车、手推童车、学步车及其车架、病人用轮椅、担架（见图 13 - 1），但没有玩具婴儿车。

图 13 - 1　《国际外观设计分类表》12 - 12 小类产品展示

婴儿车、手推童车主要是指婴儿、儿童坐在里面，由他人推行，从而为婴儿、儿童出行提供便利的工具车，其车架、手推手柄、挡泥板也纳入《国际外观设计分类表》中该产品项；根据产品实现的功能、设计特征以及使用方式，轮椅、担架也同属该类别。

不同年龄阶段的使用需求不同，一般 1～2 岁使用的是婴儿推车，更侧重车辆的安全性、避震性能以及刹车系统的功能设计；[①] 2～12 岁使用的儿童车，除舒适性之外，会更关注推车的便携性（见图 13－2）。

图 13－2　婴幼儿推车产品展示

第二节　外观设计专利情况

婴幼儿推车类产品的外观设计专利申请在整体外观设计专利申请数量中占比较低，且其设计主要为产品功能所决定，同时需要满足行业标准，因此以满足功能性的形状设计较多，单纯的装饰性设计较少。

随着社会的进步、生活水平的提高，对于婴儿车这类提升生活质量的产品，逐渐由育儿使用的附属品转变为必需品，产品在功能性、实用性上越来

[①] 荣歆. 产品功能组合的儿童推车设计研究 [J]. 设计，2019（1）：126－128.

越完善，呈现结构、功能设计的多元化，并且国内的生产商在外观设计方面逐渐呈现出品牌的独特设计特征。

本章统计了2008—2019年12-12类外观设计专利的专利数量，从图13-3可知，该类外观设计专利数量较少，整体呈逐年增长态势，自2017年起增长幅度有明显提升。

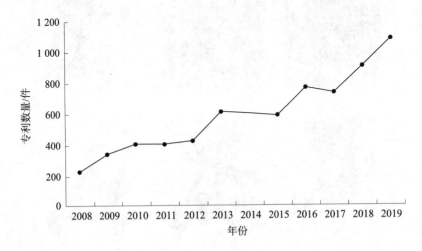

图13-3 12-12类外观设计专利数量

通过对12-12类外观设计专利数据的申请人类型进行分析，发现该类申请人以企业为主。在专利数量排名前五名的申请人中，以经营儿童用品的公司为主，并且企业所在地集中在珠三角、长三角地区，与行业发展情况相吻合（见图13-4、图13-5）；行业内知名企业的外观设计专利数量遥遥领先，也体现了行业领跑企业对知识产权保护的重视。

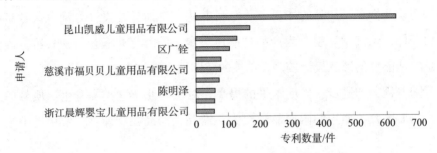

图13-4 2008—2019年12-12类外观设计专利前五名申请人及数量

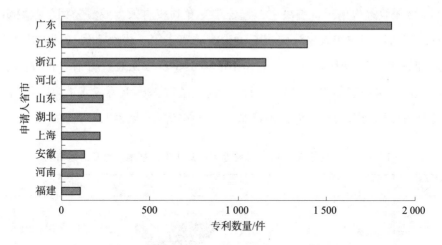

图 13 – 5　2008—2019 年 12 – 12 类外观设计专利数量前十名地域分布

第三节　裁判思维解析

【案例 13-1】

"儿童推车（1）" 外观设计专利权无效行政纠纷案❶

1. 案情简述

苏州威凯儿童用品有限公司（简称"威凯公司"）于 2009 年对好孩子儿童用品有限公司拥有的专利号为 ZL200430058514.X，名称为"儿童推车（1）"的外观设计专利，向专利复审委员会提出无效宣告请求，其理由是上述专利不符合《专利法》第九条、第二十三条的规定。专利复审委员会作出第

---

❶　此案经过二审，具体参见判决书：北京市第一中级人民法院（2010）一中知行初字第 2430 号行政判决书、北京市高级人民法院（2011）高行终字第 142 号行政判决书。

14846 号无效宣告请求审查决定，宣告维持专利权有效。威凯公司不服决定，并向北京市第一中级人民法院提起诉讼。北京市第一中级人民法院判决维持国家知识产权局专利复审委员会作出的第 14846 号无效宣告请求审查决定。威凯公司不服一审判决，向北京市高级人民法院提出上诉，北京市高级人民法院判决驳回威凯公司上诉，维持原判。具体情况参见表 13 - 1。

表 13 - 1 "儿童推车（1）"涉案专利与对比设计基本信息及对比情况

项目	详细信息
涉案专利 图片及 基本信息	 主视图 涉案专利系专利号为 ZL200430058514．X、产品名称为"儿童推车（1）"的外观设计专利，申请日为 2004 年 7 月 5 日，公告日为 2005 年 3 月 2 日，专利权人为好孩子儿童用品有限公司。涉案专利简要说明表述主要创作部位为推车车架的形状
在先设计 1 图片及 基本信息	 威凯公司提交的证据 1 为德国 DM/061845 号外观设计专利，申请日为 2002 年 9 月 13 日，公告日为 2002 年 12 月 31 日、名称是"婴儿车"的外观设计（即在先设计 1）

续表

项目	详细信息
在先设计 2 图片及 基本信息	 　　证据 2 为德国 DM/061834 号外观设计专利，申请日为 2002 年 09 月 13 日、公告日为 2002 年 12 月 31 日、名称为"折叠式婴儿车"的外观设计（即在先设计 2）
在先设计 3 图片及 基本信息	 　　证据 3 为德国 DM/061832 号外观设计专利，申请日为 2002 年 09 月 13 日、公告日为 2002 年 12 月 31 日、名称为"折叠式婴儿车"的外观设计（即在先设计 3）
在先设计 4 图片及 基本信息	 　　证据 4 为欧洲 0000049655 -0004 号外观设计专利，其申请日为 2003 年 07 月 03 日、公告日为 2003 年 09 月 03 日、名称为"婴儿车"的外观设计（即在先设计 4）

续表

项目	详细信息
在先申请1 图片及 基本信息	 证据5为ZL200330124444．9的中国外观设计专利，申请日为2003年12月12日、授权公告日为2004年12月22日、名称为"婴儿车"的外观设计（即在先申请1），其申请人为豪克有限及两合公司
在先申请2 图片及 基本信息	 证据6为ZL200330120081．1，申请日为2003年12月26日、授权公告日为2004年09月01日、名称是"婴儿车（1）"的外观设计（即在先申请2），其申请人为中山市隆成日用制品有限公司
相同点	涉案专利与在先设计1：二者均主要由车架、前后四车轮、遮阳罩、座兜和物品存放篮等部分组成，车架侧面均大致呈"人"字形 涉案专利与在先设计2：二者均主要由车架、遮阳罩、座兜和物品存放篮等部分组成，车架侧面均大致呈"人"字形 涉案专利与在先设计3：二者均主要由车架、前后四车轮、遮阳罩、座兜和物品存放篮等部分组成，车架侧面均大致呈"人"字形 涉案专利与在先设计4：二者均主要由车架、遮阳罩、座兜和物品存放篮等部分组成，车架侧面均大致呈"人"字形 涉案专利与在先申请1：二者均主要由车架、遮阳罩、座兜和物品存放篮等部分组成，车架侧面均大致呈"人"字形 涉案专利与在先申请2：二者均主要由车架、遮阳罩、座兜和物品存放篮等部分组成，车架侧面均大致呈"人"字形

续表

项目	详细信息
不同点	涉案专利与在先设计1：涉案专利车轮轮毂大致呈"五角星"状，为五个圆形毂洞，座兜前部和后上部均有置物托盘设计；在先设计1前车轮轮毂为封闭状，后车轮车毂为风车状，为三个三角形毂洞，座兜前部及后上部无托盘设计，在先设计1的前车轮轮宽宽于涉案专利，在把手一侧有刹车手柄设计 涉案专利与在先设计2：涉案专利为四车轮设计，座兜前部及后上部均有置物托盘设计，车轮轮毂大致呈"五角星"状，为五个圆形毂洞；在先设计2为三轮设计，座兜前部为半圆形护栏设计，前后车轮轮毂均为封闭状 涉案专利与在先设计3：涉案专利座兜前部和后上部均有置物托盘设计，车轮轮毂大致呈"五角星"状，为五个圆形毂洞；在先设计3座兜前部为半圆形护栏设计，前后车轮轮毂均为封闭状设计，车轮上方为弧形挡泥板设计，且涉案专利两前轮的间距明显小于在先设计3的两前轮间距 涉案专利与在先设计4：涉案专利为四车轮设计，前轮为并排两轮设计，刹车装置为凸起设计，座兜前部和后上部均有置物托盘设计，车轮轮毂大致呈"五角星"状，为五个圆形毂洞；在先设计4为三车轮设计，前轮为单轮设计，刹车装置为手柄设计，座兜前部和后上部无托盘设计，车轮轮毂大致呈风车状，为三个三角形毂洞 涉案专利与在先申请1：涉案专利为四车轮设计，前轮为并排两轮设计，座兜前部和后上部均有置物托盘设计，车轮轮毂大致呈"五角星"状，为五个圆形毂洞；在先申请1为三车轮设计，前轮为单轮设计，座兜前部和后上部无托盘设计，前部为一护栏，前后车轮轮毂均为封闭状设计，在车轮的上方有弧形挡泥板设计 涉案专利与在先申请2：涉案专利为四车轮设计，前轮为并排两轮设计，车轮轮毂大致呈"五角星"状，为五个圆形毂洞，刹车装置为车把手中部向内侧凸起设计；在先申请2为六车轮设计，前轮为两组两轮并排相连设计，前后车轮轮毂均为"五角星"形设计，其上为五个三角形毂洞设计
关注点	涉案专利与在先设计1~4和在先申请1、2相比，主要组成相同，车架大致形状基本相同，车轮、轮毂等差异是否足以导致产生明显不同的整体视觉效果？

2. 各方观点

1）专利复审委员会

"将本专利与在先设计1相比较，二者均主要由车架、前后四车轮、遮阳罩、座兜和物品存放篮等部分组成，车架侧面均大致呈'人'字形。二者主要不同点是：本专利车轮轮毂大致呈'五角星'状，为五个圆形毂洞，座兜前部和后上部均有置物托盘设计；在先设计 1 前车轮轮毂为封闭状，后车轮车毂为风车状，为三个三角形毂洞，座兜前部及后上部无托盘设计，在先设计 1 的前车轮轮宽宽于本专利，在把手一侧有刹车手柄设计。合议组认为：从整体视觉观察，虽然二者的组成基本相同，但由于二者上述主要不同点足以导致二者产生明显不同的整体视觉效果，因此，二者应属于不相同且不相近似的外观设计。

"将本专利与在先设计 2 相比较，二者均主要由车架、遮阳罩、座兜和物品存放篮等部分组成，车架侧面均大致呈'人'字形。二者主要不同点是：本专利为四车轮设计，座兜前部及后上部均有置物托盘设计，车轮轮毂大致呈'五角星'状，为五个圆形毂洞；在先设计 2 为三轮设计，座兜前部为半圆形护栏设计，前后车轮轮毂均为封闭状。合议组认为：从整体视觉观察，虽然二者的组成基本相同，但由于二者上述主要不同点足以导致二者产生明显不同的整体视觉效果，因此，二者应属于不相同且不相近似的外观设计。

"将本专利与在先设计 3 相比较，二者均主要由车架、前后四车轮、遮阳罩、座兜和物品存放篮等部分组成，车架侧面均大致呈'人'字形。二者主要不同点是：本专利座兜前部和后上部均有置物托盘设计，车轮轮毂大致呈'五角星'状，为五个圆形毂洞；在先设计 3 座兜前部为半圆形护栏设计，前后车轮轮毂均为封闭状设计，车轮上方为弧形挡泥板设计，且本专利两前轮的间距明显小于在先设计 3 的两前轮间距。合议组认为：从整体视觉观察，虽然二者的组成基本相同，但由于二者上述主要不同点足以导致二者产生明显不同的整体视觉效果，因此，二者应属于不相同且不相近似的外观设计。

"将本专利与在先设计 4 相比较，二者均主要由车架、遮阳罩、座兜和物品存放篮等部分组成，车架侧面均大致呈'人'字形。二者主要不同点是：本专利为四车轮设计，前轮为并排两轮设计，刹车装置为凸起设计，座兜前部和后上部均有置物托盘设计，车轮轮毂大致呈'五角星'状，为五个圆形毂洞；在先设计 4 为三车轮设计，前轮为单轮设计，刹车装置为手柄设计，座兜前部和后上部无托盘设计，车轮轮毂大致呈风车状，为三个三角形毂洞。合议组认为：从整体视觉观察，虽然二者的组成基本相同，但由于二者上述主要不同点足以导致二者产生明显不同的整体视觉效果，因此，二者应属于不相同且不相近似的外观设计。综上所述，请求人关于本专利不符合《专利法》第二十三条规定的无效宣告理由不能成立。

"将本专利与在先申请 1 相比较，二者均主要由车架、遮阳罩、座兜和物品存放篮等部分组成，车架侧面均大致呈'人'字形。二者主要不同点是：本专利为四车轮设计，前轮为并排两轮设计，座兜前部和后上部均有置物托盘设计，车轮轮毂大致呈'五角星'状，为五个圆形毂洞；在先申请 1 为三车轮设计，前轮为单轮设计，座兜前部和后上部无托盘设计，前部为一护栏，前后车轮轮毂均为封闭状设计，在车轮的上方有弧形挡泥板设计。合议组认为：从整体视觉观察，虽然二者的组成基本相同，但由于二者上述主要不同点足以导致二者产生明显不同的整体视觉效果，因此，二者应属于不相同且不相近似的外观设计。

"将本专利与在先申请 2 相比较，二者均主要由车架、遮阳罩、座兜和物品存放篮等部分组成，车架侧面均大致呈'人'字形。二者主要不同点是：本专利为四车轮设计，前轮为并排两轮设计，车轮轮毂大致呈'五角星'状，为五个圆形毂洞，刹车装置为车把手中部向内侧凸起设计；在先申请 2 为六车轮设计，前轮为两组两轮并排相连设计，前后车轮轮毂均为'五角星'形设计，其上为五个三角形毂洞设计。合议组认为：从整体视觉观察，虽然二者的组成基本相同，但由于二者上述主要不同点足以导致二者产生明显不同的整体视觉效果，因此，二者应属于不相同且不相近似的外观设计。

"根据《专利审查指南 2010》第四部分第七章第 1 节的规定，'同样的发明创造'对于外观设计而言，是指外观设计相同或者相近似。鉴于上述评述已得出本专利与在先申请 1、在先申请 2 均属于不相同且不相近似的外观设计的结论，因此本专利与在先申请 1 和在先申请 2 均不属于同样的发明创造。

请求人关于本专利不符合《专利法》第九条规定的无效宣告理由不能成立。

"综上所述，请求人提交的证据均不能支持其的主张，本专利的授予符合《专利法》第九条和第二十三条的规定。维持200430058514.X 号外观设计专利有效。"

2）北京市第一中级人民法院（一审）

"专利复审委员会在第14846 号决定中认定本专利保护的是儿童推车的外观设计是恰当的，第14846 号决定符合整体观察、综合判断的原则。专利复审委员会在第14846 号决定中认定本专利与在先设计1 ~ 4 和在先申请1、2 均不相同且不相近似是正确的。第14846 号决定认定事实清楚，适用法律正确，审理程序合法。北京市第一中级人民法院依照《中华人民共和国行政诉讼法》第五十四条第（一）项的规定，判决：维持国家知识产权局专利复审委员会作出的第14846 号无效宣告请求审查决定。"

3）北京市高级人民法院（二审）

"本案应适用2000 年《专利法》，该法第五十六条规定，外观设计专利权的保护范围以表示在图片或者照片中的该外观设计产品为准。外观设计专利保护的是产品的外观设计，当体现在外观设计专利授权公告中的产品与简要说明或其他专利文件中的产品不一致时，通常应以外观设计专利授权公告中的产品为准。本专利表示在图片中的外观设计产品为儿童推车，而且简要说明部分只是明确主要创作部位是车架，而并没有限定请求保护的外观设计是车架，因此本专利保护的是儿童推车的外观设计。现有证据并不能证明原审法院及专利复审委员会忽略了本专利的主要创作部位，恰恰相反，原审法院及专利复审委员会在根据专利法的规定确定本专利保护的儿童推车的外观设计时，并未忽略本专利的主要创作部位。威凯公司有关原审法院及专利复审委员会忽略了本专利的主要创作部位导致事实认定错误的上诉理由缺乏依据，本院不予支持。

"根据《专利法》第九条的规定，两个以上的申请人分别就同样的发明创造申请专利的，专利权授予最先申请的人。就外观设计专利而言，同样的发明创造应该指两项外观设计相同或者相近似。《专利法》第二十三条规定，授予专利权的外观设计应当同申请日以前在国内外出版物上公开发表过或者国内公开使用过的外观设计不相同和不相近似，并不得与他人在先取得的合法权利相冲突。在判断外观设计是否相同或相近似时，应当基于被比设计产品的一般消费者的知识水平和认知能力进行评价。这里所述的'一般消费者'是具体的，不同类别的被比设计产品具有不同的消费者群体。如果一般消费者经过对被比设计与在先设计的整体观察可以看出两者之间存在差别，且所述差别对于产品外观设计的整体视觉效果具有显著影响，则两者不相同和不相近似。原审法院及专利复审委员会确定的判断主体并未超出一般消费者的知识水平和认知能力，威凯公司有关原审法院及专利复审委员会在判断主体上适用法律不当，超出了一般消费者的知识水平和认知能力的上诉理由依据不足，本院不予支持。

"原审法院及专利复审委员会在判断本专利与在先设计1~4和在先申请1、2均分别构成相似外观设计时，并未违背整体观察、综合判断的原则。威凯公司有关本专利与在先设计1~4和在先申请1、2已分别构成相同或相似外观设计，以及原审法院及专利复审委员会在判断本专利与在先设计1~4和在先申请1、2是否构成相同或相似外观设计时违背了整体观察、综合判断原则的上诉理由依据不足，本院不予支持。驳回威凯公司上述，维持原判。"

3. 案例评析

从案例可以看出，对于具有功能性产品的外观设计专利，在进行外观设计特征比对、异同认定过程中，考量设计特征对应的功能必要性，会影响对该设计特征对整体视觉效果的判断。

该案的无效决定与法院二审判决的结论是一致的，但无效请求人不服判决，一直坚持上诉至最高人民法院。无效请求人主张的争议点之一是儿童推车类产品设计要点部位的认定。对于外观设计专利权保护范围的认定，以表示在图片或者照片中的该外观设计产品为准。外观设计专利保护的是产品的外观设计，当体现在外观设计专利授权公告中的产品与简要说明或其他专利文件中的产品不一致时，通常应以外观设计专利授权公告中的产品为准。无效请求人坚持认为简要说明中写明的设计要点所在部位即为产品的设计特征要部，导致其保护范围的认知偏差。

涉案专利与在先对比设计1~4以及在先申请1、2的相同点、区别点的认定上，与2008年《专利法》的判断原则是契合的。在对涉案专利与现有设计进行对比时，基本原则是"整体观察、综合判断"，在进行区别点类型判断时，会纠结于区别点是属于局部的，还是细微的；是否属于"局部细微变化"。当各设计整体视觉效果极为相近，但多个部位存在差异时，差异并不仅仅是某个局部，也并不是细微变化，应当如何判断差异呢？从该案对比过程和结论可以得到拓展判断思路的启示。

由该涉案专利与现有设计的比对过程和结论可见，在对设计特征区别点进行判断时，并不会简单地以设计特征在整体设计中所占比例而决定设计特征区别点在整体设计中的影响，同样会考虑设计特征对实现产品功能的必要性，即必要性提高了设计特征在整体设计中的影响权重。

儿童推车类产品为满足实用性、功能性，必然会有相应功能部件的设计，如车架是用于支撑、固定作用的核心部件；车轮是实现推车的灵活性、稳定性的必要部件；遮阳棚可满足遮阳、挡雨的需求；储物篮用于存放物品等。从现有设计看，儿童推车类产品由车架、车轮、遮阳罩、座兜及储物篮构成的形式较为常见。当核心部件车架的设计特征存在明显差异时，产品整体的视觉效果差异明显，因此，车架对于该类产品的整体外观设计的视觉效果影响是显而易见的；而车轮是实现推车的灵活性、稳定性的必要部件，出于对自由度的考虑，采用三轮、四轮的设计很常见，但车轮的配比、轮毂的形状、轮胎的形状设计多样，当其设计特征差异明显时，同样会对整体视觉效果产生显著影响。

该案中，在涉案专利与在先申请2比较时，无效请求人主张在先申请2有四个前轮，其中每两个车轮组成一个夹轮，与本专利相同，且其车轮轮毂形状是惯常设计。通过将二者比对可见，在先申请 2 前轮的位置较为突出，有两个车轮组共四个前车轮，与涉案专利的两个前车轮的排列方式视觉差异是明显的；此外，即使在轮毂中的"五角星""圆形洞"是常见的形状，但在没有证据表明上述形状设计属于轮毂的惯常设计的情况下，并不能得出"带五个圆形轮毂洞的车轮"是惯常设计的结论，因此判决认为"虽然二者的组成基本相同，二者上述主要不同点足以导致二者产生明显不同的整体视觉效果"。如果单纯从形状占比上划分，车轮在整体设计中所占的比例并不大，但其作为实现产品功能的必要部件，消费者在购买时会加以关注，考虑到必要性，则判决中"车轮在产品整体中所占比例较大"的结论更为合理。

综上所述，在判断设计特征对整体视觉效果的影响时，加入对设计功能必要性的考量，界定主要、次要设计部件，功能越重要，其设计差异可能对整体视觉效果产生显著影响；反之，功能越次要，其设计差异可能不会对整体视觉效果产生显著影响，结论可能会与单纯以设计在整体所占的比例来判断对整体视觉效果有所不同。

但目前，对于设计功能性对整体视觉效果影响的判断标准还尚不明确，需要进一步在实践中明确细化。

第十四章

个人护理清洁类产品

　　本章所述个人护理清洁类产品，主要为个人使用的用于皮肤、身体等部位日常护理或具美容等用途的小型家电产品。随着社会的发展和人们对美的追求越来越高，个人护理清洁类产品销量及专利申请量均有大幅提升。该领域产品种类繁多，近年来，以戴森技术有限公司（简称"戴森公司"）为主的一些知名企业的相关产品在造型及技术上均有较大突破，创新点主要集中在产品的整体形状以及零部件的排布关系及结构设计上。涉及该领域产品的有关《专利法》第二十三条第一款、第二款的专利诉讼争议点主要集中在设计空间的确定、区别特征对整体视觉效果的影响、功能性设计特征的认定等方面。本章将结合实际行政诉讼案例对该类产品设计空间的确定、区别特征对整体视觉效果的影响进行具体阐述。

第一节 产品领域概述

个人护理清洁类产品主要分为梳妆用品、美容美体器材以及身体护理用具等。该类产品用在个人身体及皮肤保养上，即以达到清洁、护肤、美容和修饰目的的各类辅助性工具用品，包括化妆工具、修饰工具和美容仪器等。具体产品包括卷/直发棒、吹风机、美容仪、电动剃须刀、电动牙刷等（见图14－1）。

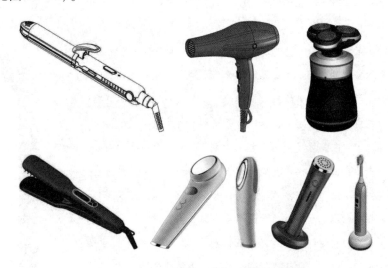

图14－1 个人护理清洁类常见产品展示

近年来，我国消费者对个人护理清洁类产品的需求持续增长。发展初期，个人护理类产品消费领域主要集中在剃须刀、电吹风等，随着时代的进步和收入水平的提高，消费者对仪容仪表的重视程度不断提升，电动牙刷、美容仪、卷/直发器、洁面仪等功能多样的个人护理小家电品类快速扩展，逐渐成为家庭生活必需品，市场规模持续扩大。在个人护理清洁类产品领域，卷/直发器市场发展非常迅速，行业新进入品牌数量和产品种类日益增多，从美容行业专用产品逐渐过渡到个人家用产品，戴森公司相关产品也因其前卫的设计带火了卷/直发器行业。

根据中国家用电器协会调研数据，2018 年卷/直发器行业规模约为 25 亿元，增长约 60%。截至 2019 年 7 月底，京东平台的卷/直发器企业数量大概 165 家。❶ 本章重点就卷/直发器类产品外观设计专利现有设计情况进行分析。

卷/直发器是一种用来把头发烫卷的手持式电子产品，它的主要组成部分是一个手柄和一个发热卷筒。根据材质，发热体可分为陶瓷发热体、PTC 发热体和发热丝发热体三种。根据成型风格，分为直棒和锥棒两种。直棒，即卷发棒从上到下直径相同，所卷头发上下花型和卷发的发卷一致。锥棒卷发器，可以把头发卷成上下尺寸不同的波浪形卷发，发卷可以由小到大，也可以由大到小，发型变化多。按照使用方式不同，可以分为手动卷发器、半自动卷发器、自动卷发器三种。❷

从历年来常见卷/直发器类产品来看，早期卷/直发器类产品形状近似夹板/棒状，造型相对单一。2015 年以后，产品造型开始有所突破，形状差别较大，出现锤头状、直筒状等类型，图案、色彩也变化多样，具有较大的设计空间（见图 14 - 2）。

对于卷/直发器领域的产品来说，在进行确权判断时设计空间的大小是考虑的重点。早期产品造型较为趋同，设计空间较小，而由于近年来该领域产品技术的突破，产品造型出现较大变革，设计空间开始变大。因此，除了产品的功能性考虑以外，卷/直发器类产品的形状、图案及色彩都是一般消费者重点关注的部位。

---

❶　http：//news. cheaa. com/2019/0809/559637. shtml。

❷　百度百科：https：//baike. baidu. com/item/卷发器。

2010年   2010年

2015年   2015年

2017年   2018年

图 14 -2　卷/直发器类常见产品展示

第二节　外观设计专利情况

在专利申请方面，个人护理清洁类外观设计专利申请多集中在《国际外观设计分类表》的 28 -03 大类，包括剃须刀、按摩、剪发、美发用器械和洁面等相关设备。

本章统计了 2008—2019 年个人护理清洁类外观设计专利数量变化趋势，

由图 14 - 3 可以看出，个人护理清洁类外观设计专利数量呈逐年增加的趋势，从 2015—2019 年，近五年来专利数量出现了快速增长。

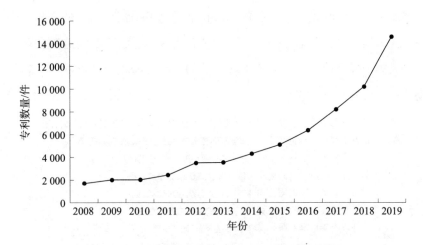

图 14 - 3　个人护理清洁类产品外观设计数量变化趋势

从地域来看，来自广东、浙江的申请人，外观设计专利的数量远远多于其他省份，其专利量约为第二梯队福建、江苏的十倍（见图 14 - 4）。由此可见，个人护理清洁类产品的申请人地域分布较为集中，广东、浙江的创新主体在此领域具备强大的实力，同时也体现出行业龙头在知识产权保护方面的重视。

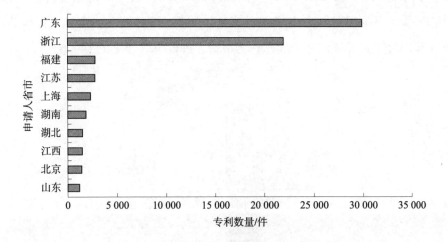

图 14 - 4　个人护理清洁类产品外观设计专利中国省市排名

从申请人排名来看，专利数量排名前三位的申请人分别为浙江月立电器有限公司、黄石市科林不锈钢制品厂和松下电工株式会社。浙江月立电器有限公司的产品主要为电吹风、理发剪等，黄石市科林不锈钢制品厂的产品集中在化妆镜，排名第三的松下电工株式会社和排名第六的皇家飞利浦有限公司是专利数量较大的国外企业，松下电工株式会社的产品类型主要为电吹风、剃须刀和电动牙刷等，皇家飞利浦有限公司的产品类型则主要是剃须刀（见图14-5）。

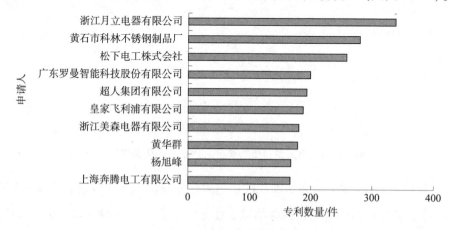

图14-5　个人护理清洁类产品外观设计专利申请人排名

在申请人构成方面，个人申请数量约占51%，企业申请数量约占47%，相差不大，其原因可能为小家电领域存在较多的个体企业，个体企业作为创新主体时经常选择以法人或股东作为申请人进行申请（见图14-6）。

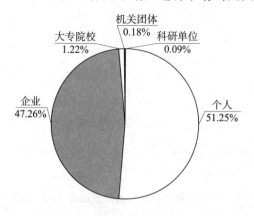

图14-6　个人护理清洁类产品外观设计专利申请人构成

第三节　裁判思维解析

> **【案例 14-1】**
> "直发卷发器"外观设计专利权无效行政纠纷案❶

1. 案情简述

该案涉及专利号为 201230565158.5，产品名称为"直发卷发器"的外观设计专利，其申请日为 2012 年 11 月 21 日，优先权日为 2012 年 10 月 9 日，授权公告日为 2013 年 3 月 27 日，专利权人是芭比丽丝法科私人有限公司（简称"芭比丽丝法科公司"）。涉案专利共包含 7 幅视图。

2014 年 10 月 24 日，东莞市罗曼罗兰电器科技有限公司（2017 年 1 月 9 日，东莞市罗曼罗兰电器科技有限公司更名为"广东罗曼智能科技股份有限公司"，简称"罗曼公司"）向专利复审委员会提出无效宣告请求，同时提交了证据。其理由是涉案专利与证据所示对比设计相同或实质相同，以及不具有明显区别，不符合《专利法》第二十三条第一款和第二款的规定。

2015 年 6 月 18 日，专利复审委员会作出第 26285 号无效宣告请求审查决定（简称"第 26285 号决定"），宣告上述专利全部无效。芭比丽丝法科公司对上述决定不服，向北京市知识产权法院提起行政诉讼。

北京市知识产权法院认为第 26285 号决定证据确凿，适用法律、法规正确，审查程序合法，判决：维持中华人民共和国国家知识产权局专利复审委

---

❶ 此案经过二审，具体参见判决书：北京知识产权法院（2015）京知行初字第 6489 号行政判决、北京市高级人民法院（2019）京行终 431 号行政判决书。

员会作出的第 26285 号无效宣告请求审查决定。

芭比丽丝法科公司不服原审判决向北京市高级人民法院提请上诉，北京市高级人民法院判决芭比丽丝法科公司的上诉理由缺乏事实和法律依据，其上诉请求不予支持。原审判决认定事实清楚，适用法律正确，审理程序合法，判决结果并无不当，依法应予维持。判决如下：驳回上诉，维持原判。具体情况参见表 14 -1。

表 14 -1 "直发卷发器"涉案专利与对比设计基本信息及对比情况

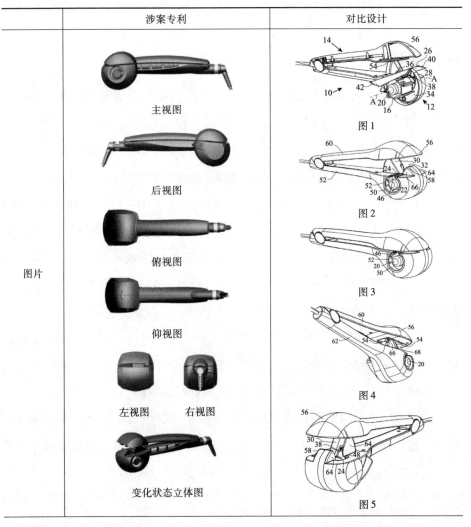

	涉案专利	对比设计
图片	主视图 后视图 俯视图 仰视图 左视图 右视图 变化状态立体图	图1 图2 图3 图4 图5

	涉案专利	对比设计
基本信息	名称为直发卷发器，专利号为201230565158.5，授权公告日期为2013年03月27日，专利权人为芭比丽丝法科私人有限公司 该产品由手柄和卷发盒两部分构成，整体近似锤子的形状，从中间偏上的位置被分为上下两部分，可以开合。卷发盒位于手柄一端，近似椭圆球体，前端设有让位缺口，正后面略平，正面有一个卷发元件，其上有同心圆状图案，后面有斜条纹状装饰线，顶面有一小椭圆形，卷发盒打开时可见两个交错的三角齿状部分。手柄直径小于卷发盒宽度，长度约为卷发盒长度的两倍，另一端通过连接部连接电源线，连接部尾端有环形图案，电源线有环形条纹且斜向下延伸，手柄正面有一个弧形槽，内设长方形推拨式调节键	证据： 公开号为WO2012/080751A2的PCT发明专利申请公开说明书复印件以及中文译文
相同点	二者的整体形状、手柄和卷发盒的比例关系、卷发盒和手柄的形状均大体相同	
不同点	涉案专利卷发盒与手柄之间过渡明显，卷发盒顶面、底面与正面后面的过渡棱线明显，前端设有让位缺口，卷发元件上有同心圆状图案，后面有斜条纹状装饰线，顶面有一小椭圆形，手柄上下部略有弧度，手柄下部有明显端面，手柄另一端连接电源线的连接部尾端有环形图案，电源线有环形条纹且斜向下延伸，手柄正面有一个弧形槽，内设长方形推拨式调节键 对比设计卷发盒的相同设计特征互为镜像对称，卷发器的卷发盒与手柄之间和卷发盒顶面、底面与正面背面之间平滑过渡，手柄上下部较平直，无让位缺口、同心圆状图案、斜条纹状装饰线、连接部、调节键面设计，卷发盒后面有翅状凸起	
关注点	涉案专利与对比设计所示产品的设计相比，两者的相同部分在现有设计的背景材料中没有体现，因此，两者的整体形状、连接方式以及各部分的整体形状是否属于对整体视觉效果具有显著影响的设计，其区别之处是否也对整体视觉效果产生显著影响	

2. 各方观点

1）专利复审委员会

"罗曼公司（简称'请求人'）于 2014 年 10 月 24 日向专利复审委员会提起本专利的无效宣告请求，理由是本专利与证据所示对比设计相同或实质相同，以及不具有明显区别，不符合《专利法》第二十三条的规定，同时提交了证据。

"2015 年 6 月 18 日，专利复审委员会作出第 26285 号无效宣告请求审查决定，该决定认为：从涉案专利的评价报告、双方当事人提交的背景材料可以看出，对于卷发器类产品而言，一般由卷发部分和手柄组成，卷发部分用于头发造型，手柄部分用以握持，两部分在满足功能需要的条件下都有一定的设计空间，故整体形状以及各部分的具体设计都会引起一般消费者关注。专利权人虽然提交了 10 份参考文件以证明卷发器产品有直棒形和锤形之分，且两种类型产品形状均相对固定，但是上述参考文献中显示的卷发器的卷发部分和手柄部分造型各异，卷发器的工作方式亦不同于涉案专利和对比设计，即使专利权人指出的最为接近的 USD491310S 中所公开的卷发器其整体形状、卷发盒和手柄的形状与涉案专利和证据 1 所示对比设计亦明显不同。将涉案专利与对比设计的卷发器放在评价报告和双方当事人提交材料的背景中进行考察，可以发现，两者的相同点部分在现有设计的背景材料中没有体现，即两者的整体形状、连接方式以及各部分的整体形状属于对整体视觉效果具有显著影响的设计。二者在卷发盒的面间和其与手柄的过渡处、手柄的弧度和端面设计、卷发盒的前端开口处以及卷发盒的细部装饰图案上有所差异，以现有设计为背景考察两者的不同点，可以发现，在其卷发盒与手柄整体造型基本一致的情况下，上述差异属于细微差别；在现有设计中，有多个设计均采用了与涉案专利手柄连接部和电源线的设计，该部分属于卷发器类产品的惯常设计；至于涉案专利调节键面的设计，长方形推拨式调节键属于调节键的常见设计，手柄正面容置调节键的空间很浅且使用过程中被手部握持不易看到而并不会引起一般消费者的注意，故不会对二者的整体视觉效果产生显著影响。因此，对于该产品的一般消费者而言，两者的相同点属于对整体视觉效果具有显著影响的设计，相对于二者基本相同的整体形状、各部分形状及其比例关系所形成的整体视觉效果，两者的上述区别对于产品外观设计的整体视觉效果不具有显著影响。综合评价两者的相同点和不同点，涉案专利与对比设计不具有明显区别，不符合《专利法》第二十三条第二款的规定。基于上述事实和理由，专利复审委员会决定宣告涉案专利全部无效。"

2）北京知识产权法院（一审）

"无效决定认定本专利与对比设计的主要相同点在于二者的整体形状以及手柄和卷发盒的比例关系、卷发盒和手柄的形状均大体相同并无不当，本院予以支持。原告关于涉案专利与对比设计在'整体形状''各部分形状'及其'比例关系'这三个方面具有明显区别的主张本院不予支持。

"关于区别点：①二者在手柄的弧度和端面设计、手柄过渡处的处理、卷发盒的前端开口处、表面装饰图案、电源线走向、翅状凸起上虽略有一定区别，但在相关产品设计背景下考量上述区别并不明显，在卷发器整体造型基本一致的情况下，上述差异属于细微差别。②涉案专利矩形调节键面的设计属于调节键的常见设计，且该调节键在使用过程中被手部握持不易看到，不易引起一般消费者的注意，故不会对二者的整体视觉效果产生显著影响。综合评价涉案专利与对比设计的相同点和不同点，涉案专利与对比设计公开的外观设计不具有明显区别，不符合《专利法》第二十三条第二款的规定，专利复审委员会的相关认定正确。

"综上，北京知识产权法院依照《中华人民共和国行政诉讼法》第六十九条之规定，判决：驳回芭比丽丝法科公司的诉讼请求。"

3）北京市高级人民法院（二审）

"从整体形状上看，二者均由锤形的头部与长条形的手柄构成，整体形状较为近似；从视图的角度讲，对比设计手柄并非四棱长方体，结合手柄的功能，将其设计为圆弧形手柄更符合手持的特点；在头部，本专利和对比设计的宽窄高低比例差异并不明显，结合头部与手柄的比例关系来看，二者尚未形成明显差异。在本专利与证据的主机的各具体组成部分、相对位置关系、比例关系、基本形状基本相同的情况下，区别点主要为：头部和手柄连接部分区别明显，手柄形状，锤头结构，头部上表面以及本专利确实比对设计中的两个部位。前述区别要么属于上诉人芭比丽丝法科公司在将本专利视图与比对设计平面图比对时出现解读错误，要么仅为各个部分所作的细微变化，该细微变化不足以产生独特的视觉效果，亦未对整体外观产生显著影响，结合一般消费者的认知水平和认知能力，难以认定本专利与证据公开的外观设计存在明显区别，因此，专利复审委员会结合上述证据认定本专利不符合《专利法》第二十三条第二款的规定并据此宣告本专利无效，并无不当，北京市高级人民法院对此予以确认。一审判决认定事实清楚，适用法律正确，审理程序合法，北京市高级人民法院予以维持。"

3. 案例评析

该案的争议点在于涉案专利与对比设计是否不具有明显区别，进而不符合《专利法》第二十三条第二款的规定。在无效决定及一、二审判决中，具体又涉及现有设计状况的确定和"整体观察、综合判断"原则的运用。

1）关于创新程度较高的产品的现有设计空间的确定

北京市高级人民法院《专利侵权判定指南2017》第八十三条规定：

判断外观设计是否相同或者相近似时，可以要求当事人提交证据证明相关设计特征的设计空间及现有设计状况。设计空间是指设计者在创作特定产品外观设计时的自由度。设计空间受如下条件的限制：

（1）产品或其中零部件的技术功能；

（2）采用该类产品常见特征的必要性；

（3）现有设计的拥挤程度；

（4）其他可能对设计空间产生影响的因素，如经济因素（降低成本）等。

某一设计特征对应的现有设计越多，对该特征设计空间挤占越显著，其设计空间越小，替代性设计方案越少，细微差异会对整体视觉效果产生较大的影响；反之，现有设计越少，对该特征设计空间挤占越轻微，其设计空间越大，替代性设计方案越多，细微差异不会对整体视觉效果产生明显的影响。

该案中，由于涉案专利与对比设计存在一定的区别，那么在进行外观设计专利是否具有明显区别的判断时，首要的前提是确定现有设计的状况。而对于一件产品的设计而言，现有设计状况是随着设计的发展不断变化的，随着本领域技术出现突破到技术逐渐完善，流行趋势趋于统一，设计空间可能会出现波动，呈现动态变化。因此，在进行外观设计相同或相近似判断时，需要通过分析现有设计状况得出现有设计中存在的相同设计特征，以此作为判断该类产品设计空间的参考依据，进而对本领域的现有设计状况有比较清楚的了解。

对于该案，专利复审委员会在口审中经双方当事人同意，引入了涉案专利的评价报告作为卷发器产品的背景参考基础。此外，专利权人补交了 10 份卷发器产品的在先设计、请求人交了 16 份文件作为该类产品的背景参考基础。从背景材料我们看出，卷发器是一种用来把头发烫卷的手持式电子产品，它的主要组成部分是一个手柄和一个卷发盒，有直棒形和锤形之分，且两种类型产品形状均相对固定。但是背景材料中显示的卷发器的卷发部分和手柄部分造型各异，卷发器的工作方式亦不同于涉案专利和对比设计，即使专利权人指出的最为接近的卷发器整体形状、卷发盒和手柄的形状与涉案专利和证据所示对比设计也存在明显不同。

因此，专利复审委员会给出的无效决定中指出："将涉案专利与对比设计的卷发器放在评价报告和双方当事人提交材料的背景中进行考察，两者的相同点部分在现有设计的背景材料中没有体现，即两者的整体形状、连接方式以及各部分的整体形状属于对整体视觉效果具有显著影响的设计。"

由此可见，专利复审委员会作出的无效决定是基于对现有设计状况的分析认知得出的。在充分观察现有设计状况的基础上，分析出涉案专利与对比设计之间的相同设计特征，如锤头与手柄长度比例、锤头的形状、手柄的形状。而这些相同设计特征在本领域现有设计中并不常见，因此两者的相同设计特征就是在先设计的亮点所在。在先设计相对于现有设计来说属于创新程度较高的设计，在后设计与在先设计较为接近，且在后设计相对于在先设计来说，其改进并没有达到一定的设计高度。如果两者的相同设计特征并不常见，那么相同点即对整体视觉效果起到了显著影响。

北京知识产权法院和北京市高级人民法院在进行是否符合《专利法》第二十三条判决时，也是在充分考虑了现有设计的基础上给出了维持原有决定的结论。

2）整体观察、综合判断

在外观设计专利无效宣告请求审查程序中，一个重要的判断方式是外观设计专利与在先设计的比对应遵循"整体观察、综合判断"的原则。整体观察，指一般消费者应关注外观设计的整体视觉效果，且难以关注到本专利与对比设计之间的局部细微差别；综合判断，指一般消费者对于本专利与对比设计可视部分的相同点和区别点均会予以关注，并综合考虑各相同点、区别点对整体视觉效果的影响大小和程度。如果一般消费者通过对本专利与对比设计的整体观察发现，二者的区别对于产品外观设计的整体视觉效果不具有显著影响，则本专利与对比设计不具有明显区别。因此，"整体观察、综合判断"是就涉案专利与对比设计的整体来分析，而不是从外观设计的部分或者局部出发得出的判断结论。

对于该案来说，芭比丽丝法科公司提出的主张中，涉案专利与对比设计的区别点有17个，构成一个区别群，区别点位于产品外表面且不算细微，但是需要注意的是，判断"局部细微"是相对于整体而言的。专利复审委员会及一、二审法院在审理中，均从整体观察出发，考虑两者锤头的形状、手柄的形状、相对位置关系、比例关系均基本相同，其区别点对于产品的整体设计而言就属于"局部细微变化"了。因此，该案在进行是否具有明显区别的判断时首先以一般消费者为判断主体，采用"整体观察、综合判断"的方式。

涉案专利与对比设计相比，相对于具有较大设计空间的设计状况而言，其区别点所占整体比例较小，且变化细微，属于局部细微变化，故涉案专利相对于现有设计相比不具有明显区别。

结合上述现有设计状况进一步分析，如果两者的相同设计特征在现有设计中较为普遍，那么我们就需要重新判定该区别点是否属于"局部细微变化"。

总的来说，在判断涉案专利与在先设计是否具有明显区别时，应通过充分检索以及结合相关当事人提交的证据，多了解现有设计状况，避免主观臆断，并对本领域的常用设计手法具有常识性的了解，知道哪些部位能引起一般消费者的关注。还应依据一般消费者的认知水平，采用"整体观察、综合判断"的原则，结合现有设计状况来明确外观设计专利中对整体视觉效果产生显著影响的设计特征，进而得出正确的专利确权判断。

第十五章

玩具类产品

　　玩具类产品，主要涉及儿童或成人玩耍的物品或器具。随着社会经济的发展和人们对物质和精神生活的不断追求，近年来，玩具类产品领域外观设计申请量不断增长，领域活跃度较高。玩具类产品种类繁多，既包括立体产品，也包括平面产品，创新点主要集中在产品的形状、图案、色彩的结合。涉及该领域产品的有关《专利法》第二十三条第一款、第二款的专利诉讼争议点主要集中在区别特征对整体视觉效果的影响、功能性设计特征的认定、惯常设计的认定和未充分公开的设计内容认定四个方面。本章选取具有代表性的诉讼案例，针对惯常设计、常见设计、功能性设计特征的认定和未充分公开设计内容的认定等三方面问题进行详细解析。

第一节　产品领域概述

　　广义的玩具泛指一切可以用来玩的物品或器具，人们通过玩玩具可以获得一定程度的满足感。随着玩具产业的发展和人们观念的改变，面向成年人的玩具也越来越多。玩具具有娱乐性、教育性、安全性三个基本特征，品种繁多，分类方法不一。

　　经过几十年的发展，中国玩具产业逐渐成熟，玩具制造业地区集中度较高，主要制造企业集中在广东、浙江、江苏、福建、山东等改革开放较早和经济发达的沿海地区。这些省市历来是中国玩具最重要的生产和出口基地，占中国玩具年销售额的90%以上。同时这些省市的玩具制造产业链完整，产业配套设施完善。特别是广东地区，玩具企业的生产技术已处于世界领先地位，一些先进的数控机床如CNC数码加工中心、抄数机、激光快速成型机、雕刻机已被大中型企业广泛应用；生产所需的注塑机、碎料机、烘干机、移印机、喷漆设备、检测仪器、生产流水线等机械设施齐全，行业的自动化生产程度不断提高。

　　作为我国最大的玩具制造和出口基地，广东玩具已连续30余年玩具出口额位列全国第一。2019年，全国玩具出口311.36亿美元，同比增长24.2%，其中广东玩具出口215.09亿美元，占全国份额69.1%。广东的玩具产品素以科技含量高、制造工艺好而驰名，欧美国家技术含量高的玩具基本上都在广东生产。其中汕头市（澄海区）作为广东玩具生产企业最为集中、科技创新能力和产品科技含量高的地区之一，已形成了较成熟和完整的产业生态，产业集群效应明显。同时，广东以加工贸易方式出口所占份额逐年减少，2019年下降到37.67%，而自有品牌产品的出口贸易则不断增加，中国玩具产业从"中国制造"向"中国创造"转变取得了长足进步。

　　另外，值得一提的是，国产玩具品牌也得到迅速发展。过往国内高端市场一直被国外品牌垄断，但近年中国品牌玩具凭借着设计新颖、质量优良、价格相宜打破了这种垄断，双方势均力敌。在国内大商场玩具销售排行榜上，国产品牌玩具与进口名牌产品同台竞技已成为新常态，遥控飞机、遥控车等一些技术含量高的玩具，国产品牌更是常年位居榜首，从性价比上来看，进口品牌根本没法竞争。❶

　　在产品类别方面，广东以电动和塑料玩具为主，江苏、上海以毛绒玩具为主，浙江以木制玩具为主，形成较为明显的产业集群效应。其中，广东是中国最大的玩具生产和出口地区。❷

　　数据显示，2017 年我国玩具主营业务收入 2357.1 亿元，同比增长 8.5%。作为世界第二玩具消费国，中国玩具市场的成长空间令人瞩目。在所有玩具中，毛绒玩具、娃娃是全球玩具市场中增长速度最快的热销类玩具。

　　随着国内人民生活水平不断提高，家长越来越关注儿童的身心发育，也越来越认识到婴幼儿早教的重要性。各类早教机构的出现为年轻的家长提供了更好的婴幼儿早教条件，但是费用高、时间紧等诸多因素，使得更多的父母选择了早教玩具。

　　从出口省市来看，广东、浙江、江苏和福建等地是我国玩具出口的主要省市，占玩具出口总额比重分别为 62.03%、14.88%、6.56%、1.97%。随着新兴市场国家经济实力的逐步增强，玩具消费观念也从成熟的欧美地区逐渐延伸至新兴市场，东欧、南美、亚洲等地区玩具消费增长迅速。其中，中国玩具市场表现出强劲的增长趋势。

　　从以上数据可以看出我国是玩具消费大国，考虑目前我国家庭平均玩具消费仍处于较低水平以及我国家庭收入不断增长的现实状况，国内玩具消费增长前景良好。根据当前国内外经济形势，结合中国玩具行业销售收入数据及中国经济增

---

❶ 百度百家号：https：//baijiahao. baidu. com/s? id =1671607754683011564&wfr = spider&for = pc。
❷ 搜狐网：https：//www. sohu. com/a/119627705_114835。

长数据，粗略估计到 2023 年，中国玩具行业的市场规模将超过 1000 亿元。❶

第二节　外观设计专利情况

玩具类专利申请主要集中在《国际外观设计分类表》的 21 - 01 类，还有少部分涉及 11 - 02 类。本章统计了 2008—2019 年玩具类外观设计专利数量情况。如图 15 - 1 所示，玩具类产品的外观设计专利数量从 2008 年起大体呈不断增长的趋势，其中 2012—2015 年增速较为缓慢，2016—2018 年增长速度较快，2019 年增速再次放缓。

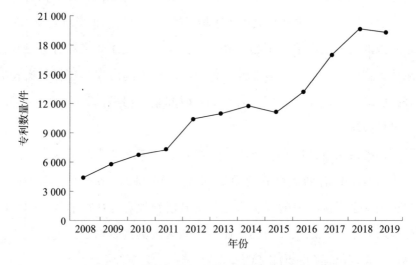

图 15 - 1　玩具类产品外观设计专利数量变化趋势

如图 15 - 2，从申请人地域排名来看，广东、江苏、浙江的外观设计专利数量遥遥领先。其中，广东专利数量约是江苏的两倍，约为浙江的三倍，可见外观设计专利数量的排名与玩具类产品的市场、出口数据基本吻合。

---

❶ 中国报告大厅：http://m. chinabgao. com/k/wanju/37723. html。

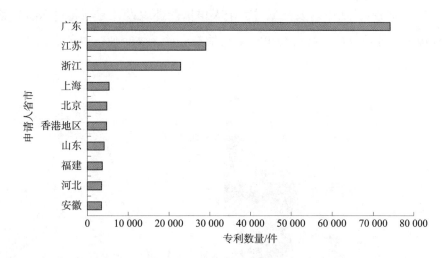

图 15 - 2　玩具类产品外观设计专利申请人地域排名

从申请人排名来看，广东奥飞集团旗下的四家企业包揽了玩具类产品外观设计专利数量的前四名。在排名前十的申请人中，来自广东的企业和个人占据六席，其中，蔡东青为广东奥迪玩具实业有限公司董事长兼总经理。值得注意的是，在前十名中有两家日本企业，分别是第七名的株式会社多美和第九名的株式会社万代。株式会社多美主要有玩具火车、卡通玩偶等产品，株式会社万代的机甲、人偶类产品较为知名（见图 15 - 3）。

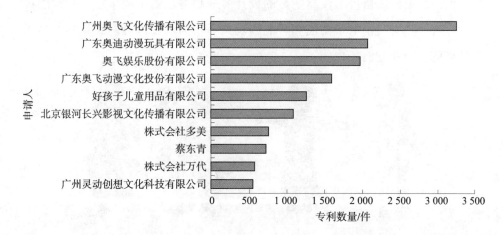

图 15 - 3　玩具类产品外观设计专利申请人排名

如图 15 - 4，从申请人类型看，个人申请的外观设计专利超过 58%，而企业申请的外观设计专利占约 39%。可能有一些个体企业，以负责人或股东作为申请人进行申请。

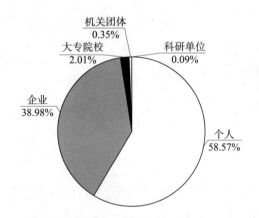

图 15 - 4　玩具类产品外观设计专利申请人类型分布

玩具类产品根据产品的表现形式和使用目的，大致可以分为玩偶类、模型类、可变形类、智能类、益智类和健身类等。图 15 - 5 至图 15 - 10 展示了上述种类的一些典型外观设计。可见，玩具领域产品种类繁多，面对的消费者群体也多种多样。虽然在 21 - 01 大类下面可以进行一定的细分，但各细分领域的产品设计风格仍然没有明显的设计演进趋势。由于电子技术和智能技术的发展，具有一定电子功能和智能的玩具不断涌现，这可能是玩具产品未来发展的一个新方向。

图 15 - 5　玩偶类玩具外观设计专利

图 15 - 6 模型类玩具外观设计专利

图 15 - 7 变形类玩具外观设计专利

图 15 - 8 智能类玩具外观设计专利

图15-9　益智类玩具外观设计专利

图15-10　健身类玩具外观设计专利

图15-11　玩具直升飞机外观设计专利

图15-11列出了一些具有一定代表性的玩具直升机的外观设计。由图可以看出，虽然同为直升机模型类的玩具外观设计，但其整体形状、结构以及各部分的具体设计均不相同。直升机的各部分形状、结构、图案、色彩等设计，均可能成为该领域一般消费者所关注的部位。相对而言，机身部分由于

处于视觉关注的中部，所占体积比例一般也较大，一般会更加引人瞩目。另外，主旋翼和尾部设计，也在一定程度上对整体视觉效果产生影响。在确权和侵权判断中，上述设计内容均可能成为被关注的设计内容。

但通过已有的设计来看，直升机机身的设计多种多样，但一般为左右两面对称的结构，上下两部分对称的设计较为少见。

第三节　裁判思维解析

【案例 15-1】

"玩具直升机（911）" 外观设计专利权无效行政纠纷案❶

1. 案情简述

该案涉及一款玩具直升机的外观设计专利无效行政纠纷上诉案。该案涉及专利号为 ZL200930190256.3、名称为 "玩具直升机（911）" 的外观设计专利，其申请日为 2009 年 8 月 7 日，授权公告日为 2010 年 5 月 19 日，专利权人为李某明。

2011 年 7 月 25 日，汕头市澄海区岭亭永达塑胶厂（简称 "永达塑胶厂"）针对涉案专利向专利复审委员会提出无效宣告请求。2012 年 1 月 11 日，专利复审委员会作出第 17929 号《专利无效宣告请求审查决定书》（简称 "第 17929 号决定"），宣告该专利权全部无效。李某明诉至北京市第一中级人民法院。经审理，判决：撤销第 17929 号决定；专利复审委员会重新作出审查

---

❶ 此案经过二审，具体参见判决书：北京市第一中级人民法院（2012）一中知行初字第 1738 号行政判决书、北京市高级人民法院（2013）高行终字第 555 号判决书。

决定。永达塑胶厂不服原审判决，向北京市高级人民法院提起上诉，北京市高级人民法院予以维持原判。具体情况，参见表15-1。

表15-1 "玩具直升机（911）"涉案专利与对比设计基本信息及对比情况

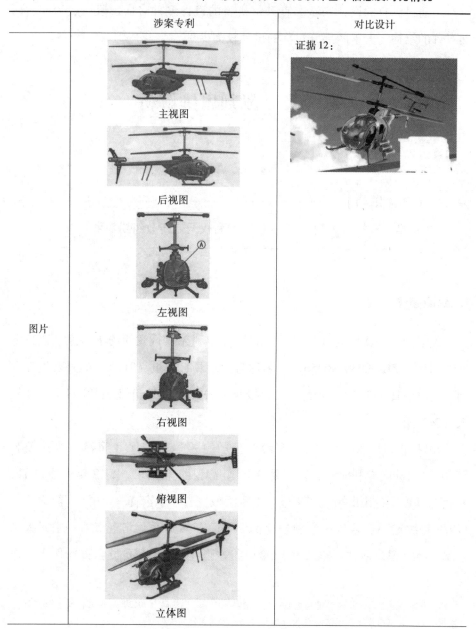

	涉案专利	对比设计
图片	主视图 后视图 左视图 右视图 俯视图 立体图	证据12：

续表

	涉案专利	对比设计
基本信息	专利名称：玩具直升机（911） 专利号：ZL200930190256.3 授权日期：2010 年 5 月 19 日 专利权人：李某明	证据 12： 2008 年 12 月号《中外玩具制造》杂志中的图片
相同点	涉案专利与对比设计组成部分相同，布局基本一致，旋翼的布置及整体形状基本相同，其他部分的整体形状较为相似	
不同点	①对比设计机身的具体形状未充分公开；②涉案专利机头前部有大灯设计，对比设计机舱前部无大灯；③左右炮弹架形状不同，炮弹数量明显不同；④机尾天线和旋翼位置不同；⑤机舱内有无驾驶小人的设计不同	
关注点	机身设计是否属于主要关注部位，对比设计机身的形状设计未充分公开，从证据中，能否合理推断出机身形状差别不大。涉案专利与对比设计相同的旋翼等部分点是否属于惯常设计，是否属于功能性设计，是否对整体视觉效果起到足够的影响	

2. 各方观点

1）专利复审委员会

"2011 年 7 月 25 日，永达塑胶厂针对涉案专利向专利复审委员会提出无效宣告请求，其理由是本专利不符合 2000 年修改的《专利法》第二十三条和第九条的规定，请求宣告本专利无效，同时提交了证据 1～8，并于 2011 年 8 月 22 日补充提交了证据 9～12。

"2012 年 1 月 11 日，专利复审委员会作出第 17929 号《专利无效宣告请求审查决定书》（简称'第 17929 号决定'），该决定认为：永达塑胶厂提交的证据 12 是 2008 年 12 月号《中外玩具制造》杂志相关页复印件，口头审理中永达塑胶厂提交了相关杂志的整本原件，经李某明核实，原件与复印件一致。李某明对上述证据的真实性和公开时间均无异议，专利复审委员会对其予以采信。证据 12 的出版号为 ISSN1672 - 8564，出版日期为 2008 年 12 月，早于本专利的申请日，属于《专利法》第二十三条规定的在本专利申请日前公开发表的外观设计，适用于本案（见图2）。证据12中公开了一种直升机模型的外观设计，其与本专利用途相同，属于相同种类的产品，具有可比性，可以将上述外观设计（简称'在先设计'，见图2）与本专利进行如下相同和相近似判断。从在先设计的立体图中已经可以清楚推知机舱的整体形状；对于形状多样的航空模型类产品而言，一般消费者更关注的是产品的整体造型及其布局，机舱中是否设有玩偶，并非消费者所关注的内容，且不会改变产品的整体形状，其对整体视觉效果缺乏显著影响；在本专利与在先设计组成部分相同、布局一致、整体形状相似的情况下，二者已形成整体相近似的视觉效果，本专利与在先设计在机舱前部大灯、左右炮弹架、机尾天线和旋翼上的区别在整体外观设计中所占比例均较小，难以对整体视觉效果构成显著影响，因此，本专利与在先设计仍属于相近似的外观设计，其不符合《专利法》第二十三条的规定。专利复审委员会决定：宣告本专利权全部无效。"

2）北京市第一中级人民法院（一审）

"本专利与在先设计均为玩具直升机设计，而在玩具直升机的设计中，平衡杆、主旋翼、脚架、T字形尾翼，以及平衡杆位于主旋翼上方、机尾上设有一个较小的旋翼等特征，均是为实现玩具飞机飞行功能所采取的设计，均属于该玩具中的'惯常设计'。因此在玩具直升机的设计中，瞩目部分应为机身部分，而机身部分的变化通常会给整体外观设计带来显著的变化，产生足以与其他设计相区分的特征，从而对于产品外观设计的整体视觉效果产生显著的影响。

"在判断外观设计是否相同或者相近似时，应当基于被比设计产品的一般消费者的知识水平和认知能力进行评价。作为本案一般消费者，应当对玩具直升机具有常识性的了解，并对不同外观设计之间在形状上的差别具有一定分辨力。因此，玩具直升机的一般消费者应当对前述主旋翼、脚架等'惯常设计'部分关注较少，而将注意力更多的集中于直升机的机身部分。

"鉴于上述分析，对比本专利与在先设计是否近似，应当将机身部分作为比对的重点部分。根据在先设计公开的内容，可以认定在先设计仅为一幅立体图，从该幅图片中无法毫无疑义地确定飞机的机舱整体大致呈水滴形，专利复审委员会关于从立体图可以判断出在先设计机舱大致呈水滴形的认定，缺乏充分证据支持。将在先设计与本专利进行对比，本专利所有六个面视图中，左右侧视图的展示可以认定本专利机舱大致呈水滴形，二者在机身形状上存在不同。

"此外，本专利在机身部分除机舱形状外，与在先设计还存在炮弹架形状及数量、设有探照灯及两个士兵玩偶等区别。本专利机头部分探照灯设计使机头造型与在先设计的透明罩壳相比，产生了明显的不同，加之本专利两侧炮弹架的造型亦明显不同于在先设计，从而使得本专利机身部分的视觉效果明显区别在先设计的机身部分。本专利中存在两名士兵玩偶虽然不是消费者关注的主要部分，但也对整体视觉效果产生了一定影响。

"综上，北京市第一中级人民法院依照《中华人民共和国行政诉讼法》第五十四条第一款第（二）项第1目之规定，判决：一、撤销第17929号决定；二、专利复审委员会重新作出审查决定。"

3）北京市高级人民法院（二审）

"本专利的申请日在2009年10月1日之前，故适用2000年《专利法》审理，该法第二十三条规定：授予专利权的外观设计，应当同申请日以前在国内外出版物上公开发表过或者国内公开使用过的外观设计不相同和不相近似，并不得与他人在先取得的合法权利相冲突。

"惯常设计与功能性设计不同，原审判决认定平衡杆、主旋翼、脚架等属于实现玩具飞机飞行功能所采取的设计，构成玩具直升机的惯常设计确有不当。判断本专利与在先设计是否构成相同或相近似的设计，应采用整体观察、综合判断的方法，考虑本专利与在先设计的差别能否给本专利带来整体视觉效果的显著变化。在先设计公开的是玩具直升机的立体图，从这一立体图虽然可以看出该直升机的机头弧度较大而尾部较尖，但无法完整得出机身一侧的形状。由于水滴形状并不确定，在不能确定机身形状的情况下，即便机身大致呈水滴型，也可能呈现不同的水滴形状进而对外观设计整体产生显著的影响，因而无法判断在先设计的机身形状与本专利公开的机身形状是否呈现大致相同的水滴形状。因此，原审判决的相关认定正确，永达塑胶厂的此项上诉理由不能成立，北京市高级人民法院不予支持。

"经对比，本专利与在先设计的区别特征为：（1）本专利机舱前部有凸出的探照灯，在先设计无；（2）机舱内放有两个士兵玩偶，在先设计无；（3）本专利与在先设计炮弹架的形状和数量不同；（4）本专利机尾上设有两根天线，在先设计则无；（5）本专利机尾的旋翼设于尾翼的框形垂尾中，在先设计的尾部旋翼则设于尾翼的后部。本专利公开的直升机机身前部设有探照灯，而在先设计没有，由于探照灯的设置使得本专利直升机的整体形状有别于机头为圆弧形的在先设计，这一区别特征对本专利的整体外观产生了显著影响。士兵玩偶虽然是玩具直升机的配饰，但其作为外观设计的一部分记载于本专利的专利文献中，且本专利的两个士兵玩偶一个位于机舱内，一个探出机舱外，对本专利直升机机身的整体视觉效果产生一定影响。本专利与在先设计在炮弹架的数量与形状、机尾上的天线和框形垂尾等方面的差别，也对玩具直升机的整体外观产生一定影响。根据整体观察、综合判断的原则，本专利与在先设计不构成相近似的设计。永达塑胶厂的此项上诉理由不能成立，北京市高级人民法院不予支持。

"综上，原审判决认定事实清楚，适用法律正确，程序合法，北京市高级人民法院予以维持。上诉人永达塑胶厂的上诉理由缺乏事实和法律依据，对其上诉请求北京市高级人民法院不予支持。依照《中华人民共和国行政诉讼法》第六十一条第一款第（一）项之规定，判决如下：驳回上诉，维持原判。"

3. 案例评析

1）惯常设计和常见设计

在外观设计无效案件中，当某些设计的区别点未被对比设计公开时，惯常设计和常见设计这两个词语经常会被提及，且很多时候被混用。惯常设计和常见设计通常用来说明该区别点对于外观设计整体是否构成了显著影响。

《专利审查指南2010》第四部分第五章第2节规定："现有设计中一般消费者所熟知的、只要提到产品名称就能想到的相应设计，称为惯常设计。"例如，提到包装盒就能想到其有长方体、正方体形状的设计。从上述规定可以看出，惯常设计一般无需举证，同时，《专利审查指南2010》还具体给出了判断惯常设计的尺度，即只需要提及产品名称即可被一般消费者想到的设计。

常见设计一般也被认为所述的特征是在现有设计中广泛存在的，但是与惯常设计相比，常见设计在被认知的广度及范围上一般低于惯常设计。一般用来指现有设计中较为常见的设计。

与一般无需举证的惯常设计相比，常见设计在必要的时候应通过举证的方式进行说明，主要是对相应设计在现有设计中出现的广度和范围进行举证，从而判断相应设计是否可被称之为常见设计。

常见设计的举证应当从以下两个方面考虑：第一是现有设计的数量，仅是少数几篇现有设计明显不足以说明相应设计的常见程度；第二是现有设计的时间跨度和地域跨度，某些公司产品设计会存在较为明显的"家族特征"，或是同一地区相关企业的产品设计具有很多共性特征或是地域特征等。因此，对现有设计是否属于常见设计的举证需要充分考虑公开时间是否足够长、地域是否足够广泛或者是否让足够多的消费者产生认知印象等证据，而不是仅仅考虑数量。

在寻找常见设计作为证据时，可能会发现有的证据可以与现有设计特征相组合的设计，使得涉案专利与组合后的设计相比不具明显区别。此时，可以统筹考虑现有证据，综合判断涉案专利是否符合《专利法》第二十三条第一款、第二款的规定。

2）功能性设计

对于该案而言，其中一个争议的焦点在于：涉案专利与在先设计相比，在玩具直升机的设计中，平衡杆、主旋翼、脚架、T字形尾翼，以及平衡杆位于主旋翼上方、机尾上设有一个较小的旋翼等特征较为近似。

专利复审委员会认为，上述设计特征属于产品设计的组成部分、布局、整体形状的一部分，在对设计进行"整体观察、综合判断"时起部分作用。其他区别设计特征相对于相同的设计特征而言，未影响整体视觉效果，故作出本专利与在先设计仍属于相近似的外观设计的判断，宣告本专利权全部无效。

而北京市第一中级人民法院认为，上述较为近似的设计特征均是为实现玩具飞机飞行功能所采取的设计，均属于该玩具中的"惯常设计"。通常，在对产品的外观设计进行"整体观察、综合判断"时，"惯常设计"以外的设计往往对外观设计整体更具显著影响。因此，北京市第一中级人民法院认为：在玩具直升机的设计中，瞩目部分应为机身部分，而机身部分的变化通常会给整体外观设计带来显著变化，产生足以与其他设计相区分的特征，从而对产品外观设计的整体视觉效果产生显著影响。

上诉人认为北京市第一中级人民法院认定平衡杆、尾翼等属于惯常设计是错误的："平衡杆、主旋翼、脚架、尾翼的设计具有多样性，本专利和在先设计采用的设计较为少见，容易吸引消费者的注意力。"

北京市高级人民法院认为："惯常设计与功能性设计不同，原审判决认定平衡杆、主旋翼、脚架等属于实现玩具飞机飞行功能所采取的设计，构成玩具直升机的惯常设计确有不当。"但由于无法从在先设计完整得出机身一侧的形状，且其他区别点对本专利的整体外观产生了显著影响，最终维持原判，即撤销复审委员会的无效决定。

功能性设计，通常指为了实现产品某些功能的设计特征。一般而言，产品的功能和外观设计并不能完全割裂开来，外观设计通常既要有美感又需具备一定的功能。因此，功能性设计并非是一个十分严格明确的概念。《专利审查指南2010》中提到了一个类似的概念，即"由产品的功能唯一限定的特定形状"，并指出，由产品的功能唯一限定的特定形状对整体视觉效果通常不具有显著影响。

这里应当注意，必须是由产品的功能"唯一限定"的特定形状，才对整体视觉效果通常不具有显著影响。这个限定是相当苛刻的，通常要实现产品功能的形状很难被唯一限定。即使是轮子等外缘形状必须是圆形的产品，在其他维度上的形状也是不被该功能限定的。因此，整体外观设计能被功能"唯一限定"的情况是相对较少的，往往只是某些局部形状。

北京市第一中级人民法院的判决，将功能性设计近似等价于由产品功能唯一限定的设计，进而认定其他设计对产品整体设计更具影响，这一认定存在一定理论上的漏洞，值得商榷。

惯常设计和由产品的功能唯一限定的特定形状都可以用来说明相关设计内容对整体视觉效果影响相对较弱，其他设计内容对整体视觉效果更具显著影响。但应注意，惯常设计需要达到"一般消费者所熟知的、只要提到产品名称就能想到"的程度；由功能限定的特定形状，需要达到"唯一限定"的程度，否则在对比判断时，都应给予一定的考虑。

3）对未充分公开内容的认定

该案例的另一争议焦点在于，对于在先设计未完全公开的机身形状应当如何认定。专利复审委员会认为：从在先设计的立体图中已经可以清楚推知整体形状。而北京市第一中级人民法院认为："在先设计仅为一幅立体图，从该幅图片中无法毫无疑义地确定飞机的机舱整体大致呈水滴形，专利复审委员会关于从立体图可以判断出在先设计机舱大致呈水滴形的认定，缺乏充分证据支持。"上诉人认为：由于直升机的机体必然呈现轴对称，根据已公开的部分可以推知在先设计的机身是水滴型。北京市高级人民法院认为："在先设计公开的是玩具直升机的立体图，从这一立体图虽然可以看出该直升机的机头弧度较大而尾部较尖，但无法完整得出机身一侧的形状。由于水滴形状并不确定，在不能确定机身形状的情况下，即便机身大致呈水滴型，也可能呈现不同的水滴形状进而对外观设计整体产生显著的影响，因而无法判断在先设计的机身形状与本专利公开的机身形状是否呈现大致相同的水滴形状。"结合在先设计与本专利的图片内容，可以看出，专利复审委员会和上诉人的认定中，存在一定的推断成分。

对比设计的图片或者照片未反映产品各面视图的，应当依据一般消费者的认知能力来确定对比设计所公开的信息。依据一般消费者的认知能力，根据对比设计图片或者照片已经公开的内容即可推定出产品其他部分或者其他变化状态的外观设计的，则该其他部分或者其他变化状态的外观设计也视为已经公开。具体到该案例，对机身形状的推断程度，应当基于一般消费者的认知能力，处于一个合理的范围之内。

由于立体图存在一定的透视效果，虽然可以看出机身一侧的后部曲线向后下方弯曲，但无法推断其具体弧度和机身后下部的形状。而上诉人提出的由于直升机的机体必然呈现轴对称，这一论点也是过于武断。从现有设计状况看，直升机的机体侧面呈现轴对称并非是必然情况。因此，北京市高级人民法院的判断是较为合理的，即从现有证据来看，只能判断尾部较尖，但不能判断机身尾部的具体形状，进而无法判断在先设计机身形状与涉案专利公开的机身形状是否呈现大致相同的水滴形状。

该案例涉及外观设计对比中惯常设计、功能性设计、未充分公开内容的认定等概念的运用，北京市高级人民法院的判决对这几个概念的运用都给出了较为恰当的解释。

2020 年《专利法》引入了对局部外观设计的保护。如果外观设计的创新点在于局部改进，采用局部外观设计的保护方式可能会获得较好的保护效果。以该案为例，如果申请人的创新点在于机身形状以及驾驶员、导弹等局部设计的改进，应当针对这些局部设计申请外观设计专利，以防当直升机机舱、旋翼、尾翼等所占比例较大的设计，被证据证明或被认定为常见设计时，产品整体设计被无效，导致这些局部创新无法得到有效保护。

第十六章

乐器类产品

　　乐器类产品，主要涉及人们用来演奏音乐的器物。随着社会经济的发展和人们对精神、文化需求的不断增长，近年来乐器类产品领域外观设计申请量不断增长，领域活跃度较高。乐器类产品种类繁多，包括民族乐器和西洋乐器。受到发音原理和演奏习惯的制约，乐器类产品的创新主要集中在局部的外形设计、部件的设计，也可能会涉及局部的图案和色彩的结合。涉及该领域产品的有关《专利法》第二十三条第一款、第二款的专利诉讼争议主要集中在区别特征对整体视觉效果的影响、功能性设计特征的认定、惯常设计的认定和相同相近领域判断三个方面。本章选取具有代表性的诉讼案例，针对相同相近领域的判断和未充分公开设计特征对整体视觉效果影响的判断进行了详细解析。

第一节 产品领域概述

乐器泛指可以用各种方法奏出音色音律的器物。乐器是人类开展音乐活动、进行交流沟通、情感倾诉宣泄的工具。中国数千年的历史与文化创造了种类繁多、形态各异、功能多元的乐器。各民族、各地区的乐器，又受到本土民众生活、生产、语言、风俗等影响，因而各具特色，这些都离不开人类的设计智慧。❶

得益于中国经济社会的快速发展以及世界乐器生产重心的转移，中国乐器行业过去十几年高速发展。如今，世界很多著名品牌乐器都在中国设厂或开展合作，中国已成为全球乐器的主要产地，随之进入的相关国际质量标准及技术指导，这些都推动着中国乐器行业的规模和水平不断迈上新台阶。❷

据国家统计局数据显示，2019 年 1—12 月，规模以上乐器企业累计完成主营业务收入 412.78 亿元，同比增长 5.45%，主营业务收入利润率为 4.46%。海关总署数据显示，我国乐器行业全年累计出口金额 17.39 亿美元，同比增长 6.71%；进口金额为 5.28 亿美元，同比增长 8.22%，各项数据显示产业获利能力稳步提升。从乐器行业直报企业数据来看，66 家骨干企业主营业务收入 123.95 亿元，较 2018 年增幅 7.90%；出口交货值 34.32 亿元，较 2018 年增幅 4.09%；实现利润 9.98 亿元，较 2018 年增幅 11.01%，利润增速高于收入增长；资产总额 164.79 亿元，较 2018 年增幅 2.36%，各项经济指标稳中有升。❸

我国乐器行业目前已形成十几个乐器行业特色区域和众多少数民族特色

---

❶ 陈洁. 论乐器进化与工艺设计的关系 [J]. 演艺科技，2007 (5)：18-21.

❷ 搜狐网：https://www.sohu.com/a/140319937_783383。

❸ 星艺琴行：http://www.xingyiqinhang.com/news/qydt/1022.html。

产业集群，表 16-1 列举了我国一些较为知名的产业集群。除此之外，还有"钢琴制造的乡镇奇迹"浙江洛舍，"泡桐之乡"兰考，西洋乐器产业发展迅速的河北武强等多个特色区域与产业集群。❶

表 16-1 乐器行业较为知名的产业集群

地区名称	授名
江苏泰兴市黄桥镇	中国提琴产业之都、中国提琴之乡
北京平谷东高村	中国提琴产业基地
浙江杭州市余杭区中泰乡	中国竹笛之乡
山东潍坊市昌乐	中国电声乐器产业基地
贵州玉屏侗族自治县	中国箫笛之乡
江苏扬州市	中国古筝之乡
辽宁葫芦岛市连山区	中国古筝文化艺术之乡

常见乐器可以分为民族乐器和西洋乐器。民族乐器，即中国的独特乐器。民族乐器按演奏方式可分为吹奏乐器、弹拨乐器、打击乐器、拉弦乐器。常见的民族乐器分类如下。

（1）吹奏乐器：笙、芦笙、排笙、葫芦丝、笛、管子、巴乌、埙、唢呐、箫等。

（2）弹拨乐器：琵琶、筝、七弦琴（古琴）、热瓦普、冬不拉、阮、柳琴、三弦、月琴、弹布尔等。

（3）打击乐器：堂鼓（大鼓）、碰铃、缸鼓、定音缸鼓、铜鼓、锣、小鼓、排鼓、达卜（手鼓）、大钹等。

（4）拉弦乐器：二胡、板胡、革胡、马头琴、艾捷克、京胡、中胡、高胡等。

---

❶ 中国轻工网：http://www.clii.com.cn/zhhylm/zhhylmHangYeZiXun/201304/t20130412_377173.html。

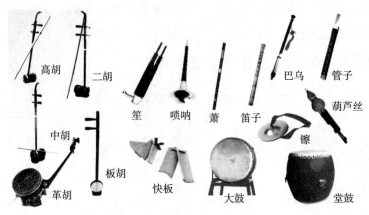

图 16 – 1　常见民族乐器❶

　　常见的西洋乐器可以按照发声和演奏方式进行分类，大体上可以分为弦乐器、木管乐器、铜管乐器、键盘乐器、打击乐器。

　　（1）弦乐器：弦乐器是乐器家族内的一个重要分支，在古典音乐乃至现代轻音乐中，几乎所有的抒情旋律都由弦乐声部来演奏。可见，柔美、动听是所有弦乐器的共同特征。弦乐器的音色统一，有多层次的表现力：合奏时澎湃激昂，独奏时温柔婉约；又因为丰富多变的弓法（颤、碎、拨、跳，等）而具有灵动的色彩。弦乐器的发音方式是依靠机械力量使张紧的弦线振动发音，故发音音量受到一定限制。弦乐器通常用不同的弦演奏不同的音，有时则须运用手指按弦来改变弦长，从而达到改变音高的目的。弦乐器从其发音方式上来说，主要分为弓拉弦鸣乐器（如提琴类）和弹拨弦鸣乐器（如吉他）。

　　弓拉弦鸣乐器：小提琴（Violin）、中提琴（Viola）、大提琴（Cello）、倍低音提琴（Double Bass）、电贝斯（Electric Bass）。

　　弹拨弦鸣乐器：竖琴（Harp）、吉他（Guitar）、电吉他（Electric Guitar）。

　　（2）木管乐器：木管乐器起源很早，从民间的牧笛、芦笛等演变而来。木管乐器是乐器家族中音色最为丰富的一族，常用被来表现大自然和乡村生活的情景。在交响乐队中，不论是作为伴奏还是用于独奏，都有其特殊的韵

---

❶ 昵图网：http://www.nipic.com/show/11404851.html。

味，是交响乐队的重要组成部分。木管乐器大多通过空气振动来产生乐音，根据发声方式，大致可分为唇鸣类（如长笛等）和簧鸣类（如单簧管等）。木管乐器的材料并不限于木质，同样有选用金属、象牙或是动物骨头等材质的。它们的音色各异、特色鲜明。从优美亮丽到深沉阴郁，应有尽有。正因如此，在乐队中，木管乐器常善于塑造各种惟妙惟肖的音乐形象，大大丰富了管弦乐的效果。

唇鸣类：长笛（Flute）、短笛（Piccolo）。

簧鸣类：单簧管（Clarinet）、双簧管（Oboe）、英国管（English Horn）、大管（Bassoon）、萨克斯管（Saxophone）。

（3）铜管乐器：铜管乐器的前身大多是军号和狩猎时用的号角。在早期的交响乐中使用铜管的数量不大。在很长一段时期里，交响乐队中只用两只圆号，有时增加一只小号。到 19 世纪上半叶，铜管乐器才在交响乐队中被广泛使用。铜管乐器的发音方式与木管乐器不同，它们不是通过缩短管内的空气柱来改变音高，而是依靠演奏者唇部的气压变化与乐器本身接通"附加管"的方法来改变音高。所有铜管乐器都装有形状相似的圆柱形号嘴，管身都呈长圆锥形状。铜管乐器的音色特点是雄壮、辉煌、热烈，虽然音质各具特色，但宏大、宽广的音量为铜管乐器组的共同特点，这是其他类别的乐器所望尘莫及的。

铜管乐器：小号（Trumpet）、短号（Cornet）、长号（Trombone）、圆号（French Horn）、大号（Tuba）等。

（4）键盘乐器：在键盘乐器家族中，所有的乐器均有一个共同的特点，那就是键盘。但是它们的发声方式却有着微妙的不同，如钢琴是属于击弦打击乐器类，而管风琴则属于簧鸣乐器类，而电子合成器，则利用了现代的电声科技，等等。键盘乐器相对于其他乐器家族而言，有其不可比拟的优势，那就是其宽广的音域和可以同时发出多个乐音的能力。正因如此，键盘乐器即使是作为独奏乐器，也具有丰富的和声效果和管弦乐的色彩。所以，从古至今，键盘乐器倍受作曲家们和音乐爱好者们的关注和喜爱。

键盘乐器：钢琴（Piano）、管风琴（Organ）、手风琴（Piano Accordion）、

电子琴（Electronic Keyboard）等。

（5）打击乐器：打击乐器可能是乐器家族中历史最为悠久的一族了。其家族成员众多，特色各异，虽然它们的音色单纯，有些声音甚至不是乐音，但对于渲染乐曲气氛有着举足轻重的作用。通常打击乐器通过对乐器的敲击、摩擦、摇晃来发出声音。可不要认为打击乐器仅能起加强乐曲力度、提示音乐节奏的作用，事实上，有相当多的打击乐器能作为旋律乐器使用呢！现代管弦乐队里增加了很多非洲、亚洲音乐里的音色奇异的打击乐器，几乎无法完全罗列。

有调打击乐器：定音鼓（Timpani）、木琴（Xylophone）。

无调打击乐器：小鼓（Snare Drum）、大鼓（Bass Drum）、三角铁（Triangle）、铃鼓（Tambourine）、响板（Castanets）、砂槌（Maracas）、钹（Cymbals）、锣（Gong）。❶

第二节　外观设计专利情况

乐器类产品，按照外观设计洛迦诺分类，主要集中在《国际外观设计分类表》的 17 大类。包括 17 – 01 类的键盘乐器，17 – 02 类管乐器，17 – 03 类弦乐器，17 – 04 类打击乐器，17 – 05 类机械乐器，以及 17 – 99 类其他乐器。机械乐器是一类较为特别的乐器，是指通过机械构件来引发音响的乐器，而不是来源于人的表演。机械乐器主要由动力、存贮装置和特有的发生器等部分组成。❷

本章统计了 2008—2019 年乐器类产品的外观设计专利数据情况（见图 16 – 2），可见 2008—2012 年，乐器类产品外观设计专利数量有一个快速增长期；2012—2015 年，专利数量略有下降；2016 年以后，进入了新一轮的

---

❶ 吉他资料网：http：//www.yueqiziliao.com/baike/202027546.html。
❷ 金经言.乐器家族中的一个另类——机械乐器［J］.星海音乐学院学报，2016（1）：36 – 39。

快速增长期（见图 16 – 2）。

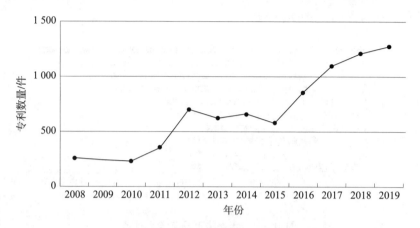

图 16 – 2　乐器类产品外观设计专利数量变化趋势

　　如图 16 – 3，从外观设计专利的地域分布来看，经济实力较强的广东、江苏和浙江位居前三，有乐器生产传统的上海和天津紧随其后，拥有特色区域和产业集群的山东、北京、河南、河北也都位列前十。说明特色区域和产业集群对乐器类外观设计的发展，产生了一定的带动作用。

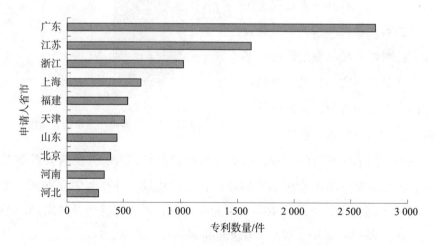

图 16 – 3　乐器类产品外观设计专利地域分布

　　如图 16 – 4，从专利数量排名来看，天津市津宝乐器有限公司名列前茅，该公司是全国最大的打击乐器、管乐器生产厂家之一。以生产"敦煌牌"民族乐器闻名的上海民族乐器一厂排名第二。第四名太仓市方克乐器有限公司的特色产品为可调音量的架子鼓。

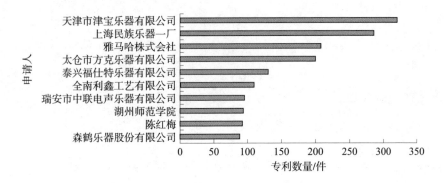

图 16-4 乐器类产品申请人排名

如图 16-5 所示，乐器类产品的外观设计专利中，约 50% 为企业申请，这一比例是相对比较高的。个人申请占申请量的 45% 以上。

图 16-6、图 16-7 是近十年来，较为有代表性的乐器类外观设计专利。可以看出，在乐器的外部形状上还是有一定创新的，但是在乐器的主要发声部分，受限于发声原理，较少有革命性的创新。

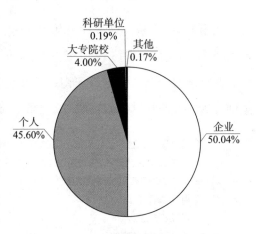

图 16-5 乐器类产品申请人构成

例如，图 16-6 的电子琴、电子管风琴和钢琴，为了方便演奏者学习和演奏，其键盘部位基本沿用现有的设计，个性化设计往往集中在支架、盖板等附属的装饰性设计上。图 16-7 中的卡林巴，创新点在于共鸣箱的小动物造型，葫芦丝的创新点在于本体图案的创新。

图 16 - 6 键盘乐器电子琴、电子管风琴、钢琴外观专利展示

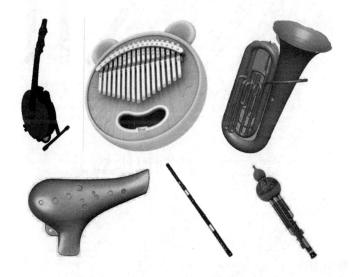

图 16 - 7 部分乐器外观设计专利展示

典型的笛子类乐器，如图 16 - 8 所示，由于发声原理的限制，笛子类产品的外观基本为管状，根据选用材质不同，表面设计有所不同。考虑美观坚固等作用，笛头的材料一般不同于笛子主体的材料，笛头的外观一般采用与主体图案、色彩网格不同和设计。对于常见的竹笛、树脂笛，笛头通常选择牛角、动物的骨或与主体不同的树脂材料制作，通过材质本身与笛身图案的对比，在装饰上形成一定对比。而金属笛的笛头，由于金属自身强度较高，一般采取与笛身相同的材质制作，通过结构或加工方法与笛子主体进行区分，而不会用其他材质进行搭配，这样有助于美观性和整体的牢固性。笛子类乐器的设计要点一般在于整体形状和表面图案，但管状的形状和音孔的设计较为常见，在确权以及侵权判断中，往往关注其他的形状设计要素和表面的图案设计。

图 16 – 8　笛子类乐器

第三节　裁判思维解析

【案例 16–1】
　　"笛头"外观设计专利权无效行政纠纷案❶
---

1. 案情简述

　　该案涉及笛头的设计，2011 年 10 月 8 日，鲍某华针对涉案专利向专利复审委员会提出了无效宣告请求。2012 年 3 月 23 日，专利复审委员会作出第18310 号无效宣告请求审查决定（简称"第 18310 号决定"），宣告涉案专利权全部无效。专利权人不服，向北京市第一中级人民法院提起行政诉讼，经

---

　　❶ 此案经过二审，具体参见判决书：北京市第一中级人民法院（2012）一中知行初字第 2382 号行政判决书、北京市高级人民法院（2012）高行终字第 1590 号判决书。

过审理，北京市第一中级人民法院作出一中知行初字第2382号行政判决，维持专利复审委员会作出的第18310号决定。专利权人上诉至北京市高级人民法院，经审理，于2012年11月20日驳回上诉，维持原判。

在外观设计相同相近似判断中，产品类别的判断和证据公开内容的判断尤为重要，该案在这两个方面给出了一定的启示。具体情况参见表16－2。

表16－2 "笛头"涉案专利与对比设计基本信息及对比情况

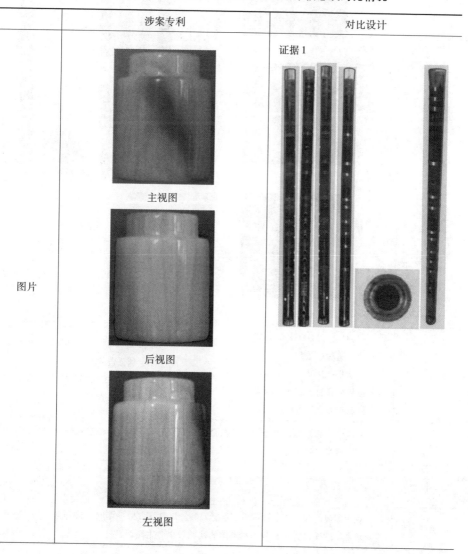

图片	涉案专利	对比设计
	主视图	证据1
	后视图	
	左视图	

	涉案专利	对比设计
图片	 右视图 俯视图 仰视图	证据2
基本信息	专利号：ZL200830094866.9 产品名称：笛头 申请日：2008 年 3 月 31 日 授权公告日：2009 年 4 月 15 日 专利权人：姚某明	证据 1：200530167196.5 号中国外观设计专利公告数据 证据 2：200530167197.X 号中国外观设计专利公告数据
相同点	主体均为圆柱形，内部中空。表面有不规则条状花纹。一端直径略大，另一端直径略小。笛头一端面上圆环形的中部，有一圈环形凹槽	
不同点	证据 1、证据 2 未公开笛头与笛子连接部位的结构，且公开的笛头表面花纹略有不同	
关注点	双方争议的焦点在于证据 1、证据 2 未公开的笛头另一端的连接部分，是否属于该领域常见的连接方式，是否对整体的视觉效果产生显著影响	

2. 各方观点

1）专利复审委员会

"2012 年 3 月 23 日，专利复审委员会作出第 18310 号无效宣告请求审查决定（简称'第 18310 号决定'）。该决定认为：本专利所示笛头是笛子的装饰配件，而证据 1 所示的笛子中也包含了笛头的部分，其作用和用途与本专利相同，二者明显属于相同种类的产品，故可以将在先设计与本专利进行相同和相近似判断。

"将本专利与在先设计相比较可知，二者的相同点主要在于：主体均呈圆柱体，一端面上有环形凹槽；二者的不同点主要在于：在先设计笛头的另一端被笛身遮盖，没有显示其具体的形状，而本专利在该部分上有圆环状的凸起。

"从在先设计的图片可以清楚确定笛子的上端部插接有一个笛头，其内部为中空；姚某明关于本专利可以作为装饰挂件使用的主张无法从其公告文本中推出，缺乏事实依据，也与一般常识不符；在通常的使用状态下，笛头与笛身连接在一起，其具体的连接方式并不为消费者所见，本专利所采用的是本领域常见的连接方式，圆环状凸起的形状设计也属于本领域的常见设计，且并未改变笛头的整体形状，故本专利与在先设计在端部是否设置圆环状凸起的区别对整体视觉效果没有显著影响；本专利与在先设计在另一端面设置的环状凹槽上的区别，即便存在，也过于细微，也不会对整体视觉效果产生显著影响；在本专利与在先设计主体形状相同、环状凹槽端面设计一致的情况下，二者已形成整体相近似的视觉效果，属于相近似的外观设计，故本专利不符合《专利法》第二十三条的规定。"

2）北京市第一中级人民法院（一审）

"对于是否构成相近似设计的判断，应当以一般消费者为判断主体，以其经过对比设计与在先设计的整体观察得出的二者的差别是否对于产品外观设计的整体视觉效果具有显著的影响为判断标准。而一般消费者对相应种类产品的外观设计状况应具有常识性的了解，包括了解相应种类产品的惯常设计、常用设计手法以及外观设计空间等方面，但不会注意到外观设计的微小变化。如果一般消费者会将对比设计与在先设计误认、混同，则二者的差别对于产品外观设计的整体视觉效果显然不具有显著的影响。同时，应坚持整体观察、综合判断的原则，在综合考虑各种因素的情况下，若区别点仅在于局部的细微变化，则其对整体视觉效果不足以产生显著影响。通常而言，使用时容易看到部位的设计变化相对于不容易看到或者看不到部位的设计变化，通常对整体视觉效果更具有显著的影响；而产品的功能、内部结构、技术性能对整体视觉效果不具有显著的影响。

"本案中，从证据1的附图中可以清楚地看出其笛子的上端部插接有一笛头。在此基础上，将本专利与在先设计相比较，其区别点在于：在先设计笛头的另一端被笛身遮盖，没有显示其具体的形状，而本专利在该部分上有圆环状的凸起。

"以一般消费者为判断主体，笛头通常理解为连接于笛子端部的配件或部件。因此，通常而言，上述区别点为使用时不容易看到的部位，其相对于使用时容易看到部位的设计变化对本专利的整体视觉效果影响较弱；同时该区别点对本专利的整体视觉效果影响本身亦不显著，属于细微变化。因此，在整体观察、综合判断的基础上，该区别点不足以使本专利和在先设计在整体上产生显著的视觉差别。姚某明主张本专利与在先设计相比，在另一端部存在在先设计端面的环形凹槽比较深，本专利比较浅、弧度比较大的区别的问题。但从在先设计及本专利的附图中难以明确区分上述区别，即便上述区别存在，亦属于细微变化，对本专利的整体视觉效果亦不会产生显著性影响。本案中所确定的在先设计为证据1所示笛子中的笛头，其与本专利属于相同的产品，二者消费主体不存在任何差异。

"综上，北京市第一中级人民法院依照《中华人民共和国行政诉讼法》第五十四条第一款第（一）项之规定，判决：维持专利复审委员会作出的第18310号决定。"

3）北京市高级人民法院（二审）

"《专利法》第二十三条的规定，授予专利权的外观设计，应当同申请日以前在国内外出版物上公开发表过的外观设计不相同和不相近似。判断外观设计是否相同或者相近似，应当基于被比设计产品的一般消费者的知识水平和认知能力，采用整体观察、综合判断的方式进行。

"本案中，作为笛子纯装饰性部件的'笛头'，其一般消费者主要为笛子的生产制造者。而笛子的生产制造者通常对相关产品及其零部件的产品构造、惯常设计、设计空间、零部件组装关系具有常识性了解，即使在先公开的外观设计仅公开了部分设计内容，其亦能在惯常设计的基础上结合产品整体构造、设计空间等因素，得出完整的设计方案。故虽然证据1仅为笛子整体的造型设计，其笛头的一端被笛身遮盖，没有显示笛头的完整形状，但结合笛子整体形状和常见连接方式，笛子的生产制造者即本专利产品的一般消费者，能够根据证据1已经公开的内容推知其笛头另一端必然采用与本专利外观设计相同或者相近似的外观设计，此种情况下，证据1中笛头的另一端的外观设计应视为已公开。故在笛头另一端设置的环状凹槽过于细微，不会对整体视觉效果产生显著影响的情况下，第18310号决定在证据1的基础上，结合本领域的惯常设计和常用连接方式，得出本专利与证据1公开的在先设计属于相同或者相近似的外观设计、本专利不符合《专利法》第二十三条规定的认定并无不当，本院予以维持。姚某明的相关上诉理由缺乏事实及法律依据，本院不予支持。

"根据《最高人民法院关于行政诉讼证据若干问题的规定》第六十八条第一款第（一）、（五）项规定，众所周知的事实和根据日常生活经验法则推定的事实，除有相反证据足以推翻的外，可以直接予以认定。故姚某明关于专利复审委员会第18310号决定违反举证责任分配的基本原则、缺乏证据支持的上诉理由亦不能成立，本院不予支持。最终驳回上诉，维持原判。"

3. 案例评析

该案给我们带来以下启示，主要在于对比文件公开内容应当如何认定。

1）是否属于相同或相近种类的认定

对于对比文件公开的信息多于涉案专利的情况，应当以对比文件中与涉案专利相对应的部分来判断公开的内容与涉案专利是否属于相同或者相近种类。

该案中，专利权人认为笛头与笛子虽然分类号相同，但不属于相同种类的产品，面向的也是不同的消费群体。但专利复审委员会和一、二审法院均未认可此观点，他们认为，从证据公开的内容来看，证据 1 和 2 公开了笛子整体外观以及笛子的头尾两端各包含的一圆柱形装饰物。虽然证据 1 和 2 作为外观专利，其请求保护的主题是笛子的设计，但作为专利文献，其具有记载、公开的作用，该专利文献直接公开了笛子两端的装饰物即笛头，其用途与涉案专利笛头的作用相同，均为镶嵌于笛子一端，起美观、保护作用。面向的消费群体也相同。

外观专利文件公开的信息往往多于其保护的主题的内容。例如，参考图等包含产品使用场所、使用方法等保护主题之外的其他信息，也可以作为已经公开的信息进行使用。在判断外观专利对比文件公开的信息时，这些内容均应考虑。

2）未能直接公开的信息的认定

外观设计对比时，通常也会遇到证据未能充分公开设计信息的情况。这种情况应当如何对公开内容进行认定呢？

该案中，涉案专利与证据 1 和 2 相比，不同点主要在于：在先设计笛头的另一端被笛身遮盖，没有显示其具体的形状，而涉案专利在该部分有圆环状的凸起。对此，专利复审委员会认为："在通常的使用状态下，笛头与笛身连接在一起，其具体的连接方式并不为消费者所见，本专利所采用的是本领域常见的连接方式，圆环状凸起的形状设计也属于本领域的常见设计，且并未改变笛头的整体形状，故本专利与在先设计在端部是否设置圆环状凸起的区别对整体视觉效果没有显著影响。"

对同样的问题，一审法院认为："以一般消费者为判断主体，上述区别点为使用时不容易看到的部位，其相对于使用时容易看到部位的设计变化对本专利的整体视觉效果影响较弱；同时该区别点对本专利的整体视觉效果影响本身亦不显著，在整体观察、综合判断的基础上，该区别点不足以使本专利和在先设计在整体上产生显著的视觉差别。"

针对该问题，二审法院认为："笛头的一般消费者主要为笛子的生产制造者。而笛子的生产制造者通常对相关产品及其零部件的产品构造、惯常设计、设计空间、零部件组装关系具有常识性了解，即使在先公开的外观设计仅公开了部分设计内容，其亦能在惯常设计的基础上结合产品整体构造、设计空间等因素，得出完整的设计方案。故笛子的生产制造者能够根据证据1已经公开的内容推知其笛头另一端必然采用与本专利外观设计相同或者相近似的外观设计，此种情况下，证据1中笛头的另一端的外观设计应视为已公开。故在笛头另一端设置的环状凹槽过于细微，不会对整体视觉效果产生显著影响。"

可见，专利复审委员会与一审法院的意见基本相同，承认对比文件未公开笛头与笛子主体连接部位的设计，但认为该处设计为一般消费者使用时不容易看到的部位，对整体视觉效果不构成显著影响。

但此处说理存在一定的瑕疵，即未对一般消费者进行详细分析。笛头的一般消费者，可能是笛子的生产、设计人员，对于他们来说，连接部位并非是他们不容易看到的部位。对于该群体，他们对笛头的使用，并不等同于对笛子的使用，生产设计人员在使用笛头时，是会注意到连接部位的设计的，而笛子的一般消费者，即笛子的购买或演奏者，一般是看不到连接部位的。这也是上诉人一直强调笛头的消费群体与笛子的消费群体不同的原因。

二审法院发现了这一问题，对判断主体即一般消费者的知识水平和认知能力进行了详细阐述，认为笛子的生产制造者应当作为笛头的一般消费者。对于笛子的生产制造者而言，结合笛子整体形状和常见连接方式，根据证据1已经公开的内容，能够推知其笛头另一端必然采用与本专利外观设计相同或者相近似的外观设计，此种情况下，证据1中笛头的另一端的外观设计应视为已公开。

从上述论述可见，二审法院采用了一种近似"隐含公开"的方式进行说理，承认未公开连接方式的事实，但对于一般消费者而言，能够知晓无论采取何种连接方式，都会与该专利相同或相近似，相当于公开了该处的连接方式。

《专利审查指南 2010》指出，依据一般消费者的认知能力，根据对比设计图片或者照片已经公开的内容即可推定出产品其他部分或者其他变化状态的外观设计的，则该其他部分或者其他变化状态的外观设计也视为已经公开。例如，在轴对称、面对称或者中心对称的情况下，如果图片或者照片仅公开了产品外观设计的一个对称面，则其余对称面也视为已经公开。

综上可知，对于证据中未充分公开的产品的设计内容，可以依据一般消费者的认知能力，结合图片公开的内容和所属领域的常识，合理地推定产品的设计内容。在这个过程中，最关键也是最难点在于掌握推定的合理程度。

从该案可以看出，当涉案专利为产品的零部件时，应当以该部件的购买、使用群体为一般消费者，该部件"使用时"不常见部位，不一定等同于整体产品使用时不常见部位。而对于未公开部位，可以从两个方面来考虑。第一，其可能属于使用时不常见的部位，对产品整体未造成显著影响。第二，一般消费者了解所有未公开的可能性，可以确定任何未公开的可能性都不会对整体视觉效果造成显著影响，从而相当于该内容已经公开。

第十七章

照明设备

　　照明设备产品众多，具体可分为家居照明、商业照明、工业照明、道路照明、景观照明、特种照明等，应用场合多种多样，功能需求也不尽相同，设计的侧重点也有所不同。随着科技的发展，灯具类产品也不断创新。不同时期的审美观也影响着灯具的外观设计，以实现功能与装饰的统一结合。灯具的外观设计专利的申请量都较大，尤其是飞速发展的 LED 灯。智能照明的研发投入和专利布局目前较少，但这是未来的发展方向，相信相应的专利申请量也将会不断增大。该领域产品的创新点主要集中在产品的整体形状、造型设计，以及产品表面的图案、细节设计等。涉及该领域产品的有关《专利法》第二十三条第一款、第二款的专利诉讼争议焦点主要集中在区别特征对整体视觉效果的影响、现有设计或者现有设计特征的组合和判断主体的认定三个方面。本章选取具有代表性的诉讼案例，针对判断主体的认定和现有设计或者现有设计特征的组合判断这两个方面进行了详细解析。在专利确权诉讼时，应考虑不同时期的相近类的设计风格，充分检索，着重考虑本专利的现有设计状况和设计空间，注意查找对比设计的专利池和专利布局。

第一节　产品领域概述

现代灯具包括家居照明、商业照明、工业照明、道路照明、景观照明、特种照明等。家居照明从最早的白炽灯泡，后来发展到荧光灯管，再到后来的节能灯、卤素灯、卤钨灯、气体放电灯和 LED 特殊材料的照明灯等，所有的照明灯具大多是在这些光源的发展下而发展，如从电灯座到荧光灯支架到各类工艺灯饰等。

商业照明的光源也是在白炽灯基础上发展而来的，如卤素灯、金卤灯等，主要分为聚光灯和泛光灯，标牌、广告、特色橱窗和背景照明等也是应需求而生。

工业照明的光源以气体放电灯、荧光灯为主，再结合其他的要求，如防水、防爆、防尘等定制。工业照明需要十分谨慎，特别是在选择光源和灯具上都有讲究，如服装制作的颜色、面料质地在不同的光源下所产生的效果是不一样的。灯具的选择主要考虑反射性、照度、维护系数等，而目前国内大多数企业还不太重视，只有一些外资企业可能会做个比较。

照明器具作为日常消耗品，随着我国经济社会的进步，荧光灯、节能灯、LED 等新型光源的出现，照明灯具发生了翻天覆地的演进，朝着更节能、更绿色和更环保的角度努力。光源的丰富和多选择，也使照明灯具行业展开了新的一页。随着中国城市化建设进程的加快，城市广场、交通道路、新修社区、家庭装饰、商城与写字楼，都需要灯具灯饰，对灯饰照明产品的需求将会继续增加。

道路照明和景观照明在灯具的选择上是完全不一样的，不要以为只是照明就可以了，道路照明不能一味追求美观而忽视安全照度和透雾性，而景观照明则要充分考虑节能和美观性，因为景观照明不需要那么高的照度，只是

要利用灯光来营造氛围。❶

　　具体来讲，照明灯具按使用场所分为室内照明灯具和室外照明灯具。室外照明灯具包括广场灯、道路灯、景观灯、探照灯、泛光灯、庭院灯、草坪灯、隧道灯等（见图17-1）。室内照明灯具包括吸顶灯、吊灯、落地灯、台灯、壁灯、小夜灯、工矿灯、氛围灯、医用灯等（见图17-2）。

图17-1　室外灯具常见产品展示

❶　百度百科：https://baike.baidu.com/item/%E7%81%AF%E5%85%B7/3151530? fr = aladdin。

图 17 - 2 室内灯具常见产品展示

我国是照明电器产品生产、出口和消费大国。我国的照明电器行业近十几年来保持快速、稳定、持续发展的态势。目前国内生产企业能够生产门类齐全的照明电器产品，而且产品质量也得到了大幅度提高。根据国家统计局发布的《国民经济行业分类》，照明器具制造行业包括电光源制造、照明灯具制造、灯用电器附件及其他照明器具制造。从照明应用角度看，整个照明器具制造行业分为通用照明和特殊照明。

随着全球照明产业链向中国转移，同时照明产业逐步向绿色照明、节能、环保方向发展，LED 照明趋势确立，我国照明产业后来居上，也因此获得好

发展机遇，进入了快速发展时期。❶

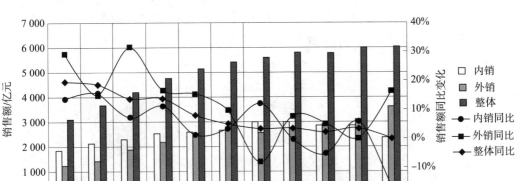

图 17-3 2010—2020 年中国照明电器全行业销售额

从 2010—2020 年的行业营收变化情况来看，全行业在"十二五"期间尚处于中高速增长期，至"十三五"期间增速则趋于平缓，进入平稳发展时期，未来更注重的是高质量发展。

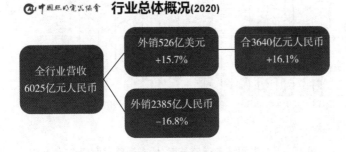

图 17-4 2020 年中国照明电器行业总体概况

2020 年中国照明行业出口额达 526 亿美元，合 3640 亿元人民币，同比增长 16.1%。内销约 2385 亿人民币，同比下降 16.8%。全行业营收 6025 亿元人民币，整体上看是外销好于预期，内销低于预期，外销的大幅增长抵消了内销的下滑，使得全行业营收与2019年（6000亿元）基本持平。中国作为全球唯一全面系统性遏制住疫情的主要经济体，更加凸显了其照明行业全球制造中心和供应链枢纽的地位。❶

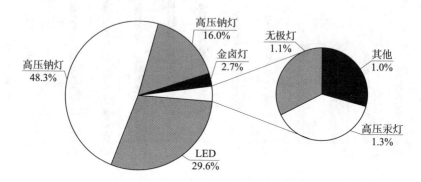

图17-5 中国道路照明各产品占比情况

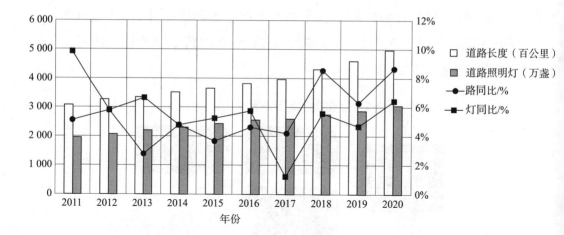

图17-6 中国城市道路长度/城市道路照明灯变化情况

据我国路灯管理部门统计，目前在中国道路照明应用产品中，主流产品依然为高压钠灯，LED产品经过多年替代，仍仅占比三成，也反映出在道路照明领域，中国仍有超过2000万盏路灯还不是LED，而在全球范围内，LED路灯的普及率仍不高于15%。无论立足中国还是放眼全球，增量市场中LED

---

❶ 中国之光网：http://www.cali-light.com/index.php/index/index/newsart/id/23549.html。

路灯占比较高，但在更为庞大的存量市场，还是具有较大的替换潜力。❶

在目前国家深化供给侧结构性改革、环保去产能、金融去杠杆的宏观形势下，在整个行业发展周期趋向稳定的时候，未来照明的发展方向就是要从数量优势往质量优势上发展，即产品从低附加值转向高附加值升级，企业从劳动密集型向技术密集型发展，产业从粗放型转向集约型。

智能照明因提高生活品质和工作效率，近年来备受青睐。小基站是5G时代密集组网的基础设施，而小基站基于智慧灯杆的抱杆式安装方式具备供电便捷、智能管理、覆盖密集、空间节省、盲点覆盖等多重优势，因此智慧灯杆正成为5G小基站的重要载体。5G微站的超密集组网将带动海量智慧灯杆需求释放。此外，新能源汽车的普及，对充电桩需求将大幅上升，而智能路灯灯杆，也可作为充电桩最为便捷的载体而存在。智慧路灯有望成为智慧城市的一大突破口，无线 Wi – Fi、充电桩、数据监控、环保监测、灯杆屏等都可以依托 LED 智慧路灯和智能控制平台来实现。2019 年中国智慧灯杆市场规模约 90 亿元。按照5G 通信网络全面建成所需配套的室外小基站数量及单个智慧灯杆装配升级的费用预测，未来5G 网络的全面搭建及商用将催生千亿级智慧灯杆市场。❷

第二节　外观设计专利情况

本章统计了 2008—2019 年照明设备类产品外观设计专利数量的变化，从图 17 – 7 可以看出，照明设备类产品的外观专利数量呈现逐年增长，增长速度基本保持稳定。

---

❶❷ 中研网：https：//m. chinairn. com/scfx/20200628/152837477. shtml。

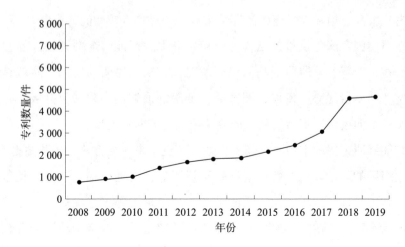

图 17 -7 照明设备类产品外观设计专利数量变化趋势

从外观设计专利地域来看，来自广东的照明设备类产品外观设计专利数
量远远多于其他省份的专利数量。排位第二名的是浙江，第三名是江苏，也
比其后的省份多一两倍（见图 17 -8）。

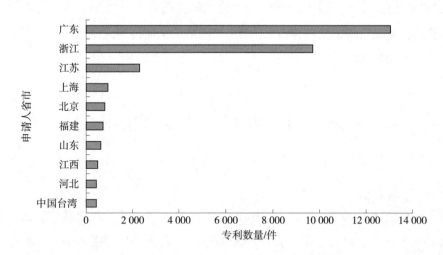

图 17 -8 照明设备类产品外观设计专利地域分布

从申请人排名来看，排名前三位的申请人分别为江南大学、欧普照明股
份有限公司和陈晓广（见图 17 -9）。经查询，陈晓广可能是南京博创工业产
品设计公司总监，为产品设计师。

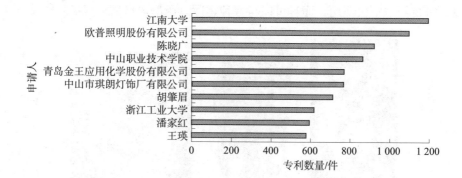

图 17 -9　照明设备类产品外观设计专利申请人排名

在申请人构成方面，个人申请数量约占 58%，企业申请数量约占四成（见图 17 - 10）。

目前居家生活对照明的要求不只限于功用性，已逐步发展到兼有装饰作用。照明的装饰主要是灯罩，其是设在灯焰外围或灯泡上用以聚光或防风雨的罩儿，它可以使光聚集在一起的作用，还可以防止触电，保护眼睛。❶ 灯罩风格多样、色彩丰富，可以打造不同的灯具外观。很多灯罩还可以轻松更换，使灯具焕然一新。

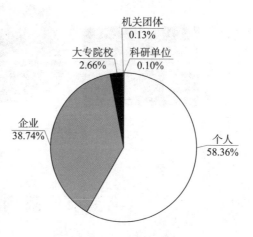

图 17 - 10　照明设备类产品外观设计专利申请人构成

灯罩从材质上可分为：布艺灯罩，主要用在室内灯具上；玻璃灯罩，玻璃灯罩透光性好、聚光效果好，目前高端的 LED 灯多采用玻璃灯罩；PC 灯罩，产品质轻、不易碎，是大型广场、主要干道、中心公园、景观用灯的首选；亚克力灯罩，具有优良的光学特性、透明性和耐候性能；金属烤漆灯罩，

❶　百度百科：https：//baike. baidu. com/item/%E7%81%AF%E7%BD%A9/6553672？fr = aladdin。

在家居装修中不仅实用，而且可以与各种客厅、厨房风格进行混搭"。❶

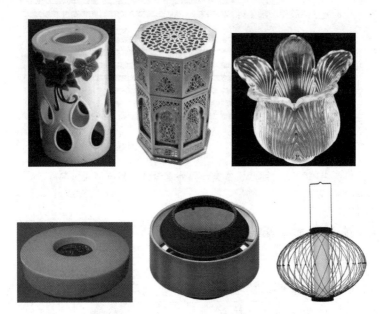

图 17 – 11　灯罩类常见产品展示

第三节　裁判思维解析

【案例 17–1】

"编织水晶圆柱灯罩"外观设计专利权无效行政纠纷案❷

❶ 欧派网：https：//www. oppein. cn/news/6922。

❷ 此案经过二审，具体参见判决书：北京知识产权法院（2015）京知行初字第 2661 号行政判决书、北京市高级人民法院（2016）京行终 2660 号行政判决书。

1. 案情简述

　　针对专利号为 ZL201230243918.0、名称为"编织水晶圆柱灯罩"的外观设计专利，荆某君向专利复审委员会提出无效宣告请求，其理由是上述专利不符合《专利法》第二十三条第二款的规定。专利复审委员会作出第 25474 号无效宣告请求审查决定，宣告上述专利全部无效。专利权人孙某峰对上述决定不服，向北京知识产权法院提起行政诉讼。北京知识产权法院判决维持第 25474 号无效决定，孙某峰的诉讼请求缺乏事实与法律依据，不予支持。孙某峰不服原审判决向北京市高级人民法院提请上诉，北京市高级人民法院判决驳回孙某峰的上诉，维持原判。具体情况参见表 17-1。

表 17-1　"编织水晶圆柱灯罩"涉案专利与对比设计基本信息及对比情况

项目	详细信息
涉案专利基本情况	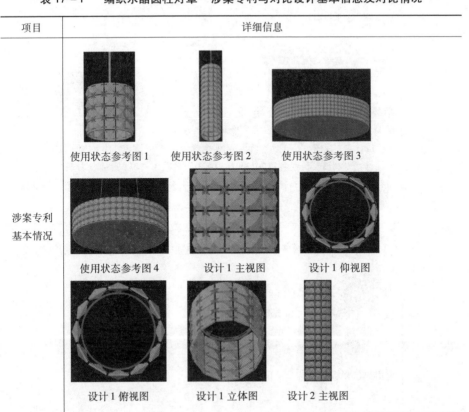

使用状态参考图 1　　使用状态参考图 2　　使用状态参考图 3

使用状态参考图 4　　设计 1 主视图　　设计 1 仰视图

设计 1 俯视图　　设计 1 立体图　　设计 2 主视图

续表

项目	详细信息
涉案专利基本情况	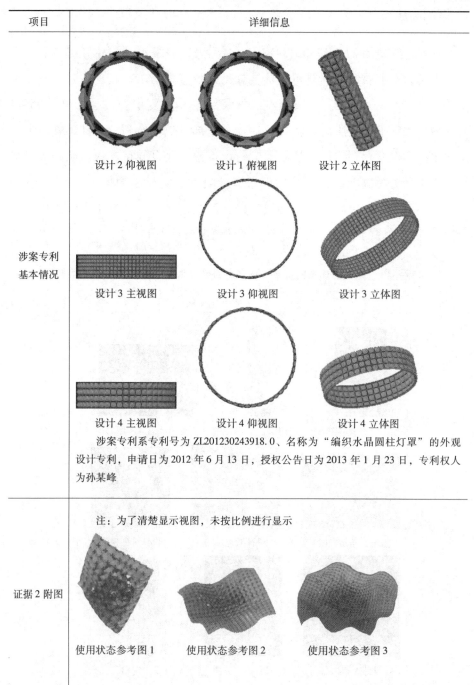设计 2 仰视图　　设计 1 俯视图　　设计 2 立体图 设计 3 主视图　　设计 3 仰视图　　设计 3 立体图 设计 4 主视图　　设计 4 仰视图　　设计 4 立体图 涉案专利系专利号为 ZL201230243918.0、名称为"编织水晶圆柱灯罩"的外观设计专利，申请日为 2012 年 6 月 13 日，授权公告日为 2013 年 1 月 23 日，专利权人为孙某峰
证据 2 附图	注：为了清楚显示视图，未按比例进行显示 使用状态参考图 1　　使用状态参考图 2　　使用状态参考图 3

续表

项目	详细信息
证据2附图	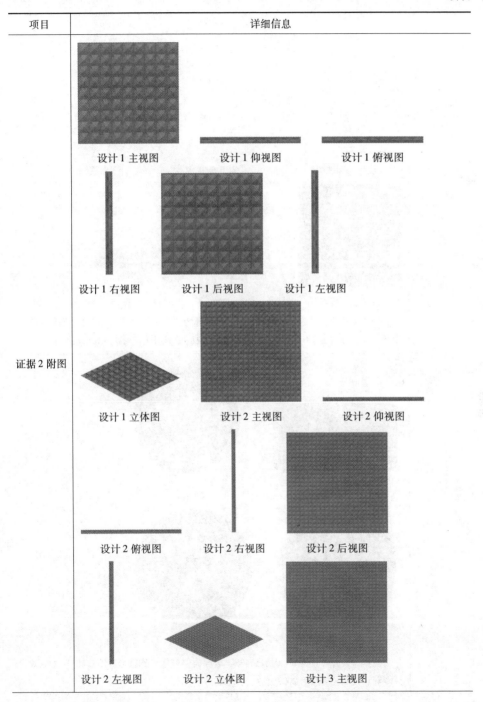

设计1主视图　　　　设计1仰视图　　　　设计1俯视图

设计1右视图　　　设计1后视图　　　设计1左视图

设计1立体图　　　　设计2主视图　　　　设计2仰视图

设计2俯视图　　　设计2右视图　　　设计2后视图

设计2左视图　　　设计2立体图　　　设计3主视图

项目	详细信息
证据 2 附图	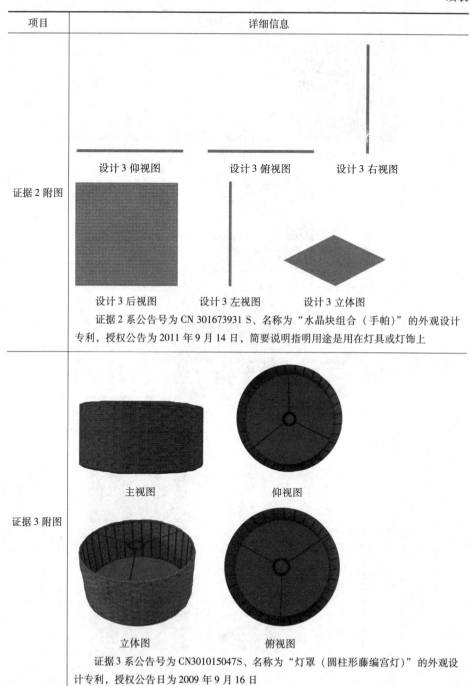

证据 2 系公告号为 CN 301673931 S、名称为"水晶块组合（手帕）"的外观设计专利，授权公告为 2011 年 9 月 14 日，简要说明指明用途是用在灯具或灯饰上

证据 3 系公告号为 CN301015047S、名称为"灯罩（圆柱形藤编宫灯）"的外观设计专利，授权公告日为 2009 年 9 月 16 日

续表

项目	详细信息
相同点	水晶块组合是相同的，每个水晶块单体呈正方形薄片，正反两面正方形中央分别向外凸起，单体的四个直角处均有安置连接扣的圆孔，整个水晶块组合最外一圈连接扣呈横向或竖向连接，其余部分的连接扣呈斜对角连接
不同点	涉案设计包含设计 1 至设计 4 四项相似外观设计，设计 1 至设计 4 的灯罩整体均呈圆柱形，设计 1 圆柱的高度与直径大致相等，设计 2 圆柱的高度与直径比大致为 3∶1，整体呈长圆柱形，设计 3、设计 4 圆柱的高度与直径比大致为 1∶4，整体呈扁圆柱形；设计 1、设计 2 圆柱的顶端有固定圈，设计 3、设计 4 圆筒的两端有固定圈。此外还公开了四幅对应的使用状态参考图 证据 2 包含了三项水晶块组合（手帕）的相似外观设计，整体则呈正方形，三项相似设计中水晶块数量不同，另外公开了三幅使用状态参考图，使用状态参考图显示该水晶块组合手帕是柔性的 证据 3 公开了圆柱形藤编灯罩的外观设计，该圆柱形灯罩的高度和直径比大致为 1∶2，整体呈扁圆柱形，灯罩为藤编材料，显示藤编纹样，灯罩内侧有若干平行的支撑竖条
关注点	涉案专利设计 1 到设计 4 与证据 2、证据 3 的组合相比，是否具有明显的区别，其形状和图案是否有重大变化，在消费者施以一般注意力情况下，是否能够将其与证据 2、证据 3 的组合相区分；第 25474 号无效决定与该专利权评价报告的结论相矛盾

2. 各方观点

1）专利复审委员会

"将涉案专利设计 1 至设计 4 与证据 2 公开的现有设计分别相比，两者的相同点在于：水晶块组合是相同的。主要区别设计特征在于：涉案专利设计 1 至设计 4 整体呈扁圆柱形，且设计 1、设计 2 圆柱一端有固定圈，设计 3、设计 4 圆柱两端有固定圈，证据 2 整体则呈正方形。然而证据 2 使用状态参考图以柔性可曲折的形式展现该水晶块组合，结合该水晶块组合是在灯具或灯饰上使用，可知其在使用时是经曲折后形成特定的具体造型，无论是涉案专利设计 1 高度与直径大致相等的圆柱体，还是涉案专利设计 2 至设计 4 的长圆柱体、扁圆柱体，都是灯具灯罩常用设计形状，如证据 3 就展现了呈圆柱形的灯罩设计。涉案专利设计1、设计2圆柱一端的固定圈以及涉案专利设计3、设计4圆柱两端的固定圈都是对水晶块组合起支撑固形作用，这些设计是由功能限定的，而且涉案专利设计1、设计2、设计3、设计4中的固定圈位于灯罩边缘，对整体视觉效果并不产生显著影响。综上所述，涉案专利设计1、设计2、设计3、设计4相对于证据2和证据3的组合没有明显区别，不符合《专利法》第二十三条第二款的规定。因如上已得出涉案专利设计1、设计2、设计3、设计4不符合《专利法》第二十三条第二款的结论，本决定对其他无效理由和证据不再予以评述。据此，专利复审委员会作出第25474号决定，宣告本专利全部无效。"

2）北京知识产权法院（一审）

"鉴于孙某峰对专利复审委员会关于本专利与证据2、证据3属于相同种类的产品的认定不持异议，故可以将本专利与证据2、证据3做相近似性比对。鉴于孙某峰对本专利设计1至设计4与证据2公开的现有设计相比的相同点、不同点的认定不持异议，予以确认。即二者的相同点在于：水晶块组合是相同的。主要区别设计特征在于：本专利设计1至设计4整体呈扁圆柱形，且本专利设计1、设计2圆柱一端有固定圈，设计3、设计4圆柱两端有固定圈，证据2整体则呈正方形。证据2使用状态参考图以柔性可曲折的形式展现该水晶块组合，结合该水晶块组合是在灯具或灯饰上使用，可知其在使用时是经曲折后形成特定的具体造型，无论是本专利设计1的高度与直径大致相等的圆柱体，还是本专利设计2至设计4的长圆柱体、扁圆柱体，都是灯具灯罩常用设计形状，如证据3就展现了呈圆柱形的灯罩设计。本专利设计1、设计2圆柱一端的固定圈以及本专利设计3、设计4圆柱两端的固定圈都是对水晶块组合起支撑固形作用，这些设计是由功能限定的，而且本专利设计1、设计2、设计3、设计4中的固定圈位于灯罩边缘，对整体视觉效果并不产生显著影响。因此，本专利设计1、设计2、设计3、设计4相对于证据2和证据3的组合没有明显区别，不符合《专利法》第二十三条第二款的规定。综上，第25474号无效决定证据确凿，适用法律、法规正确，审查程序合法。孙某峰的诉讼请求缺乏事实与法律依据，不予支持。北京知识产权法院依据《中华人民共和国行政诉讼法》第六十九条的规定，判决：驳回孙某峰的诉讼请求。"

3）北京市高级人民法院（二审）

"一般消费者从整体上观察可以看出，本专利设计1至设计4与证据1公开的现有设计相比，二者在灯罩表面的图案结构、水晶块的形状及连接方式等方面均相同，差别主要体现为灯罩整体形状以及本专利设计的一端或两端含有固定圈。首先，关于灯罩整体形状。证据3直接公开了在灯具产品上采用圆柱体灯罩的设计，并且灯罩采取圆柱体形状在灯具产品上属于常规设计形状，因此，将证据2中公开的水晶块组合正方形设计替换为圆柱体形状设计，属于明显存在组合手法启示的情形，且不会产生独特视觉效果。至于本专利设计1至设计4在圆柱体高度与直径之间比例的区别属于常规设计要素变化的范畴。按照一般消费者的一般注意力，对灯罩整体形状在常规设计要素范畴内的替换对于产品外观设计的整体视觉效果不具有显著影响。其次，关于固定圈。本专利设计1、设计2圆柱一端的固定圈以及本专利设计3、设计4圆柱两端的固定圈都是对水晶块组合起支撑固形作用，该设计主要基于功能性考虑，且固定圈位于圆柱体灯罩一端或两端，属于正常使用时不容易看到的部位设计，故对于整体视觉效果不具有显著影响。在此情况下，本专利其他部分的设计特征，即水晶块的形状、相互连接后形成的灯罩表面结构对整体视觉效果更具有显著的影响。因此，本专利设计1至设计4相对于证据2与证据3的组合不具有明显区别，不符合《专利法》第二十三条第二款的规定。

"对于孙某峰提出原审法院对于第25474号无效决定与其在一审诉讼中提交的外观设计专利权评价报告结论相矛盾的上诉主张，本院认为，设计外观设计专利权评价报告是对未经过实质审查的外观设计专利权稳定性的评价，可以作为审理、处理专利侵权纠纷的证据，但不能作为判断专利权有效性的证据。根据《专利法》第四十五条、第四十六条的规定，'自国务院专利行政部门公告授予专利权之日起，任何单位或者个人认为该专利权的授予不符合本法有关规定的，可以请求专利复审委员会宣告该专利权无效'；'对专利复审委员会宣告专利权无效或者维持专利权的决定不服的，可以自收到通知之日起三个月内向人民法院起诉。'按照上述规定，在专利授权确权案件中，对于专利权有效性的认定，应当以专利复审委员会、人民法院作出的审查决定及行政判决为准，专利权评价报告并非专利复审委员会及人民法院作出审查决定、行政判决的依据。专利权评价报告对专利复审委员会及人民法院在专利授权确权案件中对于涉案专利权有效性作出的评价并无约束力。因此，虽然第25474号无效决定与孙某峰在一审诉讼中提交的外观设计专利权评价报告结论不同，但该评价报告并不能推翻第25474号无效决定的认定结果。

"综上所述，原审判决认定事实清楚，适用法律正确，程序合法，应予维持。孙某峰的上诉理由均不能成立，对其上诉请求，本院不予支持。依据《中华人民共和国行政诉讼法》第八十九条第一款第（一）项之规定，判决如下：驳回上诉，维持原判。"

3. 案例评析

该案涉及《专利法》第二十三条第二款的审查。为了提高外观设计专利的创新水平，2008年《专利法》，对原《专利法》第二十三条进行了全面修改，其主要体现在增加了"组合"的情形。❶ 根据《专利法》第二十三条第二款的规定，授予专利权的外观设计与现有设计或者现有设计特征的组合相比，应当具有明显区别。在《专利审查指南2010》中，具体指明如下几种情形：①涉案专利与相同或者相近种类产品现有设计相比不具有明显区别；②涉案专利是由现有设计转用得到的，二者的设计特征相同或者仅有细微差别，且该具体的转用手法在相同或者相近种类产品的现有设计中存在启示；③涉案专利是由现有设计或者现有设计特征组合得到的，所述现有设计与涉案专利的相应设计部分相同或者仅有细微差别，且该具体的组合手法在相同或者相近种类产品的现有设计中存在启示。

---

❶ 国家知识产权局条法司.《专利法》第三次修改导读［M］. 北京：知识产权出版社，2009.

该案中涉案专利与证据 3 均为灯罩，证据 2 为水晶块组合（手帕）的外观设计，简要说明写明用于灯具或灯饰上，因此证据 2、证据 3 均与涉案专利属于相同种类的产品，因此可以将证据 2、证据 3 与本专利进行对比。

在判断外观设计是否符合《专利法》第二十三条第一款、第二款规定时，应当基于涉案专利产品的一般消费者的知识水平和认知能力进行评价。

一般消费者是法律拟定的人，因为他对于同类产品不同外观设计之间的差别的识别能力不同于现实生活中的人，即他不易察觉外观设计各设计要素之间的细微差别。因此，对于细微差别的忽略使得他不易将二者区别开来，即细微差别使得两项设计给一般消费者留下了相似的视觉印象。一般消费者与本领域普通消费者的区别就在于后者是一类具体的人，他们会因先天的识别力、年龄、经历等个体差异而在对产品外观设计的判断中不自觉地加入无关的内容。而一般消费者会排除这些干扰，从而给出客观的结论。根据《专利审查指南 2010》的规定，一般消费者除了具备对相同种类或者相近种类产品的外观设计有一定的了解能力外，还应当对该类产品的常用设计手法（转用、拼合、替换等）具有常识性的了解。

在该案中，将涉案专利设计 1 至设计 4 分别与证据 2 进行对比可知，二者的水晶块组合是相同的，每个水晶块单体呈正方形薄片，正反两面正方形中央分别向外凸起，单体的四个直角处均有安置连接扣的圆孔，整个水晶块组合最外一圈连接扣呈横向或竖向连接，其余部分的连接扣呈斜对角连接，即二者在灯罩表面的图案结构、水晶块的形状及连接方式等方面均相同。二者的主要差别体现为本专利的灯罩是圆柱体形，证据 2 的形状是正方形，本专利设计的一端或两端有多于证据 2 的固定圈。而原审第三人提供的证据 3 是圆柱形的灯罩设计，与本专利的整体形状非常接近，这就需要考虑将证据 2 和证据 3 能否组合及组合后的情形。即在将多项现有设计的设计特征组合来评价涉案专利是否具有明显区别时，不仅要考虑现有设计中是否公开了相应的设计特征，还要考虑是否存在将上述现有设计组合对比的启示。

《专利审查指南 2010》第四部分第五章第 6.23 节规定："组合包括拼合

和替换，是指将两项或者两项以上设计或者设计特征拼合成一项外观设计，或者将一项外观设计中的设计特征用其他设计特征替换。"以下几种类型的组合属于明显存在组合手法的启示的情形，由此得到的外观设计属于与现有设计或者现有设计特征的组合相比没有明显区别的外观设计：①将相同或者相近种类产品的多项现有设计原样或者作细微变化后进行直接拼合得到的外观设计。如，将多个零部件产品的设计直接拼合为一体形成的外观设计。②将产品外观设计的设计特征用另一项相同或者相近种类产品的设计特征原样或者作细微变化后替换得到的外观设计。③将产品现有的形状设计与现有的图案、色彩或者其结合通过直接拼合得到该产品的外观设计；或者将现有设计中的图案、色彩或者其结合替换成其他现有设计的图案、色彩或者其结合得到的外观设计。

上文提及的现有设计特征，在《专利审查指南 2010》第四部分第五章第 6 节规定如下："现有设计特征，是指现有设计的部分设计要素或者其结合，如现有设计的形状、图案、色彩要素或者其结合，或者现有设计的某组成部分的设计，如整体外观设计产品中的零部件的设计"。

在该案中，涉案专利的整体形状是圆柱形，而证据 2 公开的水晶块组合呈正方形，形状差异较大。而证据 3 公开了在灯具产品上采用圆柱体灯罩的设计，将证据 3 的圆柱体设计特征做细微的适应性变化，替换证据 2 的正方形设计特征，即可得到涉案专利的形状。涉案专利与证据 2、证据 3 属于相同种类产品，此种替换是将产品外观设计的设计特征用另一项相同种类产品的设计特征作细微变化后得到，且没有产生独特视觉效果，而且此种替换属于明显存在组合手法启示的情形，由此得到的外观设计属于与现有设计特征的组合相比没有明显区别的外观设计。至于涉案专利设计 1 至设计 4 在圆柱体高度与直径之间比例的区别属于常规设计要素变化的范畴，根据整体观察、综合判断的原则，该区别点属于局部细微变化，不足以对整体的视觉效果产生显著影响。因此，涉案专利与现有设计特征的组合相比不具有明显区别，涉案专利不符合《专利法》第二十三条第二款的规定。

第十八章

发电、配电或变电设备

　　发电、配电或变电设备，一般分为两类，一是专业性较强、应用于电力行业的产品及零部件，该类产品设计首要满足功能性需求；二是生活领域涉及发电等产品，如移动电源，该类产品设计空间大，设计要点主要在于产品形状、图案。涉及该领域产品的有关《专利法》第二十三条第一款、第二款的专利诉讼争议主要集中在局部细微差别的认定、区别特征对整体视觉效果的影响以及功能性设计特征的认定三个方面。本章选取具有代表性的诉讼案例，针对局部细微差别的认定和功能性设计特征的认定这两个问题进行详细解析。

第一节　产品领域概述

在《国际外观设计分类表》中的 13 大类，包括发电、配电或变电的专业设备及其元件，多应用于电力行业，但不包括电流、电压的测量、检测类设备如电流表、测电笔等，也不包括电力驱动的设备如电子表、电动车等。

发电设备，顾名思义，是将其他形式的能源转换成电能的机械设备；而将电能转化成机械能的电动机，由于二者综合结构上基本相同，且皆具有可逆性，故外观设计分类表将两者纳入同一小类。

随着科技的进步，产生电能的装置不仅局限于机械设备，像将化学能转化为电能的电池，由于具有稳定电压、稳定电流、长时间稳定供电，并且结构简单、携带方便、充放电操作简便易行，已经在社会生活中的各个方面发挥很大作用，如电动车充电桩、手机无线充电器等。

配电设备，是在电力系统中对高压配电柜、变压器、电力线路、断路器、低压开关柜、配电盘、开关箱、控制箱等设备的统称。

变电设备是电力系统中变换电压、接受和分配电能、控制电力流向和调整电压的电力设施，具体设备类型较多，包括变压器类、开关类、四小器类、无功装置类设备，还有其他辅助装置，如阻波器、绝缘子、高压套管、导引线、接地装置、二次设备、高压直流设备等。

第二节　外观设计专利情况

发电、配电或变电设备外观设计申请在整体外观设计申请中所占比例不高，这与其产品特点有关，该类产品零部件较多，多安装于内部，如继电器、接线端子、线圈、二极管等，且其设计主要为实现产品功能所决定，需满足行业标准，所以形状较固定；再者，其一般体积较小，装饰性设计空间不大，因此申请人提交相关外观设计申请较少。

随着科技的进步，产生电能的装置不仅局限于机械设备，像将化学能转化为电能的电池，由于具有稳定电压、稳定电流、长时间稳定供电，并且结构简单、携带方便、充放电操作简便易行特点，已经在社会生活中的各个方面发挥很大作用，如电动车充电桩、手机充电器等。相应的，其外观设计申请量也有所增长，对 13－02 类 2008—2019 年申请量进行统计（见图 18－1），发现其申请量逐年增加，增长势头平稳。

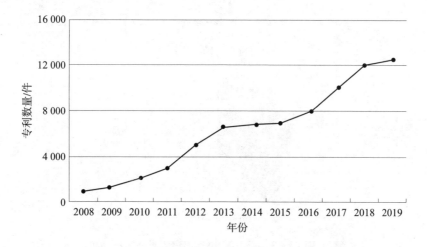

图 18－1　13－02 类产品近十年在中国外观设计数量情况

13－02 类申请量在整个 13 大类中占比逐年提升，2008 年仅占 20%，而自 2016 年起占比均超过 50%（见图 18－2）。

对申请人类型构成进行分析，申请人为企业的超过一半（见图 18－3），且排名前十的申请人均为企业（见图 18－4）。

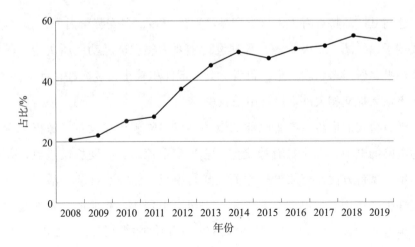

图 18-2　13-02 小类申请量在 13 大类申请量所占比例

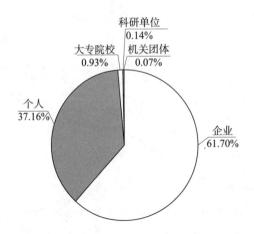

图 18-3　13-02 小类申请人类型情况

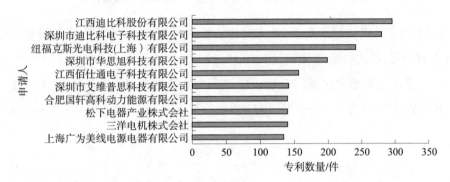

图 18-4　13-02 类中申请量排名前十申请人情况

第三节　裁判思维解析

【案例 18-1】

"移动电源"外观设计专利无效行政纠纷案❶

---

1. 案情简述

深圳市比安达电子有限公司于 2013 年 7 月 5 日针对专利权人钟某民的申请号为 201230124525.8，名称为"移动电源"的外观设计专利向专利复审委员会提出无效宣告请求，其理由是上述专利不符合《专利法》第二十三条第一款的规定。专利复审委员会作出第 23745 号无效宣告请求审查决定，宣告上述专利全部无效。钟某民不服第 23745 号决定，向北京市知识产权法院提起行政诉讼。北京市知识产权法院判决：驳回钟某民的诉讼请求。具体情况参见表 18-1。

表 18-1 "移动电源"涉案专利与对比设计基本信息及对比情况

	涉案专利	对比设计
图片	主视图	主视图

---

❶ 此案经一审判决，具体参见判决书：北京知识产权法院（2015）京知行初字第 236 号行政判决书。

续表

	涉案专利	对比设计
图片	后视图 左视图　右视图 俯视图 仰视图	后视图 左视图　右视图 俯视图 仰视图
基本信息	专利系专利号为 201230124525.8，名称为"移动电源"的外观设计专利。其申请日为 2012 年 4 月 20 日，授权公告日为 2012 年 8 月 29 日，专利权人为钟某民	对比设计 1 为 201230082162.6、专利权人为杨某勇、名称为"移动电源（ks－5600）"的外观设计专利
相同点	整体形状相同，正面及背面均设有宽度占整个面三分之二的装饰条，其中一面装饰条左侧有矩形图案，右侧面设有方形插孔及圆形部件	
不同点	①装饰条上的具体图案不同。涉案专利两面装饰条上皆有设计，其中一面上除了矩形图案外还有两行图案及字母，另一面上有数行字母，装饰条上下两侧有各有十个小圆点；而对比设计仅一面的装饰条左侧有一个矩形图案，且两者的矩形图案略有不同。②侧面插孔设计不同。涉案专利侧面有一个方形插孔及圆形部件，排列成一行，下侧面右侧有一个长条形插孔；对比设计侧面有一个方形插口和一个长条形插孔排成一行，圆形部件位于两方形插口的一侧	
关注点	涉案专利与对比设计不同点是否对整体视觉效果产生显著影响，是否符合《专利法》第二十三条第一款的规定	

2. 各方观点

1）专利复审委员会

"本专利与对比设计的形状为移动电源的常规形状，因此其正面与背面设有装饰条形成的上下两窄条中间一宽条，以及中间装饰条左侧有矩形图案而形成的视觉效果，对于一般消费者而言最为引人注目，由于上述相同点，会对两者形成较为一致的视觉效果；而对于上述区别，区别①的图案及字母和小圆点都较为细小，且上述字母为标识性文字、其字体也为常规设计，相对于整体形状及图案易被一般消费者忽略；区别②较为细微，属于一般消费者施以一般注意力不能察觉的细微差异；因此，本专利与对比设计构成实质相同，属于现有设计，不符合《专利法》第二十三条第一款的规定。"

2）北京知识产权法院

"《专利法》第二十三条第一款规定：授予专利权的外观设计，应当不属于现有设计；也没有任何单位或者个人就同样的外观设计在申请日以前向国务院专利行政部门提出过申请，并记载在申请日以后公告的专利文件中。同样的外观设计是指外观设计相同或实质相同。

"本专利涉及的产品是移动电源，对比设计也公开了一种'移动电源'的外观设计，二者所示产品用途相同，属于相同种类的产品。根据本案查明的事实，本专利与对比设计的不同点在于：①装饰条上的具体图案不同。本专利两面装饰条上皆有设计，其中一面上除了矩形图案外还有两行图案及字母，另一面上有数行字母，装饰条上下两侧有各有十个小圆点；而对比设计仅一面的装饰条左侧有一个矩形图案，且两者的矩形图案略有不同；②侧面插孔设计不同。

"本专利要求保护的外观产品在于其形状。上述不同点①为图案的不同，字母为常规字形且字体较小，小圆点亦较细小；不同点②也属于细小的差异。二者均为一般消费者施以一般注意力不能察觉到的局部的细微差异。在本专利与对比设计的整体形状相同，且其正面与背面设有装饰条形成的上下两窄条中间一宽条、以及中间装饰条左侧有矩形图案的相同视觉效果的前提下，上述细微差异不致影响本专利与对比设计构成实质相同。故本专利违反了《专利法》第二十三条第一款的规定，被诉决定对此认定正确，故予以维持。"

3. 案例评析

专利权人、专利复审委员会和北京知识产权法院对涉案专利与对比设计的相同点和不同点的认定基本一致，分歧在于专利权人认为二者的区别点①"装饰条上的具体图案不同，本专利两面装饰条上皆有设计，其中一面上除了矩形图案外还有两行图案及字母，另一面上有数行字母，装饰条上下两侧有各有十个小圆点，而对比设计装饰条上仅有矩形图案"产生了显著的视觉效果；而专利复审委员会和北京知识产权法院认为二者区别点①为一般消费者施以一般注意力不能察觉到的局部的细微差异。

行政机关在"局部细微差别"判断上标准认知一致，局部细微差别的判断不仅要考虑差别在整体设计中所占的比例以及区别点所处的位置，还应考量二者相同点中是否具有显著影响的设计特征。

先来看一型材外观设计无效宣告。对涉案专利与在先设计进行比对时，专利复审委员会认为：二者的截面均呈近似梯形的连续凹凸设计，虽然凹凸深浅和具体的梯形形状有所不同，但均为梯形的常规形状，对整体视觉效果不具有显著影响，因此，二者应属于相近似的外观设计。

然而，由图 18-5 可以看出，涉案专利与在先设计在凹凸深浅和具体的梯形形状上存在较大差异，直接认定二者之间的差别对整体视觉效果不具有显著影响，属于局部细微差别尚欠缺说服力。因专利权人强调二者整体视觉效果差异显著，故其不易接受该观点。如果在局部细微差别的判断中考虑二者相同点是具有显著影响的设计特征，方能够使得上述问题的处理符合法律逻辑。即二者相同点均是梯形连续凹凸设计，是具有显著影响的设计特征，改变凹凸深浅可以认定为局部细微差别。

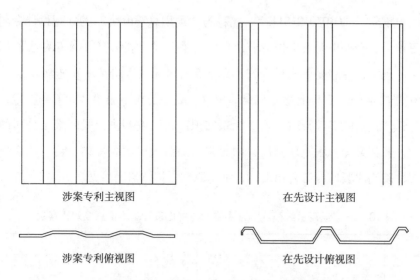

涉案专利主视图　　　　　　　　　　在先设计主视图

涉案专利俯视图　　　　　　　　　　在先设计俯视图

图18 −5　"型材"涉案专利与在先设计

回到移动电源案例中，专利复审委员会和法院在对二者区别点认定为局部细微差别之前，对两者相同点进行分析，认为"两者正面与背面设有装饰条形成的上下两窄条中间一宽条、以及中间装饰条左侧有矩形图案"这一相同的设计特征，对于一般消费者而言最引人注目，构成了显著影响的设计特征，结合其区别点所占比例、所处位置等因素，可以认定区别点属于局部细微差别。

【案例18−2】

"通用总线模块"无效行政纠纷案❶

1. 案情简述

欧科佳（上海）汽车电子设备有限公司（简称"欧科佳公司"）于 2014 年 6 月 13 日针对专利权人为哈尔滨威帝电子股份有限公司（简称"威帝公

---

❶　此案经二审，具体参见判决书：北京知识产权法院（2015）京行知初字第 1364 号行政判决书、北京市高级人民法院（2015）高行（知）终字第 3044 号行政判决书。

司")、申请号为201030121811. X、名称为"通用总线模块"的外观设计专利向专利复审委员会提出无效宣告请求,其理由是上述专利不符合《专利法》第二十三条的规定。专利复审委员会作出第24551号无效宣告请求审查决定(简称"24551号决定"),宣告上述专利全部无效。威帝公司不服第24551号决定,向北京知识产权法院提起行政诉讼。北京知识产权法院判决:驳回威帝公司的诉讼请求。威帝公司不服原审判决,向北京市高级人民法院提请上诉,北京市高级人民法院判决驳回威帝公司上诉,维持原判。具体情况参见表18-2。

表18-2 "通用总线模块"涉案专利与对比设计基本信息及对比情况

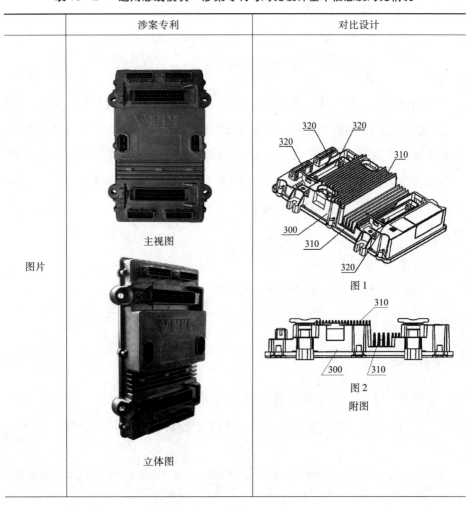

	涉案专利	对比设计
图片	主视图 立体图	图1 图2 附图

续表

	涉案专利	对比设计
基本信息	本专利系名称为"通用总线模块"的外观设计专利，申请日为2010年3月18日，授权公告日为2010年10月20日，专利权人为威帝公司	对比文件专利号为200920073062.X、名称为"一种CAN总线整车控制器"的实用新型专利，其公开日为2010年2月17日
相同点	整体形状大致均呈长方体，产品上部均设置了两个小插接槽和一个大插接槽，插接槽外围有凸起的薄片或围挡，中上部有长方体凸块，该凸块左右两侧设有椭圆形插接孔，凸块下方设有散热条纹和大插接槽	
不同点	①接槽的数量，涉案专利下部有两个小插接槽，对比设计下方为一长方体凸块；②产品中上部的长方体凸块表面形状不同，涉案专利的凸块表面为平面，上有英文字母"VITI"，而对比设计凸块表面有多条横向的散热条纹；③产品侧面的安装孔形状不同，涉案专利安装孔为封闭的圆形，对比设计为虎口形；④涉案专利体现了背面的设计，对比设计未公开背面的视图	
关注点	涉案专利与对比设计不同点是否对整体视觉效果产生显著影响，是否符合《专利法》第二十三条第二款的规定	

2. 各方观点

1）专利复审委员会

"涉案专利与对比设计同为车辆用的总线控制器，其主要部件为电路的控制模块和输出的接口，可以根据具体的要求有不同的设计，设计空间较大，就本案而言，一般消费者通常会关注产品的整体形状、中上部的长方体凸块及凸块下方散热条纹的设计，涉案专利采用了与对比设计基本相同的整体外形和布局，产品上部的插槽、中上部的长方体凸块以及凸块下方的散热条纹的形状和位置大致相同，区别点①涉案专利下方与上方的两个小插槽和大插槽基本呈对称设计，这一改变属于比较常见的设计手法，且对产品整体视觉效果没有产生显著影响；区别点②涉案专利仅是将中上部的凸块表面散热条纹去掉变为平面，这属于较为常见的设计，其英文字母也主要起到标识的作用，对整体的视觉效果并无显著影响；区别点③在产品的侧边，所占比例较小，属于局部细微差别；另该总线控制器产品的背面基本是固定在汽车上，因此区别点④是使用时不容易看到的部位的区别，对于整体视觉效果也无显著影响。综上，涉案专利与对比设计的相同点已足以使得一般消费者认为二者不具有明显区别，其区别点对于整体视觉效果无显著影响，因此涉案专利不符合《专利法》第二十三条第二款的规定。"

2）北京知识产权法院（一审）

"就第 24551 号决定认定的本专利与对比设计相比存在 3 个区别点，对于区别点①即插接槽的数量，本专利下部有两个小插接槽，对比设计下方为一长方体凸块。将本专利的主视图与对比设计进行对比，二者的整体设计风格区别不明显，不会引起一般消费者的注意，虽然中部的凸块不是上下对称的，但并不影响本专利整体所呈现出的对称性，且对称设计属于比较常见的设计手法。对于区别点②即产品中上部的长方体凸块表面形状不同，本专利的凸块表面为平面，上有英文字母'VITI'，而对比设计凸块表面有多条横向的散热条纹，两者均为凸出的长方体设计，对比设计的散热片为功能性的设计，而本专利的文字为标识作用，并非美感设计，本专利的这种设计不足以对整体视觉效果产生显著影响。对于区别点④即本专利体现了背面的设计，对比设计未公开背面的视图。鉴于本专利的设计要点体现在立体图，而立体图没有显示出背面设计，且本专利背面的设计仅为简单的凹凸设计，不足以使本专利形成与对比设计具有显著差异的整体视觉效果。基于此，在一般消费者施以一般注意力的情况下，根据整体观察、综合判断的原则，本专利与对比设计并不明显差别，二者属于相近似的外观设计。"

3）北京市高级人民法院（二审）

"本案的核心问题在于本专利是否符合《专利法》第二十三条第二款的规定。《专利法》第二十三条第二款规定：'授予专利权的外观设计与现有设计或者现有设计特征的组合相比，应当具有明显区别。'"

"将本专利与对比设计相比，二者的主要相同点在于：整体形状大致均呈长方体，产品上部均设置了两个小插接槽和一个大插接槽，插接槽外围有凸起的薄片或围挡，中上部有长方体凸块，该凸块左右两侧设有椭圆形插接孔，凸块下方设有散热条纹和大插接槽。二者的主要不同点在于：①插接槽的数量，本专利下部有两个小插接槽，对比设计下方为一长方体凸块；②产品中上部的长方体凸块表面形状不同，本专利的凸块表面为平面，上有英文字母'VITI'，而对比设计凸块表面有多条横向的散热条纹；③产品侧面的安装孔形状不同，本专利安装孔为封闭的圆形，对比设计为虎口形；④本专利体现了背面的设计，对比设计未公开背面的视图。

　　"对于区别点①即插接槽的数量，本专利下部有两个小插接槽，对比设计下方为一长方体凸块。将本专利的主视图与对比设计进行对比，二者下部的插槽数量确有不同，本专利为一个大的插槽及两个小插槽，而对比设计为一个大插槽及一个整体凸块，且二者的围挡形状有所不同，一个是U形，另一个是L型，但由于插槽是实现功能的设计，而两者的下部的整体布局设计是相近的，故二者的整体设计风格区别不明显，不会引起一般消费者的注意。此外，将本专利的主视图的上部和下部进行比较，其插槽的数量和位置布局基本相同，整体上呈现出对称的特征，虽然中部的凸块不是上下对称的，但并不影响本专利整体所呈现出的对称性，且对称设计属于比较常见的设计手法。

　　"对于区别点②即产品中上部的长方体凸块表面形状不同，本专利的凸块表面为平面，上有英文字母'VITI'，而对比设计凸块表面有多条横向的散热条纹。将本专利的主视图与对比设计进行对比，本专利的中部为具有凸凹的平面，其上有'VITI'文字，对比设计的中部为条状的散热片，但两者均为凸出的长方体设计，对比设计的散热片为功能性的设计，而本专利的文字为标识作用，并非美感设计，本专利的这种设计不足以对整体视觉效果产生显著影响。

　　"对于区别点④即本专利体现了背面的设计，对比设计未公开背面的视图。本专利与对比设计同为车辆用的总线控制器，使用时安装于汽车内部，因此只有购买时和安装时才能看到产品的整体外观，产品背面亦属于可见的部位，但鉴于本专利的设计要点体现在立体图，而立体图没有显示出背面设计，且本专利背面的设计仅为简单的凹凸设计，不足以使本专利形成与对比设计具有显著差异的整体视觉效果。

"因此，在一般消费者施以一般注意力的情况下，根据整体观察、综合判断的原则，本专利与对比设计并无明显差别，二者属于相近似的外观设计。原审判决对此认定正确，应予维持。"

3. 案例评析

该案争议的焦点在于图 18 – 6 中涉案专利和对比设计的区别点①、②是否对其整体视觉效果产生显著影响。

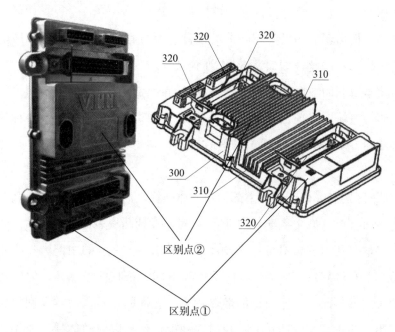

图 18 – 6　涉案专利和对比设计的区别点①、②

1）"整体观察、综合判断"原则

在判断外观设计与对比设计是否具有明显区别时，应当根据"整体观察、综合判断"原则，确定涉案专利与对比设计的相同点、区别点及其对整体视

觉效果的影响大小和程度，并予以综合考虑。产品的整体形状和整体布局是"整体观察、综合判断"的基本出发点，是进行涉案专利和现有设计对比判断应当首先把握的因素。

接下来再考虑产品的若干设计特征，并且各项设计特征的地位也不甚相同，其影响因素主要包括设计特征面积的大小、位置、创新程度等。设计特征的面积，一般而言，设计特征面积越大，对整体视觉效果的影响便越大；面积越小，越接近符合局部细微差异的判定，越可能得到实质相同或者不具有明显区别的判断结论。设计特征的位置也十分重要，《专利审查指南2010》明确指出，不容易看到或者看不到部位在整体观察的判断中往往是需次要衡量的因素，而位于显著位置的设计特征有可能产生引人瞩目的视觉效果。设计特征的创新程度会适当挑战整体观察的判断原则，即使创新的设计特征比例很小也需要根据其位置综合考量，甚至可能影响到整体相似程度的判断。从另一个角度而言，这与整体观察的思维也是一致的，如果创新的设计特征位于一个显著的设计位置，从整体观察的角度出发，确实有可能对产品整体的视觉效果带来显著影响。

在进行整体观察、综合判断时，由于当事人对涉案专利与在先设计的相同点通常没有争议，故争议焦点往往集中在区别点以及区别点对整体视觉效果的影响程度上。但是，这并不意味着在判断时不需再考察外观设计与在先设计的相同点。事实上，区别点对整体视觉效果的影响是相对的，外观设计与在先设计的相同点越多、越显著，则区别点对整体视觉效果的影响可能就越有限；相同点越少、越不显著，则区别点对整体视觉效果的影响程度可能就越明显。因此，正确认定区别点对整体视觉效果的影响的前提，在于正确认定相同点对整体视觉效果的影响。

该案中涉案专利与对比设计整体形状相同，均大致呈长方体；整体布局也近似对称设计；并且相同的设计特征较多且所占面积大、位置显著。

反观区别点①，涉案专利是两个实现功能设计的插槽；区别点②，对比设计凸块表面有多条横向的散热条纹，主要为实现功能设计，而涉案专利凸块表面为平面，上有英文字母"VITI"，但文字为标识作用，并非美感设计。因此两个区别点均不足以对整体视觉效果产生显著影响。

2）功能性设计特征对外观设计整体视觉效果影响较小

涉案专利和对比设计两个争议较大的区别点涉及的插槽、散热片均为实现功能的设计，其判断标准并不在于该设计特征是否因功能或技术条件的限制而不具有可选择性，而在于在一般消费者看来，该设计特征是否仅仅由特定功能所决定，从而不需要考虑该设计特征是否具有美感。一般而言，纯功能性设计特征对于外观设计整体视觉效果不具有显著影响。

如图18-7所示经典案例，T型插口是根据产品使用地通行规范或者标准加以确定，以满足产品的标准化和兼容性，确保产品的紧密配合，以使安全使用，因此属于仅由功能决定的设计特征，应当排除其对整体视觉效果的影响。

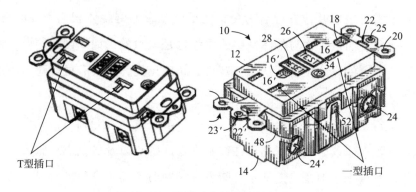

图18-7　涉及功能性设计特征案例

以上仅仅是一般原则。任何产品的外观设计通常都需要考虑两个基本要素：功能因素和美学因素，即产品必须首先要实现其功能，其次还要在视觉上具有美感。可以说，大多数产品设计都是功能性和装饰性的结合。就某一外观设计产品的具体某一设计特征而言，同样需要考虑功能性和美感的双重要求，即是技术性与装饰性妥协和平衡的产物。因此，产品的设计特征的功能性或者装饰性通常是相对而言的，能绝对区分功能性设计特征和装饰性设计特征在大多数情况下是不现实的。一种设计特征对于外观设计产品整体视觉效果的影响最终需要结合案件具体情况进行综合评判。

第十九章

工业机械设备

　　工业机械设备，其设计主要在于整体结构和各部件的布局，一般具有很强烈的工业特点。涉及该领域产品的有关《专利法》第二十三条第一款、第二款的专利诉讼争议主要集中在惯常设计的认定、区别特征对整体视觉效果的影响、功能性设计特征的认定和判断主体的认定四个方面。本章选取具有代表性的诉讼案例，针对惯常设计的认定和区别特征对整体视觉效果的影响进行了详细解析。

第一节　产品领域概述

机械设备种类繁多，在《国际外观设计分类表》中的 15 大类，基本涵盖了除交通运输机械、印刷机械外的机械设备，包括发动机、压缩机、农林机械、建筑机械、采矿机械、纺织机械、清洁机械、制冷机械以及加工类机械等。

本章所归类的工业机械设备，将《国际外观设计分类表》中的 15 大类中清洁机械、制冷机械剔除出去，由其他章节进行评述，具体原因如下：清洁机械、制冷机械包含的产品如吸尘器、熨烫机、冰箱等，其使用场所大多为家庭、办公场所，而非工业生产场所，使用场所的不同使得外观设计理念和特点不同，一般消费者对其关注点也不同。例如，人们对吸尘器更加关注细节设计，而对工业机械则更加关注整体结构和布局。

第二节　外观设计专利情况

专用机械设备领域外观设计专利申请量 2010—2012 年增长迅猛，2013年、2014 年申请量出现下滑，之后逐年平稳增长，如图 19 - 1 所示。

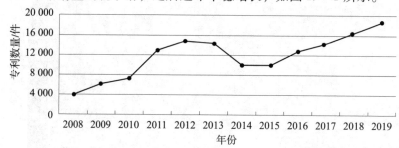

图 19 - 1　工业机械产品近十年在中国外观设计申请量情况

以工业机械中细分领域建筑机械为例，其在中国外观设计申请量增长趋势跟整体机械设备增长趋势大致相同（见图 19 – 2），稍有不同的是建筑机械领域 2010、2011 年外观设计申请量增长迅猛，在接下来的五年逐年递减，从 2016 年后方才平稳增长，这与行业景气程度有密切关系。

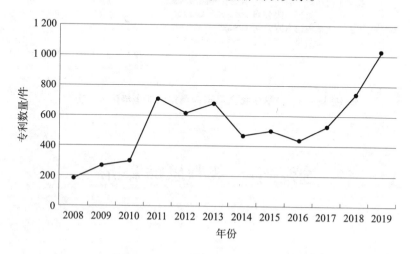

图 19 – 2　建筑机械产品近十年在中国外观设计申请量情况

对其申请人类型构成进行分析，申请人为企业占比超过一半（见图 19 – 3），且排名前十的申请人均为企业（见图 19 – 4）。

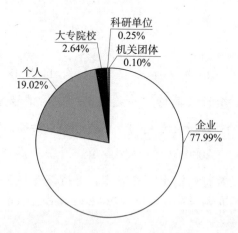

图 19 – 3　建筑机械产品申请人类型占比情况

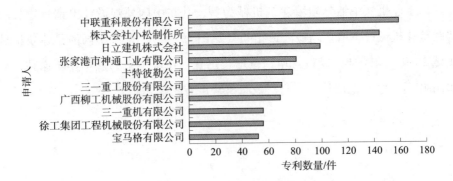

图 19 - 4　建筑机械产品申请量排名前十申请人情况

第三节　裁判思维解析

【案例 19-1】

"内燃机"外观设计专利无效行政纠纷案❶

---

1. 案情简述

华盛公司分别于 2014 年 7 月 29 日、2014 年 11 月 18 日两次针对专利权人为三菱重工业株式会社（简称"三菱重工"）、申请号为 200530166927.4、名称为"内燃机"的外观设计专利向专利复审委员会提出无效宣告请求，其理由是上述专利不符合 2000 年《专利法》第二十三条的规定，专利复审委员会作出第 25185 号无效宣告请求审查决定，维持该专利有效。华盛公司不服第 25185 号决定，向北京知识产权法院提起行政诉讼，北京知识产权法院判

---

❶　此案经二审，具体参见判决书：北京知识产权法院（2015）京知行初字第 2917 号行政判决书、北京市高级人民法院（2018）京行终 4108 号行政判决书。

决：①撤销专利复审委员会作出的被诉决定；②专利复审委员会重新作出无效宣告请求审查决定。三菱重工不服原审判决，向最高人民法院提起上诉，最高人民法院作出终审判决：原审判决认定结论有误，予以纠正；三菱重工的上诉理由成立，予以支持。具体情况参见表 19－1。

表 19－1　"内燃机"涉案专利与对比设计基本信息及对比情况

项目	详细信息
涉案专利基本情况	  主视图 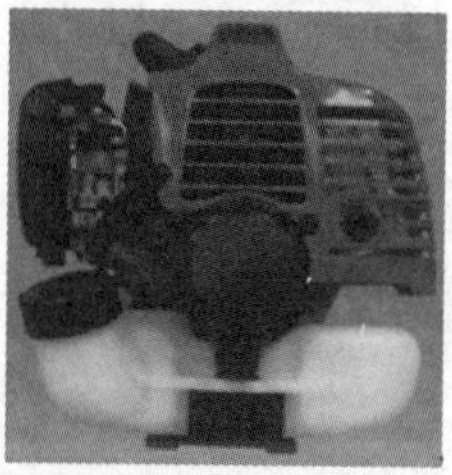　后视图 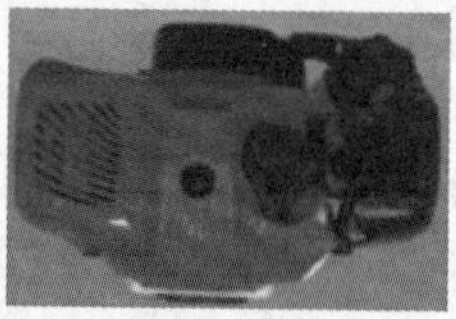 俯视图 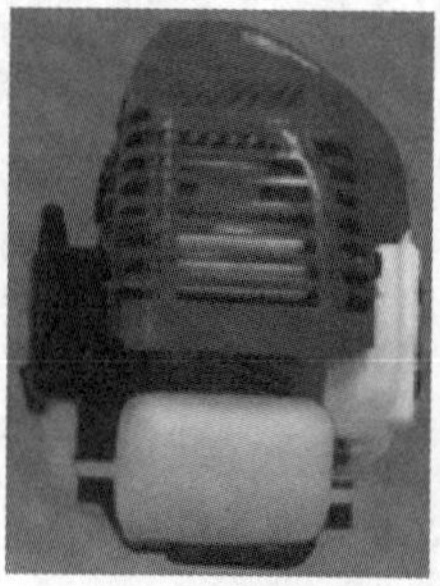 左视图 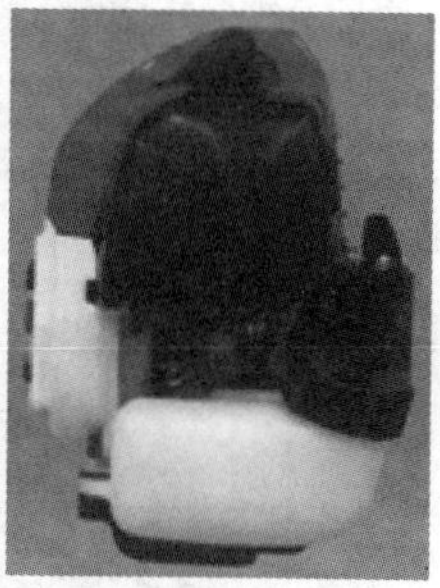　仰视图　右视图  立体图 1 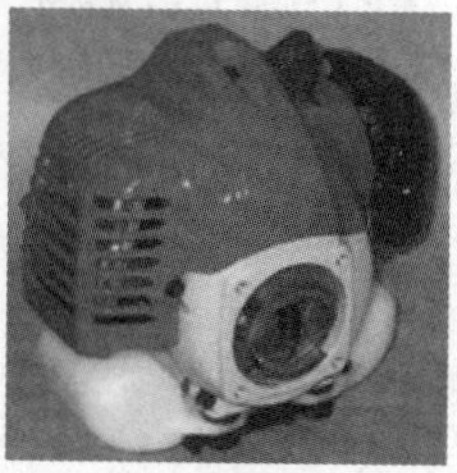　立体图 2 该案涉及专利号为 ZL200530166927.4、名称为"内燃机"的外观设计专利。其申请日为 2005 年 12 月 8 日，优先权日为 2005 年 6 月 10 日，授权日为 2006 年 6 月 21 日，授权公告日为 2006 年 11 月 29 日，专利权人为三菱重工

项目	详细信息
对比设计1 基本情况	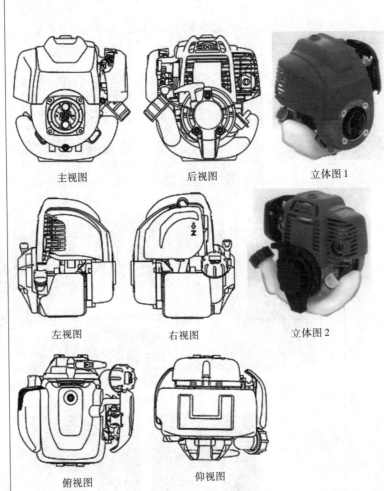 主视图　　后视图　　立体图1 左视图　　右视图　　立体图2 俯视图　　仰视图 对比设计1专利号为01320129.8，公开日为2002年4月17日的中国外观设计专利授权公告文本

续表

项目	详细信息
对比设计2 基本情况	 主视图　　　　　　后视图　　　　从右斜前方看的参考立体图 左视图　　　　　　右视图　　　　从右斜后方看的参考立体图 俯视图　　　　　　　仰视图 　　对比设计2专利号为JPD1215023，公开日为2004年8月23日的日本外观设计专利授权公告文本
相同点	涉案专利与对比设计1相比，主要相同点在于：产品的整体结构组成，以及各部件的布局、连接关系和相对位置基本相同 　　涉案专利与对比设计2相比，主要相同点在于：产品的整体结构组成，以及各部件的布局、连接关系和相对位置基本相同。此外，两者中罩、油箱和启动器罩的形状基本相同

项目	详细信息
不同点	涉案专利与对比设计 1 不同点：①上罩的整体形状和中前部的棱线以及顶部凸起的形状均不同，并且涉案专利比对比设计 1 多了一个突出的火花塞罩盖。②上罩左侧罩体上的格栅布局不同，上罩后部中间格栅的形状不同。③法兰盘的位置不同，涉案专利的是设于中罩偏左侧，而对比设计 1 的是设于中罩正中位置。④远心离合器的飞锤形状和位置略有不同。⑤油箱的形状略有不同，对比设计 1 的油箱两端比本专利的更为上翘一些。⑥涉案专利由于油箱底部内凹，底座前后部暴露在外，而对比设计 1 的油箱底部无内凹，底座大部分被遮挡，并且二者底座的具体形状也不同。⑦产品后部启动器罩的形状不同
	涉案专利与对比设计 2 不同点：①上罩的具体形状不同，具体体现在：中前部的棱线与顶部凸起组合构成的整体形状完全不同；上罩下边缘线形状不同；左侧罩体前部和顶部格栅的形状不同；后部中间格栅的形状不同；涉案专利上罩体弯折处均为圆弧过渡，整体感觉较为圆润，而对比设计 2 上罩体弯折处均有棱线，整体感觉较为硬朗；此外，涉案专利比对比设计 2 多了一个突出的火花塞罩盖。②右侧滤清器罩的形状不同。③远心离合器的飞锤形状略有不同。④底座的具体形状也不同
关注点	涉案专利与对比设计不同点是否对整体视觉效果产生显著影响，是否符合 2000 年《专利法》第二十三条的规定

2. 各方观点

1）专利复审委员会

"本专利与对比设计 1：不同点①②均为上罩的设计变化，不同点③④属于法兰盘的位置和远心离合器具体形状的区别，这些不同点均位于产品上引人瞩目的部位，相对于二者的相同点对整体视觉效果更具有显著影响，再加上不同点⑤至⑦中油箱、底座和启动器罩形状上的区别，已经足以使二者产生完全不同的整体视觉效果。

"本专利与对比设计 2：不同点①主要为上罩的设计变化，不同点③属于远心离合器的具体形状区别，这些不同点均位于产品上引人瞩目的部位，尤其是上罩的差异明显，相对于二者的相同点对整体视觉效果更具有显著影响，再加上不同点②和④中滤清器罩和底座形状上的区别，已经足以使二者产生十分不同的整体视觉效果。"

2）北京知识产权法院（一审）

"本专利与对比设计1：在本专利与对比设计1客观存在的区别特征中，二者在上罩、法兰盘位置、远心离合器上虽存在客观上的区别，但消费者通常不会注意到，其可能会注意到的是格栅、油箱、底座及启动器罩的区别。格栅仅属于上罩中的一部分，其对于一般消费者注意力的影响不及上罩本身。至于油箱，仅是中间部分有所凹陷，这一差别在产品中所占比例更是不及于上罩。底座及启动器罩亦是如此。本专利上罩的设计并不属于惯常设计，而油箱、底座、格栅、启动器罩的设计亦并不属于新颖程度很高的设计特征的情况下，占产品基本一半比例的上罩的设计特征，对于一般消费者的认知而言，具有高于其他区别特征的影响力，在已认定本专利与对比设计1在上罩的设计上的差别不足以使一般消费者注意到的情况下，本专利相对于对比设计1而言，其整体视觉效果并无显著不同。

"本专利与对比设计2在上罩、滤清器罩、中罩（发动机罩）、远心离合器、油箱、启动器罩之间位置关系方面的相同点属于惯常设计，故上述特征在这一阶段的比对中不予考虑，而仅考虑其他设计特征。对于不同点③④，通常不会引起一般消费者的注意。判断本专利与对比设计2是否属于相近似的外观设计，则主要考虑二者在上罩及滤清器罩设计上的区别，即不同点①②是否足以使得一般消费者将二者区分开。在上述设计特征中，上罩显然占据了整个产品中一半左右的比例，其对于一般消费者注意力具有较大影响。对比设计2的上罩部分在其各个弯折处的过渡角度均较为明显，不仅如此，其上罩下边缘亦基本为直线，且与上罩相连的滤清器罩亦同样棱角分明，上述设计特征的组合会产生硬朗有余圆润不足的整体感觉，而本专利无论是在弯折处，还是上罩下边缘，以及滤清器罩的设置上，均体现出圆润的设计感。二者在该部位的设计差异明显，考虑到这一部分在产品中占一半左右的比例，二者在该部位所存在的差别足以使一般消费者将其区分开。据此，相对于对比设计2，本专利未违反2000年《专利法》第二十三条的规定。"

3）北京市高级人民法院（二审）

"对于本专利涉及的小型内燃机产品而言，在整体结构组成、各部件的布局、连接关系和相对位置等基本较为固定的情况下，各部件形状以及细节设计更能引起一般消费者的关注。在本专利中，位于产品顶部，占整体较大比例的上罩、位于产品中间醒目位置的法兰盘和远心离合器的设计变化对于外观设计整体视觉效果更具有显著的影响。本专利与对比设计1之间的不同点①②③④均位于引人瞩目的部位，对整体视觉效果更具有显著影响，再加上不同点⑤至⑦在油箱、底座和启动器罩形状上的区别，在'整体观察、综合判断'的基础上，足以产生完全不同的整体视觉效果，因此被诉决定认定本专利与对比设计1既不相同也不相近似的结论正确。

"关于本专利与对比设计2相比整体上存在显著区别，被诉决定及原审判决均认定本专利相对于对比设计2，未违反2000年《专利法》第二十三条的规定，各方当事人均未提出异议。"

3. 案例评析

1）惯常设计随设计发展而变化

外观设计的比较判断应当以一般消费者为判断主体，遵循整体观察、综合判断的判断方式。具体判断时要考虑二者区别所在的部位、区别点的体积大小、该类产品设计空间的大小等。在二者的区别点确定的情况下，如果二者之间的相同点在本领域并不常见，也就是说，相同点是在先设计的特色所在，此时很有可能认为在后设计主要模仿在先设计，二者的区别对整体效果不具有显著影响；如果二者之间的相同点在本领域很常见，也就是本领域大多使用这样的设计，此时二者的区别点很有可能对整体视觉效果产生更显著的影响。因此，外观设计比较判断时考虑的各种因素，实际都与现有设计状况有关。此外，判断主体对现有设计状况的认识，可能会直接影响比较判断的结果。下面以一"小型内燃机机"案为例详细解析，该案外观设计如表19-2所示。

表 19 - 2　小型内燃机涉案专利与现有设计对比

时间	申请人	主视图	立体图
1996.11.13	三菱重工		
1997.5.13	本田技研工业株式会社		
1997.7.11	本田技研工业株式会社		
2001.8.3（对比设计1）	本田技研工业株式会社		
2003.11.14	本田技研工业株式会社		

时间	申请人	主视图	立体图
2005.12.8	三菱重工		
2005.12.8 （涉案专利）	三菱重工		

从表 19 - 2 不难看出，涉案专利作为小型内燃机产品，整体形状和各部件的布局及相对位置关系在该领域很常见，复审决定以及北京知识产权法院、最高人民法院判决书中均把产品整体形状和各部件的布局及相对位置认定为本领域内的惯常设计。

惯常设计随着设计的发展而变化。一项设计第一次面世时是全新的，当它逐渐融入人们的生活后，某些元素被人们接受，被后续设计自然采用，从而这种元素就成为惯常设计。不断创新的需求促使设计者不断突破原来约定俗成的模式，而打破常规是创新的突破口，因而新设计的发展又会形成另一阶段的惯常设计。早时，碗基本都是回转体，通俗地说就是圆形的，圆形的设计因工艺等因素成为本领域常用的设计被一直沿用。后来出现了方形的碗，其相对于圆形碗在储存、运输方面节省空间，随着方形碗普遍使用，方形也逐渐成为碗类产品领域惯常设计。

因此，惯常设计是不断变化的，在判断外观设计之间的相同点是否属于本领域惯常设计时，需要对本领域的现有设计状况有较清楚的了解。分析现有设计状况，不仅要分析现有设计的区别所在，还要分析现有设计的发展脉络，看哪些是本领域普遍认可并可采用的设计。

2）工业机械设备在整体结构和布局相同时，产品主体造型部位的设计更具明显视觉效果

工业机械设备产品体积大、重量大、结构和布局显现明显，具有很强的工业特点。材料的加工特性和加工工艺使得工业机械设备的结构和布局往往具有一些局限性。一般而言工业机械整体结构和布局大致相同，但基本上都会存在某个最能影响其造型的设计特征。

对于内燃机而言，出于其功能上的要求，通常均具有上罩、滤清器罩、中罩（发动机罩）、远心离合器、油箱、启动器罩等组成部件，并且各部件的布局及相对位置通常也较为固定，属于本领域内的惯常设计。《专利审查指南2010》第四部分第五章第 6.1 节规定："当产品上某些设计被证明是该类产品的惯常设计时，其余设计的变化通常对整体视觉效果更具显著影响。"因此，相对于各组成部件的布局，各部件的具体形状以及一些特殊的细节设计更能引起一般消费者的关注，尤其是位于产品顶部、占整体较大比例的上罩，以及位于产品中间醒目位置的法兰盘和远心离合器的设计变化对外观设计整体视觉效果更具显著的影响。

第二十章

锁紧或关闭装置

　　锁具是起封闭作用的器具。锁具类产品的发展历史悠久，应用场合多样，设计造型差异较大。机械锁曾是专利申请的主要类型。随着科技的发展和社会需求的不断变化，高防范性锁具产品的需求日益加强，智能锁是未来的发展趋势，专利申请量也必然会相应增大。企业要增强知识产权的保护意识，应充分检索，避免重复研发，避免同质化的产品；研发的新产品要及时申请专利，避免被抢先申请。

　　该领域产品的创新点主要集中在产品的外部形状、结构，以及产品重要零部件的形状、结构设计。涉及该领域产品的有关《专利法》第二十三条第一款、第二款的专利诉讼争议主要集中在区别特征对整体视觉效果的影响、特征的隐含公开、惯常设计的认定和功能性设计特征的认定四个方面。本章选取具有代表性的诉讼案例，针对特征的隐含公开和惯常设计的认定两个方面问题进行详细解析。在专利确权诉讼中，也应充分检索申请日前的专利申请及其他渠道的现有设计，尤其是结构较为接近的产品设计，同时应根据该类产品的设计空间，充分考虑重要结构是否属于锁具领域的惯常设计。

第一节　产品领域概述

五金工具，是指铁、钢、铝等金属经过锻造、压延、切割等物理加工，制造而成的各种金属器件的总称。按照产品用途可以分为工具五金、建筑五金、日用五金、锁具磨具、厨卫五金、家居五金以及五金零部件等几类。其包括各种手动、电动、气动、切割工具、汽保工具、农用工具、起重工具、测量工具、工具机械、切削工具、工夹具、刀具、模具、刃具、砂轮、钻头、抛光机、工具配件、量具刃具、油漆工具、磨具磨料等。

我国的五金工具市场主要分布在浙江、江苏、上海、广东、山东以及四川等地，其中，浙江和广东数量最多。❶

《国际外观设计分类表》中，08 类为工具和五金器具，包括手动操作工具，但不包括机械或机床。其中 08 - 07 类为锁紧或关闭装置，包括门用防盗联锁条、摩托车防盗锁柱、箱扣、皮革制品钩扣、门窗关闭装置、长插销、卡车装卸门扣等。

锁具是指起封闭作用的器具，它包括锁、钥匙及其附件，一般解释为"必须用钥匙方能开脱的封缄器"。锁具除用钥匙开启外，还可以用光、电、磁、声及指纹等指令开启。锁具不单是防护用品，还具有"管理"和"装饰"的作用。在国际交往中也有一种礼仪，用赠送象征性的"钥匙"作为友谊的表示。❷

锁几乎与私有制同时诞生。早在公元前 3000 年的中国仰韶文化遗址中，就留存有装在木结构框架建筑上的木锁。东汉时，中国铁制三簧锁的技术已

---

❶ 百度百科：https：//baike. baidu. com/item/% E4% BA% 94% E9% 87% 91% E5% B7% A5% E5% 85% B7/8075632？ fr = aladdin。

❷ 百度百科：https：//baike. baidu. com/item/% E9% 94% 81% E5% 85% B7/10355412？ fr = aladdin。

具有相当高的水平。三簧锁前后沿用了 1000 多年。18 世纪初英国人丹尼克·波特发明凸轮转片锁。1848 年，美国人林那斯·耶尔发明采用圆柱形销栓的弹子锁，现成为世界上使用最普遍的锁。现代弹子锁的结构又有新的发展，出现双向、三向、四向弹子结构，以及平面、双面、多面、双排双面、多排多面弹子结构和组合弹子结构，从而大大提高锁的保密性能，而锁也由 2500 种通过"向""面"的变化达到百万种。

20 世纪 70 年代，随着微电子技术的应用，出现了磁控锁、声控锁、超声波锁、红外线锁、电磁波锁、电子卡片锁、八佰指纹锁、视网膜锁、遥控锁等，这些锁有机械结构所无法比拟的高保密性能。现代锁还可在特定的系统中，按设定的逻辑关系实现系统的程序控制。现代锁可按材质、用途、有无钥匙、安全性能和结构进行分类。

现代锁具的发展。①密码锁，通过密码来开锁，主要用于保险柜等，安全性较高。②感应锁。a. IC 卡锁：又分接触式与非接触式。接触式 IC 卡锁需要将卡插在锁缝中，使其与芯片锁的内部读卡器接触。非接触式只需要将卡与锁的读卡器靠在一起就可以，应用十分普遍，如停车场、地铁等公共场所。b. 电磁锁，应用电磁原理制成，电磁力达几百公斤，上锁状态下，一般人根本无法拉开。其致命点是停电就无法关门，故一般用在有人值守的通道门，用于房间门需与机械锁配套使用。③生物锁，随生物识别技术发展，出现了指纹锁、掌纹锁、视网膜锁。

锁的种类（见图 20-1）：①电子锁，具有防盗报警功能的电子密码，无论在技术上还是在性能上都大大提高。②挂锁，包括铜挂锁、铁挂锁和密码挂锁。③抽斗锁，包含全铜抽斗锁、套铜抽斗锁、铝芯抽斗锁及左右橱门锁。④弹子门锁，分为单保险门锁、双保险门锁、三保险门锁和多保险门锁。⑤插芯门锁，也称防盗门锁，分为钢门插芯门锁和木门插芯门锁。⑥球型门锁，分为铜式球型门锁和三管式球型门锁，还有包房锁。⑦花色锁，分为玻璃门锁、连插锁、按钮锁、电器箱开关锁、链条锁、转舌锁等。⑧电控锁，指纹锁、磁卡锁、IC 卡锁、密码锁。⑨执手锁。⑩飞机锁、火车锁、汽车锁、

船用锁。⑪监狱锁以及其他特种锁等。❶

图20－1　锁具类常见产品展示

我国门锁新标准发布于2000年6月，2000年10月实施。国家轻工业局、全国日用五金标准化中心分别发文通知，对原有的四个门锁标准进行了修订，并把原弹子门锁（SG205－80）与外装双舌门锁（GB8385－87）合并，增加双扣（老虎）门锁并成为外装门锁标准。现时所执行的轻工业标准QB便是修订后的新标准。

随着人们生活水平的提高、防范意识的加强，高档防范性锁具的需求量不断增加。

---

❶ 百度百科：https：//baike. baidu. com/item/% E9%94%81% E5%85% B7/10355412？fr＝aladdin。

第二节 外观设计专利情况

本章统计了 2008—2019 年的锁紧或关闭装置类产品外观设计专利数量的变化趋势，可以看出，锁紧或关闭装置类产品的外观专利数量呈现逐年增长，其中 2018 年增长较快，2019 年与 2018 年基本持平（见图 20 - 2）。

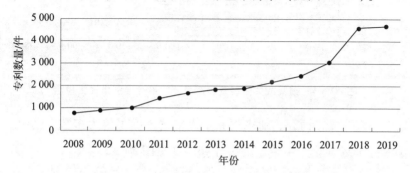

图 20 - 2　锁紧或关闭装置类产品外观设计专利数量变化趋势

从外观设计专利分布地域来看，来自广东和浙江的锁紧或关闭装置类产品外观设计专利数量远远多于其他省份的专利数量。排位第三名的是江苏，约为浙江专利数量的 1/4，但比其后的省份多一两倍（见图 20 - 3）。

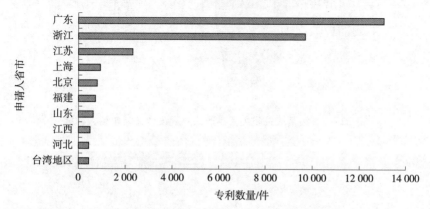

图 20 - 3　锁紧或关闭装置类产品外观设计外观设计专利地域分布

从申请人排名来看，专利数量排名前三位的申请人分别为东莞市怡丰锁业有限公司、苏州万盛亿五金锁具有限公司和宁波生久柜锁有限公司。其中东莞市怡丰锁业有限公司的专利数量明显多于其他申请人（见图20－4）。

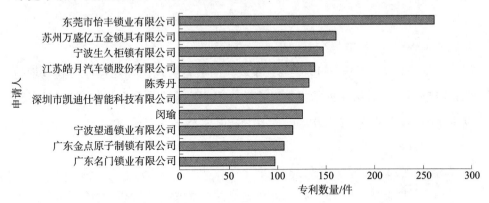

图20－4　锁紧或关闭装置类产品外观设计专利申请人排名

在申请人构成方面，企业申请和个人申请占据了绝大多数，其中企业申请数量约占53%，个人申请数量约占46%（见图20－5）。

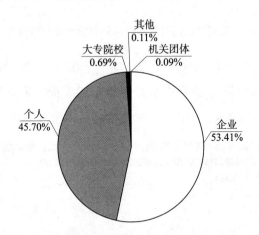

图20－5　锁紧或关闭装置类产品外观设计专利申请人构成

第三节　裁判思维解析

【案例20-1】

"防盗门锁（双弧）"外观设计专利权无效行政纠纷案❶

1. 案情简述

针对专利申请号为200830245821.7、名称为"防盗门锁（双弧）"、专利权人为亚萨合莱保德安保安制品有限公司（简称"亚萨合莱公司"，专利权人原为罗某德）的外观设计专利，浙江忠恒锁业有限公司（简称"忠恒锁业公司"）向专利复审委员会提出无效宣告请求，其理由是上述专利不符合《专利法》第二十三条的规定。专利复审委员会作出第23735号无效宣告请求审查决定，宣告维持专利权有效。忠恒锁业公司对上述决定不服，向北京知识产权法院提起行政诉讼。北京知识产权法院作出（2014）京知行初字第83号行政判决，判决撤销第23735号无效宣告请求审查决定。亚萨合莱公司不服原审判决向北京市高级人民法院提请上诉，北京市高级人民法院支持亚萨合莱公司的上诉请求，判决撤销北京知识产权法院（2014）京知行初字第83号行政判决，驳回忠恒锁业公司的诉讼请求。忠恒锁业公司对上述决定不服，向最高人民法院申请再审，最高人民法院作出（2016）最高法行申3242号行政裁定，裁定驳回忠恒公司的再审申请。具体情况参见表20-1。

---

❶　此案经过三审，具体参见判决书：北京知识产权法院（2014）京知行初字第83号行政判决书、北京市高级人民法院（2016）京行终50号行政判决书、最高人民法院（2016）最高法行申3242号行政裁定书。

表 20 -1 "防盗门锁（双弧）"涉案专利与对比设计基本信息及对比情况

项目	详细信息

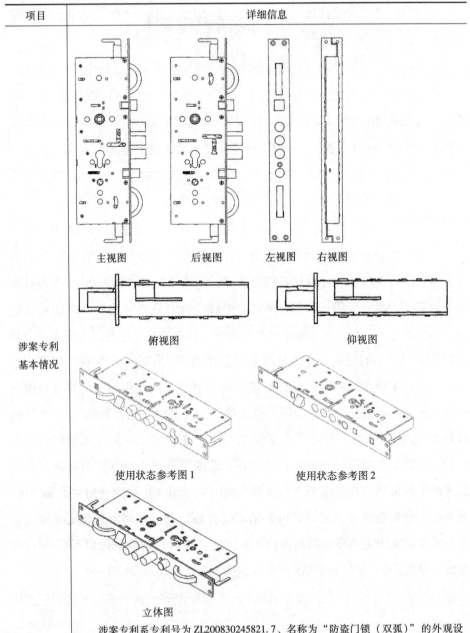

主视图　　　　后视图　　　　左视图　　右视图

俯视图　　　　　　　　　　　　仰视图

使用状态参考图1　　　　　　　使用状态参考图2

立体图

涉案专利基本情况

涉案专利系专利号为 ZL200830245821.7、名称为"防盗门锁（双弧）"的外观设计专利，申请日为 2008 年 10 月 30 日，授权公告日为 2009 年 10 月 14 日，专利权人原为罗某德，后变更为亚萨合莱公司

续表

项目	详细信息
证据1附图	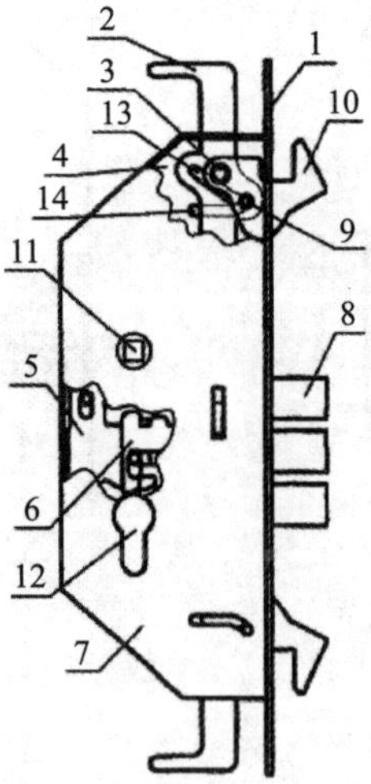 图1 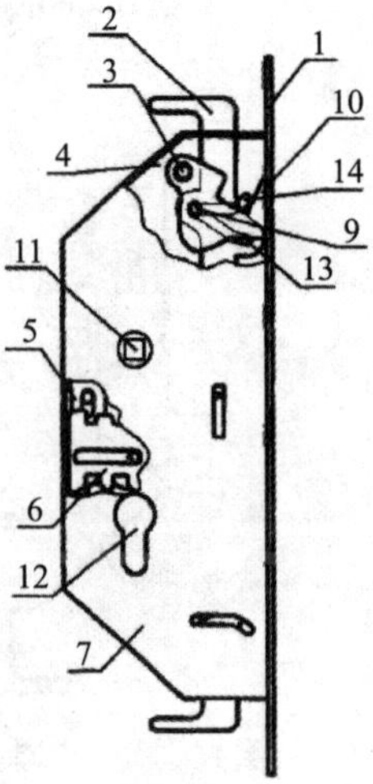 图2 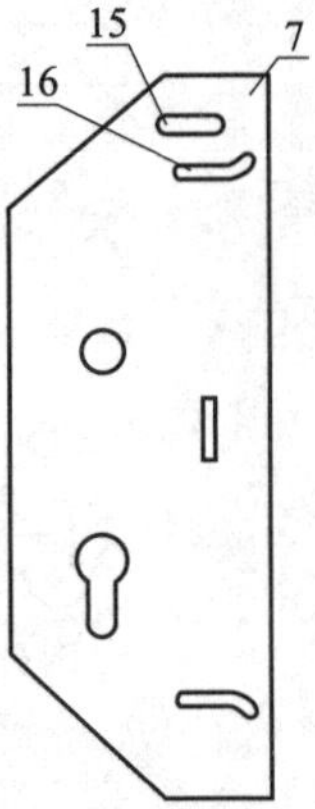 图2 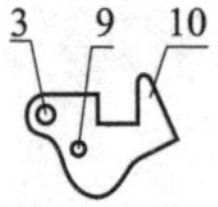 图4 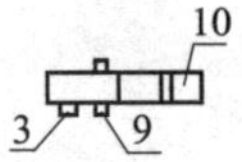 图5 证据1系公告号为CN2841865U、名称为“带舌钩的防盗门锁”的实用新型专利，授权公告日为2006年11月29日

项目	详细信息
证据2 附图	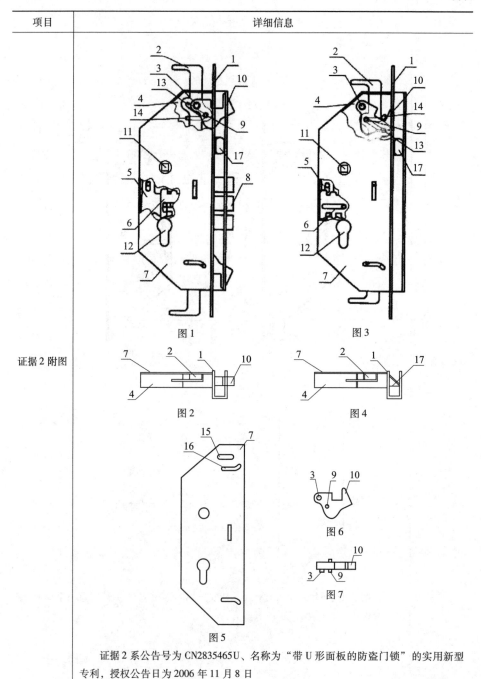

证据 2 系公告号为 CN2835465U、名称为"带 U 形面板的防盗门锁"的实用新型专利，授权公告日为 2006 年 11 月 8 日

续表

项目	详细信息
相同点	①整体结构相同，均包括面板和锁壳，锁壳垂直嵌于面板中央；②锁壳上有锁孔和卡槽等；③面板上有锁舌
异同点	①锁壳形状及表面设计不同：涉案专利锁壳整体呈扁平长方体形状，其表面分布有更多的锁孔和卡槽，对比设计锁壳的形状为六边形，至于锁壳的厚度，对比设计的附图并未示出；②面板形状不同：涉案专利面板为矩形，对比设计的附图未示出面板形状；③面板上锁舌的形状、数量以及分布不同：涉案专利以三个较长的圆柱形锁舌为中心，在其两侧的对称位置上分别设置高度基本相同的一斜楔形锁舌和一较短的圆柱形锁舌，在斜楔形锁舌和较短的圆柱形锁舌外侧对称位置还分别设置一圆弧形锁栓；对比设计面板自上而下依次设有钩形锁舌、三个柱舌、钩形锁舌，其中，两钩形锁舌对称设置在面板中心的两侧位置，三个柱舌设置在面板的中心略靠下位置
关注点	证据1是否隐含公开了涉案专利的斜舌设计；斜舌、圆弧形锁舌是否是惯常设计；涉案专利圆弧形锁舌的形状是否属于由功能限定的唯一设计；涉案专利与对比设计的整体视觉效果近似与否

2. 各方观点

1）专利复审委员会

"①对于防盗门锁这类产品，为实现其功能，一般均是由面板和锁壳构成，且锁壳上有锁孔和卡槽等，面板上有锁舌，因此，涉案专利与对比设计的相同点属于该类产品的常规设计，一般消费者对其关注程度较低。而涉案专利与对比设计的不同点，尤其是防盗门锁面板上锁舌的形状、数量以及分布等设计要点上存在的区别为一般消费者所关注，上述区别对产品外观设计的整体视觉效果已经产生了显著的影响，因此二者不相同也不相近似。②证据1的附图并未示出其防盗门锁具有斜舌，而证据2与证据1是不同的实用新型专利，因此，即使证据2的附图中示出了斜舌结构，其并不能证明证据1隐含公开了斜舌结构；③关于请求人提出的'证据3至证据5用于证明长方形的锁壳是惯常设计，证据6至证据8用于证明圆弧形锁栓是惯常设计'，合议组认为惯常设计是指现有设计中一般消费者所熟知的、只要提到产品名称就能想到的相应设计，可见，即使几份现有设计中公开了某设计特征，但仅依据该几份现有设计并不足以证明该设计特征为一般消费者所熟知的、只要提到产品名称就能想到的相应设计；④圆弧形锁栓并非防盗门锁的必备结构，如证据1中的防盗门锁并不具有圆弧形锁栓，而涉案专利的防盗门锁具备圆弧形锁栓，一方面，能够使圆弧形锁拴在伸出锁体后与门框的相应结构一道与锁壳形成封闭的结构，从而使防盗门锁轴向的固定得到加强；另一方面，涉案专利防盗门锁面板上锁舌的形状、数量及分布已经形成了涉案专利产品对称、顺畅的整体视觉效果和设计特点。

"专利复审委员会对忠恒锁业公司的上述主张均不予以支持，涉案专利相对于对比设计符合《专利法》第二十三条的规定。综上，专利复审委员会维持本专利有效。"

2）北京知识产权法院（一审）

"专利复审委员会对本专利与对比设计的主要相同点和不同点的认定正确，予以确认。本专利与对比设计的相同点属于该类产品的常规设计，一般消费者对其关注程度较低。关于二者的不同点。首先，关于对比设计是否隐含公开了斜舌结构。由对比设计的发明内容可知，其通过钩形斜舌实现了门的径向锁定，并描述了钩形斜舌和柱舌的联动关系。本领域技术人员根据对比设计公开的内容，可以理解钩形斜舌和柱舌共同构成了对比设计的保险锁舌。同时，对比设计直接示出了执手孔11。本领域技术人员可以毫无疑义地确定对比设计还具有斜舌，从而在日常居家使用时方便地打开房门。因此对比设计隐含公开了斜舌。另外，即便对比设计没有隐含公开斜舌，斜舌在防盗门锁中亦为司空见惯的设计，不会对一般消费者的视觉产生显著的影响。其次，从锁舌形状上看，本专利有圆柱形锁舌、斜楔形锁舌与圆弧形锁舌，对比设计有柱舌与钩形锁舌。本院认为，圆柱形锁舌、斜楔形锁舌均为锁舌的常见形式，这些形式为一般消费者所熟知，消费者在遇到防盗门锁类产品自然会想到其锁舌有以上形式，故本专利的圆柱形锁舌与斜楔形锁舌均属于防盗锁领域的惯常设计。本专利的圆弧形锁舌目的是使锁舌在伸出锁体后与门框的相应结构一道与锁壳形成封闭的结构，从而加强防盗门锁的轴向固定。可见，本专利将锁舌设计成圆弧状主要是由该产品功能所限定，对防盗锁的整体视觉效果不具有显著影响。从锁舌数量与分布上看，本专利共有七个锁舌，面板中心为三个较长的圆柱形锁舌，两侧对称位置上有高度基本相同的斜楔形锁舌与较短的圆柱形锁舌，在外侧对称位置还分别设有圆弧形锁舌。对比设计共有五个锁舌，面板中心略下有三个柱舌，外侧对称位置分为设有钩形锁舌。另外，对比设计还隐含公开了一个斜舌。本专利相对于对比设计增加锁舌数量的目的是实现更好的防盗功能。通过整体观察、综合判断的方式，本专利锁舌与对比设计的锁舌数量上相差不大，二者在锁舌的分布上均基本呈现自上而下的对称布置，且二者在面板中心位置均设置有三个主要锁舌。因此，从锁舌的数量与分布上看，本专利与对比设计相近。

"综上，本专利与对比设计在锁舌形状、数量以及分布上的区别未对外观设计的整体视觉效果产生显著影响。专利复审委员会关于本专利未违反2000年《专利法》第二十三条规定的认定有误。

"北京知识产权法院依照《中华人民共和国行政诉讼法》第七十条第（一）项、第（二）项的规定，判决：一、撤销被诉决定；二、专利复审委员会重新作出决定。"

3）北京市高级人民法院（二审）

"对比设计为一项实用新型专利文件的说明书附图，该附图并未显示出有斜舌的结构。外观设计保护的范围应当限于附图所公开的范围，对于对比设计应当是同样的要求，而不应将实用新型专利说明书的文字部分引入对视图进行解释。同时，一审法院引入了本领域技术人员的概念进行判断有所不妥，外观设计近似性的判断主体应当是一般消费者，即使一般消费者能够认识到有执手孔一定会有斜舌的结构，在对比设计中也没有公开斜舌的具体形状。所谓惯常设计是指现有设计中一般消费者所熟知的、只要提到产品名称就能想到的相应设计，即使几份现有设计中公开了某设计特征，但仅依据该几份现有设计并不足以证明该设计特征为一般消费者所熟知的、只要提到产品名称就能想到的相应设计。因此，不能认定对比设计隐含公开了斜舌的设计。

"《专利审查指南2010》第四部分第五章第6.1（3）节指出"由产品的功能唯一限定的特定形状对整体视觉效果通常不具有显著的影响"。本专利中的圆弧形锁舌和对比设计中的钩形锁舌均具有轴向锁定的功能，而二者形状完全不同，由此可以看出，设计成圆弧形的锁舌并不是由产品的功能唯一限定的特定形状，忠恒公司亦未能举证证明环形锁舌的设计在申请日之前属于惯常设计。对此一审法院认定有误，应予纠正。

"由于对比设计未公开斜舌的形状，并且本专利环形锁舌的设计对整体视觉效果影响较大，因此，本专利与对比设计不属于相近似的外观设计。

"综上所述，亚萨合莱公司的上诉理由有事实和法律依据，其上诉请求本院予以支持。原审判决认定事实不清，适用法律错误，应予撤销。依照《中华人民共和国行政诉讼》第八十九条第一款第（二）、第（三）项、第三款、第六十九条之规定，判决如下：

"撤销中华人民共和国北京知识产权法院（2014）京知行初字第83号行政判决；

"驳回忠恒锁业公司的诉讼请求。"

4）最高人民法院（再审）

"（一）关于本专利与对比设计是否属于相近似的外观设计

"关于对比设计是否隐含公开了本专利的斜舌设计。2000年的《专利法》第五十六条第二款规定，外观设计专利权的保护范围以表示在图片或者照片中的该外观设计专利产品为准。因此，在对外观设计进行近似性判断时，未表示在图片或照片中的设计特征原则上不应被考量。本案中，对比设计系一项实用新型专利的附图，该附图未显示斜舌，而且该专利的权利要求及说明书中均未提及'斜舌'这一技术特征，斜舌是否系该专利实际的设置并不能通过其他专利的构造作出当然推断。即使通过执手孔的设置可以推定对比设计具有斜舌的设置，对比设计中客观上亦未示出斜舌的具体位置和外观形状。

因此，二审法院认定对比设计未隐含公开斜舌的设计，并无不当。此外，忠恒公司虽主张斜舌外观属于惯常设计、是否有该项设计不会对一般消费者的视觉产生显著影响。但是，惯常设计是指现有设计中一般消费者所熟知的、只要提到产品名称就能想到的相应设计，而各种斜舌外观并非完全一致，忠恒公司提交的证据也不足以证明斜舌的设计属于惯常设计，故忠恒公司的该项主张亦不能成立。

"关于圆弧形锁舌是否属于由功能限定的唯一设计或是防盗锁领域的惯常设计。该类型锁舌系通过锁舌的转动实现锁舌与门框相应结构的勾连，进而使门与门框之间紧密锁合，加强防盗门锁的轴向固定。圆弧形锁舌并非实现该功能的唯一结构和外观的选择，本专利中的圆弧形锁舌与对比设计中的钩形锁舌均可实现类似功能，但外观设计具有明显差异。况且，圆弧形锁舌本身所呈现的外观也可能存有差别，忠恒公司提交的证据亦不足以证明圆弧形锁舌系防盗锁领域的惯常设计。

"关于本专利与对比设计的整体视觉效果近似与否的判定。虽然圆柱形、斜楔形、圆弧形锁舌在防盗锁领域的现有设计中均有所呈现，但是同类型锁舌也具有形态差异，特别是不同类型锁舌之间的组合设计可能会呈现独特的视觉观感，在整体布局上可以形成具有区分度的外观设计，进而对整体视觉效果产生显著影响，使之产生实质性差异。因涉案对比设计未公开本专利的斜舌设计，其钩形锁舌与本专利的圆弧形锁舌存在明显差异，在各类型锁舌的组合布局上也呈现较为明显的区别，同时其他区别点亦可形成视觉累加效应，足以使本专利与对比设计在整体视觉效果上产生实质性差异，应认定两者既不相同，亦不相近似。

"（二）关于二审判决是否存在错误适用法律、遗漏诉讼请求的情形

"二审法院在判决中认为一审判决认定事实不清，适用法律错误，故在查明事实的基础上准确适用法律，对一审判决予以撤销，并依法改判，其同时适用《中华人民共和国行政诉讼法》第八十九条第一款第二项和第三项并无明显不当。虽然《中华人民共和国行政诉讼法》第六十九条规定在第一审普

通程序部分，但该条规定，行政行为证据确凿，适用法律、法规正确，符合法定程序的，或者原告申请被告履行法定职责或者给付义务理由不成立的，人民法院判决驳回原告的诉讼请求。故二审法院在支持被诉决定的情况下，撤销一审判决，并引用该条规定驳回忠恒公司的诉讼请求并无不当，这也是对亚萨合莱公司上诉请求的正确回应。《中华人民共和国行政诉讼法》第八十九条第三款规定，人民法院审理上诉案件，需要改变原审判决的，应当同时对被诉行政行为作出判决。二审法院在撤销一审判决的同时，仅驳回忠恒公司的诉讼请求，未对被诉决定作出判决，虽有所不妥，但二审判决判理部分已明确认可被诉决定的结论，并作出了正确的实体处理。因此，二审判决不存在错误适用法律、遗漏诉讼请求的情形。

"依照《最高人民法院关于执行若干问题的解释》第七十四条之规定，裁定如下：驳回忠恒公司的再审申请。"

3. 案例评析

下面着重分析证据 1 是否隐含公开了该专利的斜舌设计；斜舌、圆弧形锁舌是否是惯常设计。

1）关于证据 1 是否隐含公开了该专利的斜舌设计的问题

请求人认为证据 1 虽未直接描述斜舌，但根据直接示出的正方形执手孔可以毫无疑义地确定斜舌的存在；证据 2 的说明书附图中示出了斜舌结构，证据 2 与证据 1 具有基本相同的结构，亦可印证证据 1 隐含公开了斜舌的设计。

针对该争议点，专利复审委员会、二审法院和最高人民法院均认为，证据 1 的附图并未示出其防盗门锁具有斜舌的结构，更不能确定斜舌的具体形状，而证据 2 与证据 1 是不同的实用新型专利，不能通过证据 2 的构造来推断证据 1。

一审法院认为："首先，关于对比设计是否隐含公开了斜舌结构。由对比设计的发明内容可知，其通过钩形斜舌实现了门的径向锁定，并描述了钩形斜舌和柱舌的联动关系。本领域技术人员根据对比设计公开的内容，可以理解钩形斜舌和柱舌共同构成了对比设计的保险锁舌。同时，对比设计直接示出了执手孔 11。本领域技术人员可以毫无疑义地确定对比设计还具有斜舌，从而在日常居家使用时方便地打开房门。因此对比设计隐含公开了斜舌。"

对隐含公开的判断方法参见《专利审查指南 2010》第二部分第三章第 2.3 节内容。"对比文件是客观存在的技术资料。引用对比文件判断发明或者实用新型的新颖性和创造性等时，应当以对比文件公开的技术内容为准。该技术内容不仅包括明确记载在对比文件中的内容，而且包括对于所属技术领域的技术人员来说，隐含的且可直接地、毫无疑义地确定的技术内容。但是，不得随意将对比文件的内容扩大或缩小。另外，对比文件中包括附图的，也可以引用附图。但是，审查员在引用附图时必须注意，只有能够从附图中直接地、毫无疑义地确定的技术特征才属于公开的内容，由附图中推测的内容，或者无文字说明、仅仅是从附图中测量得出的尺寸及其关系，不应该作为已公开的内容。"

在判断技术特征是否隐含公开时，是从本领域技术人员的角度来判断的。根据《专利审查指南 2010》第二部分第四章第 2.4 节："所属技术领域的技术人员，也可称为本领域的技术人员，是指一种假设的'人'，假定他知晓申请日或者优先权日之前发明所属技术领域所有的普通技术知识，能够获知该领域中所有的现有技术，并且具有应用该日期之前常规实验手段的能力，但他不具有创造能力。"根据《专利审查指南 2010》第四部分第五章第 4 节可知，外观设计专利的判断主体应当是一般消费者。一般消费者与本领域技术人员的知识和能力都有很大的差别。判断主体的统一，有助于审查标准或判断标准的统一。在外观设计专利中，一般消费者是判断的主体。一审法院在该案中引入了本领域技术人员的概念进行判断有所不妥。

此外，对于设计特征是否被对比文件隐含公开，判断的核心应当是判断该设计特征是否能够从对比文件公开的内容直接地、毫无疑义地确定出来，而不是从该设计特征是否为已知产品的已有特征的角度进行判断，或依据生活经验或个人理解来判断，而使结论出现偏差，出现截然不同的意见。该案中，一般消费者并不能从不包含斜舌结构的说明书附图中推断出斜舌的存在，即使一般消费者能够认识到有执手孔一定会有斜舌的结构，在对比设计中也没有显示出斜舌的具体位置和外观形状。判断标准应如该案中最高人民法院的裁定书中所述"2000 年的《专利法》第五十六条第二款规定，外观设计专利权的保护范围以表示在图片或者照片中的该外观设计专利产品为准。因此，在对外观设计进行近似性判断时，未表示在图片或照片中的设计特征原则上不应被考量。"因此，证据 1 中没有隐含公开斜舌的设计。

2）关于斜舌、圆弧形锁舌是否是惯常设计的问题

《专利审查指南 2010》第四部分第五章第 2 节规定："现有设计中一般消费者所熟知的、只要提到产品名称就能想到的相应设计，称为惯常设计。例如，提到包装盒就能想到其有长方体、正方体形状的设计。"《专利审查指南 2010》第四部分第五章第 6.1 节规定："当产品上某些设计被证明是该类产品的惯常设计（如易拉罐产品的圆柱形状设计）时，其余设计的变化通常对整体视觉效果更具有显著的影响。例如，在型材的横断面周边构成惯常的矩形的情况下，型材横断面其余部分的变化通常更具有显著的影响。"可见，惯常设计有特定的概念和标准，并不是现有设计中的常见设计就等同于惯常设计，而是要使一般消费者对该设计达到司空见惯的程度，且该设计不会对一般消费者的整体视觉效果产生显著的影响。

虽然在门锁的现有设计中存在斜舌、圆弧形锁舌的设计，但这些设计并没有达到为一般消费者所熟知的，消费者在遇到防盗门锁类产品自然会想到的相应设计的程度，故涉案专利的斜舌、圆弧形锁舌均不属于防盗锁领域的惯常设计。虽然忠恒公司提交了多份证据，认为现有设计中公开了这些设计特征，但并不足以证明该设计为惯常设计。此外，最高人民法院还认为，各种斜舌外观并非完全一致，忠恒公司提交的证据也不足以证明斜舌的设计属于惯常设计；圆弧形锁舌本身所呈现的外观也可能存有差别，忠恒公司提交的证据亦不足以证明圆弧形锁舌是防盗锁领域的惯常设计。

第二十一章

模具加工成型类产品

模具加工成型类产品，通常指用于零件加工成型的模具、加工工具等，在制造业中具有重要作用，在生产过程可实现高效、大批量并节材、节能。近年来由于国家的重视，企业在模具的开发方面创新能力逐年提高，专利申请量也有一定增长。该领域产品外观设计与所加工产品外观设计关联度较高，整体形状差异明显。此外，该领域中小微企业相对较多，知识产权保护意识较为欠缺，存在专利申请前公开的风险，因此在后续涉及《专利法》第二十三条第一款、第二款的行政诉讼时，容易产生因网络公开导致专利权被无效的问题。本章将结合实际案例对该类产品行政诉讼时网络证据的认定进行详细分析。

第一节　产品领域概述

　　模具加工是指成型和制坯工具的加工，通常情况下，模具有上模和下模两部分组成。现在的产品绝大部分都是用模具生产的，只有用模具才能使产品达到量产，提高效率，降低成本。模具是零件成形过程中的重要工艺装备，是汽车摩托车、电机电器、IT 电子、OA 办公设备、交通设施、建材卫浴、医疗器械等制造业的重要基础装备。小至电子连接器，大至汽车仪表盘的工件都可以用模具成型。

　　模具加工种类有金属冲压模具、塑胶成型模具、压铸模具、锻造模具、粉末冶金模具和橡胶模具等。从常见产品展示（见图 21 - 1）可以看出，模具类产品造型差异大，种类繁多。但是考虑模具行业的特殊性，通常情况下模具类产品外观设计受所加工产品形状影响较大，不同种类产品的加工模具其整体形状存在一定的差异。该领域产品在进行专利确权判断时，除了采用

图 21 - 1　模具加工成型类常见产品展示

专利证据以外，请求人往往也会采用文献证据、互联网证据等。对于使用互联网证据进行举证的情况，应重点关注证据的真实性和公开时间。

第二节　外观设计专利情况

在专利申请方面，模具加工成型类外观设计专利申请多集中在《国际外观设计分类表》的 08 - 05 类，主要包括模具、砂轮打磨机和一些其他工具。

本章统计了 2008—2019 年的模具加工成型类外观设计专利数量变化趋势，可以看出，模具加工成型类外观专利数量早期增长较快，2011 年和 2014 年略有下降，2015 年增长速度开始加快（见图 21 - 2）。

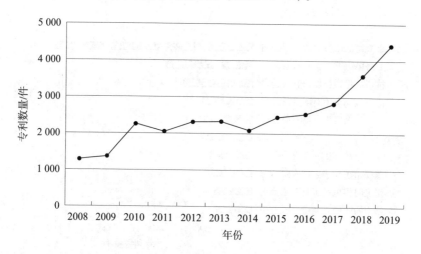

图 21 -2　模具成型类产品外观设计专利数量变化趋势

从外观设计专利地域来看，浙江专利数量最多，其次是广东和江苏，这与浙江蓬勃发展的机械加工行业有关（见图 21 -3）。

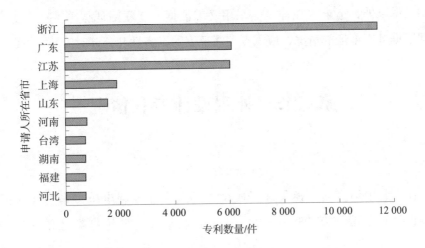

图 21 -3　模具加工成型类产品外观设计专利中国省市排名

从申请人排名来看，排名前三位的申请人分别为吴江市液铸液压件铸造有限公司、上海昆杰五金工具有限和杭州巨星科技股份有限公司，均为长三角地区申请人（见图 21 -4）。

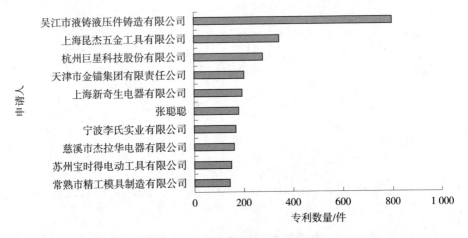

图 21 -4　模具加工成型类产品外观设计专利申请人排名

在申请人构成方面，企业申请人占比相对较多，创新主体中个人申请也占据一定比例（见图 21 -5）。

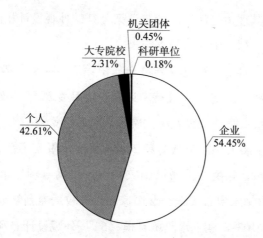

图 21 -5 模具加工成型类产品外观设计专利申请人构成

第三节 裁判思维解析

【案例 21-1】

"水晶烫钻模（5）"外观设计专利无效行政纠纷案❶

1. 案情简述

该案涉及专利申请号为 201030506103.8、产品名称为"水晶烫钻模（5）"的外观设计专利，其申请日为 2010 年 9 月 7 日，授权公告日为 2011 年 4 月 6 日，专利权人是董某飞。涉案专利共包含三幅视图。

2012 年 8 月 15 日，吴某祥向专利复审委员会提出无效宣告请求，同时提

---

❶ 此案经过三审，具体参见判决书：北京市第一中级人民法院（2013）二中知行初字第 2307 号行政判决书、北京市高级人民法院（2014）高行终字第 1408 号行政判决书、最高人民法院行政裁定书（2015）知行字第 61 号判决书。

交了证据 1～7。其理由是涉案专利与证据公开的外观设计相同或实质性相似，不符合《专利法》第二十三条的规定。

2013 年 4 月 3 日，专利复审委员会作出第 20444 号无效宣告请求审查决定（简称"第 20444 决定"），维持上述外观设计专利权有效。吴某祥对上述决定不服，向北京市第一中级人民法院提起行政诉讼。

北京市第一中级人民法院认为第 20444 号决定事实不清，适用法律错误，依法应当予以撤销。判决：①撤销国家知识产权局专利复审委员会作出的第 20444 号无效宣告请求审查决定；②国家知识产权局专利复审委员会就吴某祥针对第 201030506103.8 号"水晶烫钻模（5）"外观设计专利权提出的无效宣告请求重新作出审查决定。

专利复审委员会、董某飞不服原审判决，向北京市高级人民法院提请上诉，北京市高级人民法院认定原审判决认定事实清楚，适用法律正确，依法应予维持。判决如下：驳回上诉，维持原判。

董某飞不服北京市高级人民法院（2014）高行终字第 1408 号行政判决，向最高人民法院申请再审。因董某飞的再审申请不符合《行政诉讼法》第九十一条规定的再审情形，最高人民法院驳回董某飞的再审申请。具体情况，参见表 21 - 1。

表 21 -1　"水晶烫钻模（5）"涉案专利与对比设计基本信息及对比情况

项目	详细信息
涉案专利 图片及信息	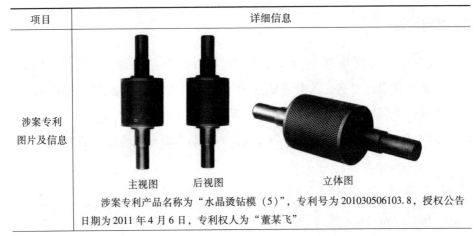 主视图　　后视图　　　　立体图 涉案专利产品名称为"水晶烫钻模（5）"，专利号为 201030506103.8，授权公告日期为 2011 年 4 月 6 日，专利权人为"董某飞"

续表

项目	详细信息
对比设计证据	附件1：浙江省金华市正信公证处出具的（2012）浙金正证民字第（2461）号公证书的复印件，共17页； 附件2：上海西芝信息技术有限公司复函的复印件，1页； 附件3：浙江省金华市正信公证处出具的（2012）浙金正证民字第2527号公证书的复印件，共26页； 附件4：杭州阿里巴巴广告有限公司复函的复印件，1页； 附件5：包括如下3页复印件： 附件5-1：页面右上部具有"一胜百模具技术（宁波）有限公司"的字样的复印件1页，该页的右上角具有照片； 附件5-2：页面右上部具有"一胜百模具技术（宁波）有限公司"的字样的复印件1页，该页的右上角为空白； 附件5-3：照片的复印件1页； 附件6：包括如下4页复印件： 附件6-1：常熟市沙家浜镇建国玻璃模具厂出具的证明的复印件1页； 附件6-2：页面上部具有"常熟市沙家浜镇建国玻璃模具厂"字样的产品广告的复印件1页，该页面上盖有"常熟市沙家浜镇建国玻璃模具厂"的印章； 附件6-3：北京大陆航星质量认证中心质量管理体系认证证书的复印件1页； 附件6-4：页面上部具有"常熟市沙家浜镇建国玻璃模具厂"字样的产品广告的复印件1页； 附件7：包括如下3页复印件： 附件7-1：兰溪市钢强热处理厂出具的证明1页； 附件7-2：热处理工件的照片的复印件1页； 附件7-3：热处理工件的照片和收款收据的复印件1页，收款收据的编号是NOA073908
关注点	互联网中的网页信息是否具有可编辑性，现有的证据是否能证明公证书中下载的网页即是首次生成时具有的内容，被下载的网页之前是否具有被修改的可能性

2. 各方观点

1）专利复审委员会

"吴某祥于2012年8月15日向专利复审委员会提起本专利的无效宣告请求，理由是涉案专利不符合《专利法》第二十三条的规定，同时提交了证据。

"2013 年 4 月 3 日，专利复审委员会作出第 20444 号无效宣告请求审查决定，该决定认为：

"① 关于互联网公开

"请求人主张'世界工厂网'网站于涉案专利的申请日之前公开了与涉案专利构成实质性相似的外观设计，并且提交附件 1 和附件 2 支持这一主张。附件 1 是浙江省金华市正信公证处出具的（2012）浙金正证民字第 2461 号公证书的复印件，其主要内容是经公证的从网址为'ch. gongchang. com/'的互联网网站下载的网页，附件 2 是上述网站的运营者上海西芝信息技术有限公司复函的复印件，用以佐证上述图片的公开时间。专利复审委员会认为，互联网中的网页信息具有可编辑性，现有的证据既不能证明上述公证书中下载的网页首次生成时具有的内容，也不能排除该网页在被下载之前已经过修改的可能性。因此请求人所指认的网页上的产品图片并不必然在上述日期就已经上传。附件 1 和附件 2 不足以证明请求人指认的图片在本专利申请日之前公开发布的事实。

"请求人的另一项主张是'阿里巴巴'网站于涉案专利的申请日之前公开了与涉案专利构成实质性相似的外观设计，并且用附件 3 和附件 4 支持该主张。附件 3 是浙江省金华市正信公证处出具的（2012）浙金正证民字第 2527 号公证书的复印件，其内容是经公证的从网址为'www. alibaba. com'的互联网网站下载的网页，附件 4 是上述网站的运营者杭州阿里巴巴广告有限公司复函的复印件，用以佐证上述图片的公开时间。专利复审委员会认为，请求人指认的图片存储在'我的相册'的目录中。附件 3 公证书记录的操作过程证明访问该目录必须具有特定的权限。虽然附件 4 中使用了'发布'一词，但从公证书记载的操作过程来看，不使用特定的用户名字段和密码登录，就无法访问请求人指认的图片。请求人指认的图片存储在特定的用户可以访问的目录中，并没有向社会公众公开。因此请求人所指认的网页上的产品图片并没有构成涉案专利申请日之前的现有设计。

"② 关于附件 5 ~ 附件 7 证明的公开事实

"请求人以附件 5 证明一胜百模具技术（宁波）有限公司在涉案专利申请

日之前公开了一款水晶烫钻模具。附件5包括3页复印件：附件5-1是页面右上部具有'一胜百模具技术（宁波）有限公司'的字样的复印件，该页的右上角具有照片；附件5-2是页面右上部具有'一胜百模具技术（宁波）有限公司'的字样的复印件，该页的右上角为空白；附件5-3是照片的复印件，所述照片与附件5-1右上角的照片相同。专利复审委员会认为，附件5-3的照片和附件5-1的热处理品检报告缺乏必然的联系，不足以证明请求人主张的事实。同时所述照片显示的仅为模具其中的一个部件，与涉案专利整体模具外观设计相比显然具有明显区别。

"请求人以附件6证明常熟市沙家浜镇建国玻璃模具厂和北京大陆航星质量认证中心公开了一款水晶烫钻模具，公开日即是附件6-3认证证书记载的颁发时间。专利复审委员会认为，因为缺乏附件6-3认证证书颁发时形成的该证书和附件6-4的产品广告具有必然联系的证据，附件6不足以证明请求人的上述主张。

"请求人以附件7证明无效宣告请求人与兰溪市钢强热处理厂于2007年5月20日公开了一款水晶烫钻模具。专利复审委员会认为，附件7-3的收款收据属于印制和开具均具有较大随意性的凭证，不足以被采信，且无法确认与附件7-2照片所示产品的必然联系，附件7-1所示证明为事后作出的证人证言，缺乏必要的原始证据印证其内容，不足以被采信，因此附件7不足以证明请求人的上述主张。

"综上所述，请求的人主张均没有得到证据的支持，未能证明其指认的外观设计在涉案专利申请日之前已经公开的事实，不能证明涉案专利不符合《专利法》第二十三条第一款和第二款的规定。"

2）北京市第一中级人民法院（一审）

"吴某祥提交的附件1系对世界工厂网相关网页进行公证形成的证据。附件1中的第7页附件和第10页附件中记载的相关图片的发布时间为2010年8月16日和2010年3月8日。附件2为世界工厂网经营者出具的证明，说明相关图片的发布时间，该时间与附件1网页上记载的时间吻合。世界工厂网系案外人经营的网站，该网站为他人提供信息发布空间服务，虽然该网站的信息由企业自行发布，但网站上载明的发布该信息的时间在通常情况下由计算机服务器自动生成，信息发布人难以对该发布时间进行更改。在没有证据证明该发布时间系由发布信息的企业随意选取以及发布信息的企业容易对该网站上载明的发布时间进行修改的情况下，专利复审委员会以互联网中的网页信息具有可编辑性为由，认定现有的证据不能证明附件1中下载的网页首次生成时具有的内容，也不能排除该网页在被下载之前已经经过修改的可能性，附件1和附件2不足以证明吴某祥指认的图片在本专利申请日前公开发布缺乏事实依据。附件3系对阿里巴巴网站所作的公证。附件3中的第17页涉及的三张图片的发布时间是2010年7月22日，在本专利申请日前。附件4对这三张图片的发布时间也进行了说明。阿里巴巴网站系案外人经营的网站，虽然附件3中涉及的三张图片存储在'我的相册'目录中，且公证进入该网站的时候使用了用户名和密码，但在并无相关的证据证明附件3中涉及的三张图片属于保密图片的情况下，应当认定为该三张图片在网站上创建的时间即为其向社会公众公开的时间。吴某祥在本案中提交的补强证据亦证明了社会公众可以通过阿里巴巴网站接触到该网站中相关的三张图片。专利复审委员会关于附件3中的相关图片并没有向社会公众公开的主张缺乏事实和法律依据。附件5中的两份热处理品检报告的SAP生产编号、SAP销售编号均相同，日期也相同，但一份有照片，一份没有照片。附件5中单独的一幅照片与其中一份热处理品检报告中的照片相同。热处理品检报告为公司内部的文件，在缺乏其他证据佐证的情况下，仅凭附件5尚不足以附件5中的照片已经在本专利申请日前向社会公众公开。附件6中的证明于2012年8月25日出具，其中的附页为企业的宣传材料，其形成时间难以确定，质量管理体系认证证书中缺乏对烫钻模具的记载。因此，这些证据不足以证明其所述的企业宣传材料上的产品在2003年7月11日获得北京大陆航星质量认证中心质量管理体系认证证书，亦无法证明相关的产品在本专利申请日之前向社会公众公开。附件7中兰溪市钢强热处理厂出具证明的时间为2012年8月12日，其所述的相关情况包括相关产品的图片仅限于该厂的陈述，缺乏其他证据的佐证，且其中的收款收据为本案原告，收据中涉及的产品亦非烫钻模具。因此，附件7无法证明相关的产品在本专利申请日前向社会公众公开。综上所述，第20444号决定认定事实不清，适用法律错误，依法应当予以撤销。北京市第一中级人民法院依照《中华人民共和国行政诉讼法》第五十四条第一款第（二）项第1目、第2目之规定，判决：一、撤销国家知识产权局专利复审委员会作出的第20444号无效宣告请求审查决定；二、国家知识产权局专利复审委员会就吴某祥针对第201030506103.8号'水晶烫钻模（5）'外观设计专利权提出的无效宣告请求重新作出审查决定。"

3）北京市高级人民法院（二审）

"本案中，附件1、附件3系电子数据证据，属于法定的独立证据类型，经查证属实的电子数据证据可以作为直接证据单独认定案件事实。附件1第7页显示的烫钻模具图片发布时间为2010年8月16日，第10页显示的烫钻模具图片发布时间为2010年3月8日，均早于本专利申请日2010年9月7日；附件3第17页涉及的三张图片的发布时间为2010年7月22日，亦早于本专利申请日2010年9月7日。附件1、附件3均经公证机构以公证的形式取得，其证明效力高于其他种类证据，在无相反证据足以推翻上述证据的情况下，本院确认附件1、附件3图片的公开时间早于本专利申请日。董某飞虽主张附件1、附件3中图片创建时间不等于发布时间，但并未提交相应的证据加以佐证，附件2、附件4中世界工厂和阿里巴巴网站经营者出具的证明均认可用户信息均由用户自行发布，根据优势证据的采信规则，可以认定上述图片在网站上创建的时间即为向社会公众公开的时间。因此，综合吴某祥提供的图片形成、存储、传送的情况，附件1、附件3足以证明本专利在申请日前已经被公开，专利复审委员会及董某飞关于附件1、附件3不足以证明本专利在申请日前已经被公开的上诉理由缺乏事实依据，本院不予支持。

"《中华人民共和国民事诉讼法》第六十四条第一款规定，当事人对自己提出的主张，有责任提供证据。专利无效宣告程序是专利公告授权后依当事人请求而启动的且通常为双方当事人参加的程序。专利复审委员会在无效宣告程序中依当事人申请居中裁判。本案中，吴某祥作为无效请求人向专利复审委员会提交了附件1、附件3，其已经完成初步举证责任，董某飞主张附件1、附件3被修改、编辑，应由董某飞应承担相应的举证责任，不宜由专利复审委员会依职权进行认定，而本案中专利复审委员会在董某飞未提供反证的情况下径直认定互联网中的网页信息具有可编辑性，在案证据既不能证明公证书中下载的网页首次生成时具有的内容，也不能排除上述网页在被下载之前已经过修改的可能性，该种认定证据的方式显然已经偏离了居中裁判的角色定位。另外，专利复审委员会关于附件3第10页'我的相册'文件夹下面具有'2009-12-31公开'的字样，但是吴某祥主张的图片公开日期是'2010年7月22日'，上述'我的相册'文件夹下面标注的字样与吴某祥的主张不一致的主张，本院认为文件夹不同于文件夹内的图片，文件夹公开时间不等于文件夹内照片公开时间，两者不同步亦属正常，且上述时间均在本专利申请日之前，因此，对于专利复审委员会的上述主张，本院亦不予支持。

"综上，专利复审委员会及董某飞的上诉主张因缺乏依据不能成立，其上诉请求本院不予支持。原审判决认定事实清楚，适用法律正确，依法应予维持。依据《中华人民共和国行政诉讼法》第六十一条第一款第（一）项之规定，判决如下：驳回上诉，维持原判。"

4）最高人民法院

"《最高人民法院关于行政诉讼证据若干问题的规定》第五十四条规定：'法庭应当对经过庭审质证的证据和无需质证的证据进行逐一审查和对全部证据综合审查，遵循法官职业道德，运用逻辑推理和生活经验，进行全面、客观和公正的分析判断，确定证据材料与案件事实之间的证明关系，排除不具有关联性的证据材料，准确认定案件事实。'上述司法解释第六十四条规定：'以有形载体固定或者显示的电子数据交换、电子邮件以及其他数据资料，其制作情况和真实性经对方当事人确认，或者以公证等其他有效方式予以证明的，与原件具有同等的证明效力。'根据上述规定，本院认为，在审查判断以公证书形式固定的互联网站网页发布时间的真实性与证明力时，应综合考虑相关公证书的制作过程、该网页及其发布时间的形成过程、管理该网页的网站资质和信用状况、经营管理状况、所采用的技术手段等相关因素，结合案件其他证据，对该公证书及所附网页发布时间的真实性和证明力作出明确判断。在审查证据的基础上，如果确信现有证据能够证明待证事实的存在具有高度可能性，对方当事人对相应证据的质疑或者提供的反证不足以实质削弱相关证据的证明力，不能影响相关证据的证明力达到高度盖然性的证明标准的，应该认定待证事实存在。本案中，附件1即第2461号公证书显示，以非注册的普通用户身份登陆'世界工厂网'，可以看到第7页显示的烫钻模具图片发布时间为2010年8月16日，第10页显示的烫钻模具图片发布时间为2010年3月8日，均早于本案专利申请日（2010年9月7日）。'世界工厂网'系规模较大、知名度较高的电子商务平台，具有较高的信用和较好的管理手段。在此情况下，除非存在人为删改的情况，该网站上网页图片显示的发布时间与其真实的发布时间通常一致。董某飞提交了第15901号公证书作为反证，欲以证明'世界工厂网'存在发布者可以对图片进行替换式修改，且修改后网页的发布时间一栏未发生变化。但是，第15901号公证书显示，当'世界工厂网'注册用户替换相关图片后，图片的状态栏显示为'已重发'，而附件1即第2461号公证书第7页和第10页的图片并未显示重发的迹象。同时，第15901号公证书显示的公证行为发生时，'世界工厂网'已经改版，难以反映附件1即第2461号公证书显示的公证行为发生时'世界工厂网'的实际状态。因此，董某飞提交的第15901号公证书并未实质性削弱附件1的证明力。在附件1公证书及所附网页发布时间的真实性和证明力可以确信，而董某飞提交的第15901号公证书并未实质性削弱附件1证明力的情况下，一、二审法院认定附件1以公证书形式固定的互联网网站图片在本案专利申请日前已经公开，并无不当。董某飞关于一、二审判决认定事实及适用优势证据规则错误的再审申请理由不能成立。

　　"鉴于附件1已经足以证明涉案网站图片所示的外观设计在本案专利申请

日前已经公开，对于附件 3 的真实性和证明力问题，本院无需再作进一步评述。驳回董某飞的再审申请。"

3. 案例评析

该案争议的焦点在于无效宣告请求人提交的网站图片所示外观设计在该案专利申请日前已经公开是否正确。

目前，由于网络技术的发展，互联网逐渐成为发布信息的热门平台，其具有快捷、高效的信息传播特点。在无效案件中越来越多的请求人开始使用互联网公开的现有技术作为证据，网络证据也因此成为专利权确权、侵权等案件中的一种重要的证据形式。不同于专利证据或传统书面证据的是，网络证据具有易修改和修改后难留痕迹的属性，其真实性的确定也正是该案审理的重点。

在该案中，专利复审委员会认为，"互联网中的网页信息具有可编辑性，现有的证据既不能证明上述公证书中下载的网页首次生成时具有的内容，也不能排除该网页在被下载之前已经过修改的可能性。"因此，请求人所指认的网页上的产品图片并不必然在上述日期就已经上传。

北京市第一中级人民法院认为，请求人提交的是对相关网页进行公证形成的证据。"世界工厂网系案外人经营的网站，该网站为他人提供信息发布空间服务，虽然该网站的信息由企业自行发布，但网站上载明的发布该信息的时间在通常情况下由计算机服务器自动生成，信息发布人难以对该发布时间进行更改。在没有证据证明该发布时间系由发布信息的企业随意选取以及发布信息的企业容易对该网站上载明的发布时间进行修改的情况下，专利复审委员会的认定缺乏事实依据"。

北京市高级人民法院认为，"无效请求人提交的证据均经公证机构以公证的形式取得，其证明效力高于其他种类证据。专利权人虽主张证据中图片创建时间不等于发布时间，但并未提交相应的证据加以佐证，证据中世界工厂和阿里巴巴网站经营者出具的证明均认可用户信息均由用户自行发布，根据优势证据的采信规则，可以认定上述图片在网站上创建的时间即为向社会公众公开的时间。

最高人民法院认为：在审查判断以公证书形式固定的互联网站网页发布时间的真实性与证明力时，应综合考虑相关公证书的制作过程、该网页及其发布时间的形成过程、管理该网页的网站资质和信用状况、经营管理状况、所采用的技术手段等相关因素，结合案件其他证据，对该公证书及所附网页发布时间的真实性和证明力作出明确判断。在审查证据的基础上，如果确信现有证据能够证明待证事实的存在具有高度可能性，对方当事人对相应证据的质疑或者提供的反证不足以实质削弱相关证据的证明力，不能影响相关证据的证明力达到高度盖然性的证明标准的，应该认定待证事实存在。"因此专利权人关于一、二审判决认定事实及适用优势证据规则错误的再审申请理由不能成立。

目前网络信息传播途径多、传播范围广，什么样的公开信息可以作为有效证据在司法程序中进行使用是一个难点。那么通过对该案进行梳理和分析，可以发现其中的一些关键点。

1）请求人举证证据的选用

除了专利证据及公开出版物外，在采用网络证据进行无效宣告请求时，要注意网络证据的选用，例如，①正规出版商发行的在线期刊、报纸以及其他信誉度较高的组织提供的网络出版物，该类网络证据通常属于正规发行，其发布内容及发布时间不易被篡改，具有较高的可靠性；②规模较大的电商平台，如淘宝、京东等电商，其官方网站发布的销售记录，具备较高的可信度，一般会被法院予以采信；③具有较高信誉且可显示最后编辑时间的网络平台发布的信息。如该案中"世界工厂网"是专业电子商务平台，国内有超过50万家实体生产厂家和600多万贸易商加入该网站，相对来说属于信誉度较高的网站，具有一定的影响力和公信力。

2）保证证据链的完整，强化证据的可信度

该案中，请求人在无效宣告请求时首先提交了经过公证的网页保全文件，同时为证明涉案专利在申请日以前已经向社会公众公开，在一审中提交了补强证据，该证据可以证明公证人先后两次以阿里巴巴注册用户的身份访问后台，均可以看到相同的图片，该图片具有相同的图片发布时间、图片 ID 号等。根据该补强证据，公证人再次以普通公众的身份访问阿里巴巴网站，访问同一图片，虽然没有显示时间，但其显示的图片属性、ID 号码、图片名称等信息，均与此前以阿里巴巴注册用户的身份访问后台时所看到的完全一致。该证据证明社会公众可以通过阿里巴巴网站接触到该网站中相关的三张图片。此外，应尽可能地提供多重证据，该案中请求人正是通过完整的证据链条、补强的新证据作为佐证，形成严密的证据链，最终使北京市第一中级人民法院和北京市高级人民法院认可了网页的真实性。

　　总的来说，外观设计专利确权举证证据的选取需要着重注意证据载体的公开性、获取路径的确定性和发布主体的可靠性，以此来确保互联网上相关证据的公开信息具备客观性、关联性和合法性，能够成为稳定的诉讼证据。

第二十二章

建筑材料类产品

　　建筑材料类产品，品种多样，涉及土木工程、建筑制造、居家装修等方方面面。随着科学技术的发展和人们审美的提高，建筑材料产品外观专利申请量也在逐步增长。其产品工程实际应用特点导致涉及该领域产品的有关《专利法》第二十三条第一款、第二款的专利诉讼争议主要集中在组合铺贴状态方面。本章结合实际行政诉讼案例对该类产品上述常见的争议点进行具体阐述。

第一节　产品领域概述

广义上讲，建筑材料是土木工程和建筑工程中使用的所有材料的总称。[1]不仅包括构成建筑物的材料，而且还包括在建筑施工中应用和消耗的材料，如构成建筑物的材料如地面、墙体和屋面使用的砂石、混凝土、水泥、钢筋、砖、砌块等；在建筑施工中应用和消耗的材料如组合模板、脚手架、安全防护网等。本章中建筑材料主要属于《国际外观设计分类表》25-01类。

1. 领域分类说明

在《国际外观设计分类表》中，25-01为建筑材料项，包括型材、瓷砖、砖、梁、未成形板、瓦、石板和镶板。

型材是由铁或钢以及具有一定韧性和强度的材料通过轧制、铸造、挤出等工艺制成的具有一定几何形状的物体。[2]型材既能单独使用也能进一步加工成其他制造品，常用于建筑结构与制造安装。实际工程中，可根据实际要求选择型材的具体形状、材质、热处理状态、力学性能等参数，再根据工程要求的具体尺寸形状要求将型材先进行分割，再进一步加工或热处理，达到工程需要的精度要求。为了统一工程质量和检查标准，型材的材质、规格尺寸一般均有相应的国家标准。

型材按横断面形状可分成简单断面型材和复杂断面型材（见图22-1）。简单断面型材的横断面对称，外形比较均匀、简单，如圆钢、线材、方钢和扁钢等。复杂断面型材又称为"异型断面型材"，其特征是横断面具有明显凸凹分

---

[1] 百度百科：https://baike.baidu.com/item/% E5% BB% BA% E7% AD% 91% E6% 9D% 90% E6%96%99/6320438。

[2] 百度百科：https://baike.baidu.com/item/% E5%9E%8B% E6%9D%90/693418。

支。复杂断面型材又可以进一步分成凸缘型材、多台阶型材、宽薄型材、局部特殊加工型材、不规则曲线型材、复合型材、周期断面型材和金属丝材等。

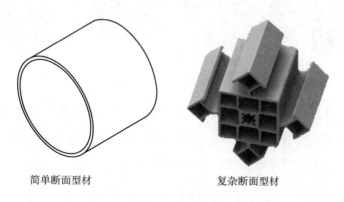

简单断面型材   复杂断面型材

图 22-1 型材

型材具有如下形状特点：

（1）品种规格多。已达万种以上，在生产中，除少数专用轧机生产专门产品外，绝大多数型材轧机都在进行多品种、多规格生产。

（2）断面形状差异大。在型材产品中，除了方、圆、扁钢断面形状简单且差异不大外，大多数复杂断面型材（如工字钢、H 型钢、Z 字钢、槽钢、钢轨等）不仅断面形状复杂，而且互相之间差异较大，这些产品的孔型设计和轧制生产都有其特殊性。断面形状的复杂性使得在轧制过程中金属各部分的变形、断面温度分布以及轧辊磨损等都不均匀，因此轧件尺寸难以精确计算和控制，轧机调整和导卫装置的安装也较复杂。

瓷砖，又称磁砖，是以耐火的金属氧化物及半金属氧化物，经由研磨、混合、压制、施釉、烧结之过程，而形成的一种耐酸碱的瓷质或石质等建筑或装饰材料。其原材料多由黏土、石英砂等混合而成，具有很高的硬度。❶ 依生产工艺可分为印花砖、抛光砖、斑点砖、水晶砖、无釉砖（见图 22-2）。

---

❶ 百度百科：https：//baike. baidu. com/item/% E7%93% B7% E7% A0%96。

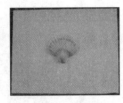

图 22 - 2 瓷砖

板材为统称，包括未成形板、石板和镶板等。装饰板是近几年流行起来的一种墙面装修方式，具有外形美观、环保等特点，装饰板这种材料简单、使用方便，只需要直接铺在墙面上就能呈现很好的效果，不需要费力刷漆等。装饰板和密度板是最常用的板材，这两种板材不仅平整光滑，而且密度很大，性能也很稳定。

片材，目前片材有分刨花板和集成材，它们是经过多重压制和复合制成的特殊面板。它们不仅有吸音和防火耐潮性能，而且价格也比较实惠。

瓦，一般指黏土瓦，是以黏土（有的也包含煤矸石、页岩等粉料）为主要原料，经泥料处理、成型、干燥和焙烧而制成，按用途分小青瓦、脊瓦和平瓦（见图22 -3）。❶

小青瓦　　　　　　脊瓦　　　　　　平瓦

图 22 - 3 瓦

砖，一般指黏土砖，是以黏土为主要原料，经搅拌成可塑性，用机械挤压成型，风干后送入窑内，在 $900 \sim 1000 ℃$ 的高温下煅烧即成砖。烧结砖中的

---

❶ 百度百科：https：//baike. baidu. com/item/% E7%93% A6/13034004#viewPageContent。

黏土砖，因其毁田取土，能耗大、块体小、施工
效率低、砌体自重大、抗震性差等缺点，在许多
地区已限制或禁止生产和使用，目前常用砌块代
替（见图22-4）。[1]

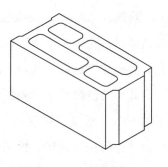

图22-4　混凝土砌块

梁是建筑中的水平受力构件，常支承于二柱
顶端或其他梁枋上，依所处位置可分为大梁、抱
头梁等。目前施工中常用钢筋混凝土现场浇制
而成。[2]

第二节　外观设计专利情况

1. 专利数量及趋势

本节统计了2008—2019年《国际外观设计分类表》中25-01类建筑材料
外观设计专利数量。图22-5显示该类产品外观设计专利量波动较大，这是因
为建筑材料涉及土木工程、建筑行业等房地产行业，受经济形势和房地产政
策影响较大，如受到2008年金融危机和2011年房地产调控政策影响。

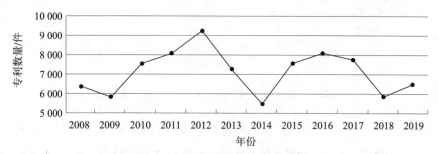

图22-5　25-01类产品外观设计专利数量变化趋势

[1] 百度百科：https://baike.baidu.com/item/%E7%A0%96。
[2] 百度百科：https://baike.baidu.com/item/%E6%A2%81%/6127128#viewPageContent。

经统计，25 – 01 类授权外观设计专利中数量较多的产品种类主要有 8 种，包括型材、瓷砖、板条、砖及类似建材、墙面装饰材料（瓷砖、板条除外）、瓦、其他建筑材料。其中，占比最大的为型材类产品，数量占总数的 40% 以上，其种类包括型钢、断桥铝、龙骨等。瓷砖的专利数量也较大，占整体数量的 16%。板条包括墙面装饰面板、踢脚线条、阴角线条、装饰线条等等。墙面装饰材料（瓷砖、板条除外）是指除各类瓷砖、板条以外的墙面装饰材料，如墙面软包、装饰石料、强化玻璃等。

从外观设计专利地域来看，来自广东、江苏和浙江的建筑材料类产品外观设计专利的数量远远多于其他省份（见图 22 – 6）。前三名相邻两名的外观专利数量差距约为 11 000 件，排名第三位的浙江外观专利数量约为 12 000 件。广东、江苏和浙江为经济强省，创新企业多，激励政策到位，专利申请各个领域都比较多。

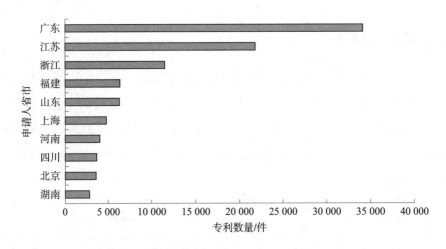

图 22 – 6 25 – 01 项产品外观设计专利地域分布

从 25 – 01 类产品外观设计专利法律状态比例来看，未缴年费比例偏高，约占 74%（见图 22 – 7），说明建筑材料领域外观设计专利的存活率（存活率 = 存活量/授权量，存活率与专利价值相关）低，创新价值或经济价值低，专利创造价值甚至低于专利应缴纳的年费，或者专利维持成本高于年费，权利人缴费意愿不强。

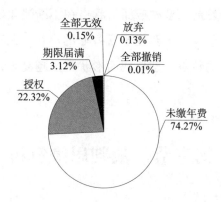

图 22 - 7 25 - 01 类产品外观设计专利各法律状态比例

2. 设计演进和创新热点

科技和制造工艺的发展进步极大地影响了建筑材料的发展，使其向质量愈加轻便、形状愈加复杂和材料节约环保方向发展。

以型材为例（见图 22 - 8），型材产品明显区别于其他产品的地方在于型材产品的设计重点在其横截面，而其长度方向一般为横截面向前后的延伸，表面一般无设计内容，形状也是与截面形状相适应的。型材产品限于功能和使用环境的需求，截面常含有滑轨、卡槽、隔音隔热层等多种不同的组成结构。而部分型材产品其长度方向带有孔洞等设计，如用于框架的型材，其侧面一般具有孔洞以固定或连接其他结构；再如阳角线，其底面（即墙体内置面）上的孔洞设计可增强其与黏土及墙体的牢固度，但这些结构多属于功能性的适应设计。

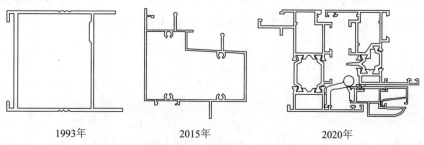

| 1993年 | 2015年 | 2020年 |

图 22 - 8 型材的演化

随着制造技术的发展，型材截面形状也在不断演化中，总体来说，该类型材的主要设计点和创新点主要在于横截面的形状，尤其是各种卡槽、隔层的设计具有十分鲜明的特点，型材截面形状越来越复杂，保温隔热和受力优化设计也越来越多。

第三节　裁判思维解析

【案例 22-1】

"瓷砖（条形石）"外观设计专利权无效宣告行政诉讼案❶

1. 案情简述

晋江市欧迪斯陶瓷有限公司（简称"欧迪斯公司"）、福建省晋江宝达陶瓷有限公司（简称"宝达公司"）分别请求专利复审委员会无效吴某清外观设计专利"瓷砖（条形石）"，专利复审委员会作出专利权无效决定，吴某清不服决定，向北京市第一中级人民法院提出行政诉讼，北京市第一中级人民法院判决：撤销专利复审委员会作出的第 8792 号无效决定，专利复审委员会针对欧迪斯公司和宝达公司就该专利提出的无效宣告请求重新作出决定。专利复审委员会不服行政判决，向北京市高级人民法院提出上诉，北京市高级人民法院判决驳回上诉，维持北京市第一中级人民法院判决。

---

❶　此案经过二审，具体参见判决书：北京市第一中级人民法院（2007）一中行初字第 211 号行政判决书、北京市高级人民法院（2008）高行终字第 27 号行政判决书。

表 22 - 1 "瓷砖（条形石）"涉案专利与对比设计基本信息及对比情况

	涉案专利	对比设计
图片	 主视图	 主视图
基本信息	该专利系专利号为ZL003422860、名称为"瓷砖（条形石）"的外观设计专利，申请日为2000年10月30日，授权公告日为2001年6月20日，专利权人为吴某清	欧迪斯公司、宝达公司提交的证据中对比文献1为专利号为ZL97313393.7、名称为"地板砖"的外观设计专利，其公开日为1998年7月8日
相同点	涉案专利与在先设计均为薄片设计的地板砖，正面均有纵向、横向仿砌缝凹槽；均有长方形交错拼贴单元，其交错单元的排列方式相同	
不同点	整体形状上分别为长方形和近似正方形；交错拼贴单元上涉案专利均为长方形，在先设计还包括方形单元；涉案专利交错拼贴单元排列为三排设计，而在先设计交错拼贴单元排列为四排设计；在先设计无涉案专利所示竖向条纹；二者的仿砌缝凹槽截面形状分别为近似圆弧槽和矩形槽	
关注点	涉案专利与对比设计完整的单元连续方式是否相同，形状和瓷砖表面的纹理是否具有显著影响	

2. 各方观点

1）专利复审委员会

"本专利和在先设计所示的瓷砖、地板砖分别采用长方形、正方形薄片形状，其虽有不同，但仍属相近似的矩形薄片，亦属该类产品相近似的惯常形状设计。二者在交错单元排列数量上，虽有三排和四排之别，但其单元排列在横向和纵向的连续方式完全相同，且本专利已表达了完整的单元连续方式，其不同仅仅是较在先设计省略了一排连续单元；在交错单元上虽有部分单元为近似正方形和长方形之别，但二者仍为相近似的矩形单元，而且二者长、短单元的长度比例是相同的，均为2：1，故上述差异对整体交错排列效果影响甚微。特别是在镶贴于建筑表面的使用状态下，二者的整体形状、交错单元的排数在整体视觉效果中不易被观察到，单元形状的差异亦容易被一般消费者所忽略。对于二者的仿砌缝凹槽的截面形状不同，其明显属于局部的细微差异，对整体视觉效果不具影响。对于本专利瓷砖正面的竖向纹理，其在视觉效果上为常见的不规则自然纹理，特别是陶砖、仿石砖表面的常见纹理设计，在此情况下，本专利与在先设计所示瓷砖或地板砖作为矩形薄片砖均采用纵向、横向仿砌缝凹槽设计，所形成的长方形或方形单元具明显立体凹凸的交错拼贴效果，其更具醒目视觉效果，而二者有无上述纹理设计对整体视觉效果不具显著影响，因此，二者属于相近似的外观设计。"

2）北京市第一中级人民法院（一审）

"地砖类产品形状通常为方砖或者条形砖，故一般消费者对方砖和条形砖不会产生混淆和误认。在先设计为近似正方形，而本案专利为明显的长方形，故二者形状不相近似。并且，本案专利虽然仅省略在先设计的一排设计，但是，该差异导致二者的整体形状及交错单元的排数明显不同，一般消费者对二者的整体视觉印象自然不会相同。特别是铺贴在建筑物表面的使用状态下，本案专利无论采用何种常用的地砖铺贴法，均存在'二排相同单元排列、一排交错单元排列、二排相同单元排列'的铺贴效果，而在先设计始终为交错单元排列，不会出现二排相同单元排列的铺贴效果，一般消费者对二者的整体视觉效果存在显著的差异，因此，本案专利与在先设计属于不相近似的外观设计。专利复审委员会认定二者属于相近似的外观设计，认定事实不清，适用法律错误，本院予以纠正。鉴于第 8792 号决定对欧迪斯公司和宝达公司的其他无效理由和证据未作评述，故专利复审委员会应当在进一步认定事实的基础上予以判定。"

3）北京市高级人民法院（二审）

"地板砖类产品形状通常为方砖或者条形砖，因此，一般消费者对正方形砖和长方形砖不会产生混淆和误认。本专利与在先设计从形状上比较，在先设计为近似正方形，本专利为长方形，二者形状不相近似。本专利与在先设计相比减少了一排交错拼贴单元的设计，但是，该差异导致二者的整体形状及交错拼贴单元的排数明显不同，一般消费者所感受到的本专利与在先设计的视觉效果不相同也不相近似。将本专利与在先设计在使用状态下，即连续铺贴在建筑物表面时进行比较，由于本专利与在先设计存在的上述不同，故本专利铺贴的视觉效果，与在先设计铺贴的视觉效果，从一般消费者的角度，二者存在显著的差异。本专利与在先设计相比不相同也不相近似。

"专利复审委员会有关本专利与对比设计属于近似外观设的上诉理由不能成立，北京市高级人民法院不予支持。驳回专利复审委员会上诉，维持原判。"

3. 案例评析

就瓷砖类产品而言，由于受使用功能的限制，使用者只能看到其一个表面。最易引起一般消费者瞩目的部位是产品的正面（专利申请中一般为主视图）部分，即在使用中朝向使用者的一面，这是一般消费者据以识别并记忆此类产品的主要部分。瓷砖主要粘贴于地面或墙面上，所以在评价两者是否相同或实质相同时，既应观察单片瓷砖的形状特征，也要观察产品连续铺贴在建筑物表面上的整体形状特征。

将涉案专利与对比设计瓷砖铺贴于墙面上后整体效果如图 22 - 9 所示，可见，对比设计单片瓷砖单元排列为四排，但因为排列方式为"二排一循环"，所以在连续铺贴在墙面上后，整体墙面的循环单元仍为"二排一循环"（图 22 - 9 右）。而涉案专利单片瓷砖单元排列为三排，比对比设计少一排，但因为排列方式为"二排一循环"，所以在铺贴在墙面上后，整体墙面的循环单元连续单元就只能是"三排一循环"（图 22 - 9 左）。这种循环单元的区别对一般消费者的视觉效果比较明显。另外，对比设计长方形长度近似为方形长度的两倍，视觉效果上不仅是单个方形单元的区别，也给消费者以正方形嵌套（类似套环）的感觉（图 22 - 10 右）；而涉专利整体有正方形连排的感觉（图 22 - 10 左）。

图22-9 瓷砖实际铺贴后连续单元对比

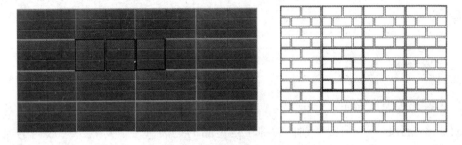

图22-10 瓷砖实际铺贴后视觉效果对比

据此类推，对于像瓷砖一样使用时会将多个产品铺贴在一起的产品，如装饰板、壁纸等，在确权诉讼中需要评价产品是否符合《专利法》二十三条的规定时，既要比对单个产品的外观设计，也要比对多个产品铺贴在一起后的整体视觉效果。